살림과 돌봄의 공동체,
사상과 실천

도시공동체 연구총서 1

살림과 돌봄의 공동체,
사상과 실천

신진식·정성훈·김용휘·이경란

보고사
BOGOSA

살림과 돌봄의 공동체, 사상과 실천

1. 새로운 삶의 패러다임의 필요성

오늘날 많은 사람들이 새로운 삶의 패러다임을 모색하고 있다. 즉 지금까지의 인간 삶의 판과 틀을 근본적으로 새롭게 바꾸지 않고서는 그 누구도 인류 역사의 미래를 보증할 수 없다는 관점에서 새로운 삶의 판바꿈과 틀바꿈을 시도하고 있다. 그렇다면 왜 기존의 삶의 판과 틀을 어떤 방식으로든, 어떤 형태로든 새로 짜지 않을 수 없는가? 그것은 현대문명이 총체적위기상황 – 자연의 생태적파괴위기, 인간의 자기정체성의 상실위기, 사회의 건전한 공동체성의 붕괴위기– 을 맞고 있기 때문이다. 문제의 핵심은 자연, 인간, 사회가 포괄적 조화를 이루는 새로운 삶의 비전을 어떻게 제시할 수 있는가 하는 데 있다. 왜냐하면 우리의 삶은 세 가지 관계방식 – 자연과 인간의 관계 인간의 자기 자신과의 관계, 인간과 인간의 관계 – 을 어떻게 설정하느냐에 따라 그 차원과 양상을 달리해 왔기 때문이다.

1992년 유엔 환경개발 회의에서는, 인류의 공통 과제로서 지구 환경의 지속 가능한 발전(Sustainable Development)이 승인되었다. 지속 가능한 발전을 실현하기 위한 지속 가능한 사회는 다음 5개의 원칙을 기준으로 하는 사회이다.

(1) 평화를 유지한다. 특히 핵전쟁을 방지한다.
(2) 환경·자원을 보전·재생하며, 인류를 포함한 다양한 생태계의 환경으로서 지구를 유지·개선한다.
(3) 절대적 빈곤을 극복하며, 사회적·경제적인 불공정을 시정한다.
(4) 민주주의를 국제적·국내적으로 확립한다.
(5) 기본적 인권과 사상·표현의 자유를 달성하며, 다양한 문화의 공존과 유지를 도모한다.

지금까지 전쟁과 경제 경쟁으로 점철된 세계에서 이러한 내용은 '코페르니쿠스적 전환'이라고 해도 좋다. 그런데, 21세기에 들어서부터 국제 정세는 반드시 이 목표를 추진해오고 있다고는 말할 수 없다. 다국적기업이 주도하는 글로벌라이제이션(Globalization)은, 국제적·국내적인 빈부 격차, 환경 문제, 노동 조건의 악화 등 사회 문제를 일으키고 있다. 글로벌 스탠더드는 미국식 스탠더드이고, 대량 소비의 미국적 생활양식과 문화가 세계를 지배하고 있다. 그 배후에는, 새로운 제국주의라고 해도 좋을, 군사력에 의한 미국의 패권주의가 있다. 어떻게 하여 인류가 평화적으로 공존하고, 환경을 보전하며, 절대적 빈곤으로부터 벗어나, 저마다의 다양한 생활 습관이나 문화를 유지해 갈 수 있는가가 오늘 우리에게 주어진 과제이다. 이 과제를 해결하기 위해서는, 현재의 신자유주의에 의한 시장원리주의를 수정해야 한다. 더욱이 나아가서 지속 가능한 사회(Sustainable Society)를 만들지 않으면 안 될 것이다. 그러나 현대는 경제의 글로벌라이제이션에 대응할 수 있는 세계 국가란 없다. 다국적기업의 투자나 무역을 추진하는 국제기구로서 세계 무역 기구(WTO)가 있지만, 지구 환경을 지키는 세계 환경 기구(WEO)는 없다. 지금 우리가 추진해야 할 것은, 가까이서부터 지속 가능한 사회를 만들어 가는 것이다. 지구 온난화 가스의 발생원은 가까이에 있듯이 만일 국제기구가 만들어져도, 구체적인 개혁은 지역 단위의 공동체에서부터 시작해야 할 것이다. 그 과제에 부응하는 구체적인 방법의 하나가 환경·도시 재생을 통해서 추진하는 지속 가능한 내발적 발전이라고 하겠다.

　이 책에서는 시민 스스로의 노력으로 지금보다 조금 더 행복한 삶을 일굴 수 있는 방향을 보여주고자 한다고 한다. 그리고 이 방향은 사실 새로운 것이 아니라 역사 속에 꾸준히 이어져 왔고 이미 많은 사람들이 참여하고 있는 것이다. 그러한 노력들이 늘 그러했듯이 다만 그에 대한 이론적 해명, 역사적 교훈, 사례 발굴, 의미부여 등이 부족했을 뿐이었다. 이 책은 이 땅에서 꾸준히 살림과 돌봄을 위해 일해 온 사람들의 노력을 '살림과 돌봄의 공동체'로 이론화하고, 이러한 공동체 형성이 현대사회에서 얼마나 중요한 기능을 하는지를 밝히고자 한다. 그래서 이 책에서는 먼저 살림공동체에 관한 새로운 담론 체계를 이론적으로 구성하고 그를 뒷받침 할 사례들을 후술할 것이다.

　이 책은 동양철학을 전공한 신진식, 루만의 사회적 체계이론에 관한 연구로 박사학위를 받은 서양철학자 정성훈, 동학에 관한 연구의 일가 이룬 김용휘, 현장에서 공동육아와 공동체 교육을 연구하고 있는 이경란 네 사람의 글을 모아놓은 글모음집 형태로 이루어져 있다. 정성훈, 신진식, 김용휘, 이경란 네 사람이 그동안 구상해왔던 살림공동체와 관련한 연구 성과를 각각의 전공분야에 맞추어 글을 쓰고 이를 총괄하여 책으로

편집한 것이다. 이 책을 함께 쓴 네 사람은 바로 앞서 소개하였듯이 각기
다른 학문 분야를 전공하였고 공동작업은 이번이 처음이다. 그래서 세
사람의 연구 방식과 글쓰기 방식이 상당한 차이를 가질 수밖에 없었고,
이번 공동작업을 통해서도 크게 극복되기는 어려웠다. 하지만 이 책은
그 어떤 저술에 못지않게 하나의 일관된 주제를 중심으로 체계적으로
서술하였다. 이는 4인의 살림공동체에 대한 개별적 논구가 결코 부분적
인 차원에서 이루어진 것이 아니라 전체적 조망 아래 입체적으로 전개되
었다는 사실을 입증한다. 더욱 중요한 것은 우리나라에서 살림공동체에
대한 본격적인 연구서로서는 이 저서가 두 번째라는 사실이다. 그래서
여전히 실험적이기도 하다. 근래 우리는 또한 우리나라의 살림공동체와
연관되는 연구자들의 연구 성과를 지속적으로 수집하고 정리 중이다.
이렇게 우리는, 매우 어렵고 험난한 길이 되겠지만 새로운 모험의 길을
찾아 떠나려고 한다. 이번 책의 출간으로 그간의 노력에 대한 일종의 결
실이 맺어지길 희망해본다.

　이 책에서 궁극적으로 지향하고 있는바, 즉 여기서 제시한 살림 사상
이 기반하는 '살림공동체'는 우리가 이루고자 하는 목표이다. 물론 여기
서는 사회적 돌봄과 협동조합을 중심으로 한 사례들을 주요한 예로 적시
했다. 즉 이 기획은 사회적 협동조합과 공동육아 공동체 교육에 적용되
는 이론으로부터 출발한다. 이 이론이 대한민국 어느 지역에도 적용될
뿐만 아니라 한국을 넘어서 세계적 이슈로 키워나갈 수 있는 이론으로서
의 가능성도 엿보고자 한다.

2. 살림공동체의 이론과 실제

이 책은 정성훈 외 2인이 집필한『협동과 포용의 살림공동체: 이론, 역사, 인천 사례』의 자매편에 해당한다. 살림공동체론을 위한 시론 혹은 서론에 해당하는『협동과 포용의 살림공동체』에서는 '살림공동체' 개념에 대한 '필요'의 충족을 위한 공동체 형성이 중요함을 밝히면서 칼 폴라니의 실체적 경제 개념, 홍기빈의 살림/살이경제 개념 등을 참조하여 '살림공동체' 개념을 제시했었다. 이것은 '살림공동체'라는 개념을 국가와 자본의 힘에 맞선 대항 영역으로서 재구성하는 이론적 기획이었다. 그런데 '살림공동체'는『협동과 포용의 살림공동체』의 집필 과정에서 처음 개념화가 시도된 것이었고 아직은 충분히 해명되지 못했다고 볼 수 있다. 이 책은 바로 이를 보완하고 확충하는 내용으로 채워져 있다.

1장 '좋은 삶을 위한 공동체로서 살림공동체'는 사회철학을 전공한 정성훈이 맡았다. 여기에 '살림공동체(salim community, living community)' 개념을 철학적으로 정당화하는 내용을 담고 있다. 이 책의 1장은 바로 앞선 작업의 연장으로서 살림공동체가 서양 철학의 전통적 목표였던 '좋은 삶'을 위한 공동체임을 밝히고 있다. 여기서는 서양 철학의 출발점에서 폴리스를 우위에 두는 논의뿐 아니라 오이코스도 함께 중시하는 이론의 발전 가능성이 열려 있었음을 드러내고 있다. 아울러 폴리스를 '좋은 삶'을 위한 공동체로 규정한 아리스토텔레스의 근거들을 살펴보고, 오늘날에는 오히려 살림공동체가 그런 공동체에 가까운 것임을 밝히고 있다. 정치공동체를 우위에 두는 현대 정치철학의 비현실성과 위험성을 살펴보고, 오늘날의 공동체와 관련해 '살림'에 주목하면서도 공동체경제, 살림/살이경제 등의 용어를 사용하는 학자들의 한계를 짚고 '살림공동체' 개념의 필요성을 밝힌다. 그리고 소크라테스의 제자들 중 플라톤과 달리 오이코스와 살림살이의 중요성에 주목했던 크세노폰의 저작 『살림꾼(Oeconomicus)』을 통해 소크라테스학파 내부의 긴장관계를 살펴본 후, 그 저작에서 오늘날의 살림 이론을 위해 우리가 주목해야 할 관점들을 밝힌다. 마지막 부분에서는 아리스토텔레스의 『정치학(Politika)』을 중심으로 그가 '좋은 삶'을 규정할 때 쓴 근거들이라 할 수 있는 로고스(logos)를 가진 자의 실천적 삶과 친애(philia)가 현대 사회에서는 정치가 아니라 살림공동체들을 통해 더 잘 이루어진다는 점을 밝히고 있다.

1장이 '살림공동체'에 대한 서양철학적인 개념화 작업이었다고 한다면 2장은 '살림공동체'의 사상적 기반인 '살림 사상'의 이론적 기초를 다지기 위한 동양철학적 시도이다. 여기서는 살림공동체 사상의 이론적 기반 마련을 위해, 동학의 '살림 사상'이라 할 수 있는 시천주(侍天主)와 사인여천(事人如天), 인내천(人乃天)의 가르침을 살펴보고 있다. 이는 바로 동학의 시천주, 사인여천, 인내천의 가르침이 지니고 있는 '모심', '섬김', '살림'의 기본 정신을 사회적으로 실천하며 펴나갈 구체적인 '살림'의 새로운 방안을 모색하는 작업이다. 1대 교주 수운 최제우가 말했던 시천주란, 천주의 존재를 자각하고 믿어서 정성을 다하여 공경하게 모시는 것을 의미한다. 결국, 시천주란. 이 우주의 조화주(천주, 하늘님)를 지극정성으로 모시는 일인 것이다. 그리고 천주를 참되게 모시는 방법은 수도(修道)에 힘쓰고 수심정기(修心正氣)를 유지하며 성경신(誠敬信)을 다하는 것이라고 본다. 한편 2대 교주 해월 최시영의 '사인여천'은 사람을 대하고 물건을 접하는(待人接物) 가장 구체적인 동학의 실천 윤리이기도 하다. 사람들 모두 하늘님을 모시고 있으므로, 사람을 하늘님처럼 대하며 섬기기 위해서는, 먼저 내 안의 하늘님 마음을 회복하고, 하는 일마다 모두

하늘님으로서의 행동하고 또 살아야 한다는, '섬김'의 뜻이 이에 담겨
있다. 또한, 3대 교주 의암 손병희의 '인내천'은 궁극적으로 사람을 하늘
님처럼 잘 섬기고(事人如天), 사물을 접하되 하늘님같이 하여(接物如天),
사람이 하는 일들이 모두 하늘이면, 사람 사람 모두가 하늘 사람이 되어
온 세상이 천국이 되는 동학의 목표인 지상천국을 이루는 길이 되는 것이
다. 결국 동학의 살림 사상은 퇴폐, 폭력, 소외, 생명 경시, 생태환경
파괴 등의 '죽임의 삶'을 차원이 다른 새로운 '살림의 삶'으로 뒤바꿀 수
있는 가르침인 것이다. 이러한 탐구 과정을 통해 동학의 살림 사상에 의
해 제기되는 공동체적 삶은 어떠한 의미를 지니는 것이며, 어떠한 것인
가의 문제를 확인하게 될 것이다.

　'살림공동체'는 이 책의 집필 과정에서 새롭게 개념화가 시도된 것이
기에 이론적 작업만으로는 충분히 해명되지 못했다고 볼 수 있다. 이에
대한 해명은 경제, 교육, 정치 등 해당 분야별 사례 연구를 필요로 한다.
이를 위해 이 책의 3장, 4장, 5장, 6장에서는 현대 한국에서 이루어진
살림공동체 운동들을 살펴본다. 그 가운데 3장 '해월 최시형의 살림사상
과 오늘날의 살림운동'의 집필은 동학에 관한 연구로 최초의 박사학위를
받은 김용휘가 맡아 동학사상의 핵심 내용을 다시 정리하면서, 아울러
오늘날의 주요한 살림운동에 대해 간략하게나마 소개하고 있다. 여기서
는 한살림운동에 대해 설명하고 있으며, 더불어 '방정환배움공동체 구름
달(구 방정환한울학교)'이 '아이살림' 운동을 펼쳐나가고 있으며, 천도교에
서는 '한울연대'라는 단체가 2010년 출범하여 '몸살림, 땅살림, 아이살
림'의 세 가지 살림운동을 전개하고 있음을 알려주고 있다. 이 3장에서는
현시대를 기후변화와 팬데믹이 심각해지고 있는 지구적 위기 시대로 규
정하고, 이러한 위기상황에 놓인 인류는 생태적·영적 문명으로의 전환

을 모색해야 하며, 그러한 모색을 위해서 동학의 지혜에 귀를 기울일 것을 제안하고 있다. 그중에서도 특히 해월 최시형의 생명과 공경, 살림사상이 지니는 생태적·영성적 측면에 주목하면서, 해월의 사상을 수운에 대한 새로운 해석으로 접근하였다. 앞선 2장에서도 일부 다루고 있는 내용이지만 여기서는 더 구체적으로는 해월의 '양천주', '천지부모', '사인여천', '이천식천'을 수운의 '시천주'에 관한 재해석으로 본 점이 돋보인다. 아울러 이 장의 논의의 핵심인 이후의 '어린이운동'이나 '한살림운동'의 사상적 바탕에 해월의 생명살림사상이 깔려 있다고 지적한 점도 주목할 만하다.

지금 우리 한국 사회에서 먹거리의 안전성 또는 건강한 먹거리에 대해 관심을 가진 사람 가운데 그리고 유기농업이나 생명운동 나아가 새로운 사회를 위한 전환운동에 뜻을 둔 사람 가운데 한살림에 대해 모르는 이들은 아마 없을 것이다. 신진식이 집필을 맡은 4장 '한살림의 살림운동 역사와 전망 – 한살림협동조합을 중심으로'에서는 우리 사회에서 1987년 창립 이래 가장 오래되고 큰 규모의 생활협동조합으로 한국의 생협을 대표하는 조직인 한살림의 창립 배경과 역사적 전개 과정에 대해 소개하고 있다. 아울러 글의 말미에는 한살림의 미래 전망과 과제에 대해서도 언급하고 있다. 이 장에서는 특히 한살림이 생협이기 이전에 모심과 살림의 세상을 지향하며 이를 생활 속에서 구현하고자 하는 사회운동체라는 점에 대해 「한살림선언」을 분석하여 명확하게 밝히고 있다. 스스로 대내외에 정체성을 천명한 「한살림선언」에 따르면 한살림생협은 한살림운동의 지향인 모심과 살림의 한살림세상을 실현하기 위한 생활협동의 구체적 실천방안으로 만들어져 운영되고 있는 것이라 할 수 있다.

5장 '마을을 만들어가는 공동육아운동'은 공동육아와 공동체교육의 현장에서 활동중인 연구자 이경란이 집필을 맡았다. 이 글은 아이를 함께 키우는 공동육아운동에 참여한 부모와 교사와 아이들이 호혜적 공동체관계망을 만들어 간 공동육아마을 이야기이다. 1994년에 처음 시작하여 전국적으로 확산된 공동육아마을 가운데 서울 성미산마을, 부산 대천마을, 대구 안심마을, 대전 함지박공동체를 비교 검토하였다. 이들의 활동을 마을교육(돌봄)공동체, 살림공동체, 협동적 지역사회 만들기 구분하여 진화과정의 성격을 부여하였다. 아이들의 돌봄과 교육에서 어른들의 평생교육까지 이뤄가는 마을교육공동체, 필요한 경제활동을 공동체적으로 재구성한 경제공동체와 아픈 이와 노인과 장애와 반려동물의 돌봄 관계망을 형성해가는 살림공동체 과정, 지역사회에서 뜻을 같이하는 이들이 네트워킹과 공동사업을 펼쳐 지역의 경제와 돌봄과 생태환경을 공동체적으로 바꿔가는 협동적 지역사회만들기까지 그 가능성의 폭은 넓었다. 그러나 대부분의 공동육아마을은 마을교육(돌봄)공동체에 머무르고 있어, 공동체를 진화시키기 위해서는 아이들의 돌봄에 갇히지 않고 생애과정 전체를 인식하기, 다른 사회적경제나 공동체운동과의 협력, 마을에 대한 비전 가지기 등 스스로를 성장시키는 과정이 필요하다는 제안을 한다.

6장 '공동육아협동조합과 사회적 돌봄'은 공동육아협동조합과 관련해서 협동조합을 조직하고 활동도 했던 정성훈이 집필을 맡았다. 이 장에서는 한국에서 돌봄 공동체의 대표적 사례인 공동육아협동조합 어린이집의 돌봄 방식이 갖는 장점을 살펴보고 있다. 돌봄을 개별 가족에게 전담시키는 것이 아니라 가족, 국가, 지역사회, 시장경제 등이 함께 책임져야 한다는 '사회적 돌봄'이라는 기준에서 볼 때 공동육아협동조합은 사회적 돌봄의 모범 사례이다. 또한 살림공동체라 불릴 수 있는 여러 마을공동체 형성의 시발점이 되었다. 이 글은 특히 구체적인 운영방식에 대한 소개를 통해 부모와 교사가 능동적으로 협력하는 돌봄이 아이들에게 조화로운 하나의 이웃 세계를 제공한다는 점을 보여준다.

3. 살림과 돌봄의 공동체를 위하여

앞선 『협동과 포용의 살림공동체』의 말미에서도 살림공동체 형성을 더욱 풍부하게 연구하기 위해서는 인문학자들의 적극적인 참여가 필요하다고 판단하고, 여러 인문학자들에게 '살림인문학' 공동연구를 제안했었다. 이에 대해서 여기서도 같은 차원에서 '살림공동체' 연구를 더 제안하고 싶다. 이에 우선, 처음으로 학술계에 새롭게 제시한 '살림 사상'의 종합적 이해와 연구 방향을 위해 우리가 다루는 내용들을 재정리해 보면 다음과 같다.

자신의 이익을 합리적으로 추구하는 인간 유형인 '호모 에코노미쿠스'는 정치경제학의 성립 시기에 등장하여 인간의 개체성 부각, 개인의 자유 증진, 산업과 문명의 발전 등에 기여하였다. 그런데 이러한 경제적 인간들의 집합이라 할 수 있는 오늘날의 신자유주의 사회는 역설적이게도 거대 경제조직들이 개인들의 자발적 협동을 가로막고 경쟁에서 뒤처진 인간들을 배제하고 자연환경을 훼손하는 결과를 낳고 있다.

'살림'은 '(타자를) 살림을 통한 살이'의 줄임말이며, 예부터 가정과 마을에서 물질적-정신적 재화를 조달하는 일을 뜻하는 말로 쓰였다. 이 말은 서양에서 경제(economy)의 어원인 오이코스(oikos) 관리술로서의 오이코노미아(oikonomia)의 뜻과도 일맥상통한다. 또한 1980년대 후반에 시작된 '한살림' 등 한국의 생태주의 지향 협동경제조직들에서도 사용하는 단어이다. 그리고 살리며 산다는 말인 살림은 그 자체로 협동과 포용, 연대와 상생의 공동체에 대한 지향을 내포하고 있다.

살림 사상을 정립하고자 하는 우리의 노력은 경제의 본래적 의미를 회복하고자 하는 노력이며, 오늘날 윤리학, 생태학 등과 무관한 것으로 여겨지는 경제학의 재–인문화 시도이기도 하다. 서양의 경제학은 그 출발 시점에서 윤리학의 일부였고, 정치학과도 밀접한 관련을 맺고 있었다. 하지만 근대적 발전 과정에서 점차 그 기원에서 멀어져 공학화되었다. 어원으로 볼 때 경제학은 생태학(ecology)과도 유사성을 갖지만, 오늘날 경제는 생태계 훼손의 주범이라는 비난을 듣고 있다. 이런 상황에서 최근에는 사회적경제, 대안화폐, 경제정의, 협동운동, 마을공동체, 돌봄공동체, 생태공동체, 환경경제학 등을 통하여 공학화되어가는 경제학과 사회과학의 한계를 극복하고 상생과 공생을 지향하는 노력들이 이루어지고 있다. 하지만 그것들을 포괄할 분과학문 혹은 연구기획은 부재한 상황이다.

인간성에 관한 학문인 인문학은 인간의 삶을 지속시키는 핵심 문제인 살림 혹은 경제의 문제에 대해 지금까지 소극적으로 개입해왔다. 살림공동체가 기반한 살림인문학은 호모 에코노미쿠스를 넘어설 인간상과 사회경제적 대안을 제시하는 데 가장 적합한 학문이 인문학이라는 문제의식에서 출발한다. 살림인문학은 호모 에코노미쿠스를 넘어설 인간상으로 '살림과 돌봄의 살림인(人)'을 제시하고, 이에 대한 철학적 정당화, 살림공동체의 역사 연구, 문학 속의 살림인 발굴과 현재의 살림문화에 대한 서사화 등을 수행하고자 한다. 살림인은 자신의 필요와 가치에 따라 공동체를 형성하는 자유로운 개인들이다. 그런 의미에서 살림인은 전통적 공동체로 회귀하는 인간이 아니라 호모 에코노미쿠스가 이룩한 개인적

자유의 성과를 계승하면서 그것을 넘어서는 인간이다.

앞으로도 우리는 『협동과 포용의 살림공동체』와 이 책에서 보여주는 작업의 바탕 위에 비판적-인문적 경제사상과 살림인의 상을 선취하고 있는 동서 고전에 대한 연구, 경제철학과 기업윤리 연구, 한국 살림공동체 역사 연구, 한국과 해외의 수많은 협동조직들 및 공동체운동 사례 연구 등등을 지속해서 연구할 것이다. 그리고 이를 통해 호모 에코노미쿠스를 넘어설 인간상과 좀 더 확고한 살림공동체의 모델을 제시할 것이다. 또한 기업의 사회적 책임과 협동적 재편, 공정거래, 기본소득, 공유경제, 대안화폐, 마을공동체지원사업, 돌봄지원사업, 평생교육 등 살림 관련 주요 쟁점들 및 현안들에 대해 인문학의 관점에서 적극적으로 입장을 제시할 것이다. 서로 살리며 사는 인간과 공동체를 연구하는 살림 이론 내용은 '경제', '공동체', '생태', '생활세계', '공동체'의 다섯 가지를 포괄한다.

보지 않으려 하면 보이지 않는, 하지만 정확히 그곳에 있는 문제들이 있다. 자치경제뿐만 아니라 환경, 육아, 교육 등 해결해야 할 것이라고 생각하는 많은 것들이 이에 해당한다. 이 문제는 여태껏 결정권자의 성향에 따라 보여지고 사라지기도 했다. 그러나 최근, 시대의 흐름인지, 세대의 교체인지 사회 가치를 추구하는 비즈니스가 많아지며 앞선 문제에 주목해 새로운 도전을 하는 사람들이 나타나고 있다. 그들이 바로 요즘 자주 언급되는 '사회적경제'의 일원이다.

지금까지 정부, 시장, 시민사회는 국가를 구성하는 단단한 세 가지 축이었다. 그러나 사회적경제는 이 셋 사이를 모두 걸치고 있다. 별안간 사회적경제가 어디서 나타난 걸까? 그 배경에는 자본주의의 발전과 그 누구도 해결하지 못하는 공공 문제 발생이 있다. 자본주의는 냉전체제 승리 이후 확고한 세계의 질서로 자리 잡았다. 자본주의 사회에서 '보이지 않는 손'은 시장을 정의하는 세기의 격언이 되었고, 시장이 수요와 공급을 조절할 것이라는 전제하에 자본주의는 발전해갔다. 그러나 시장은 균형을 유지하지 못했고 자본은 자가증식 해나갔다. 실체 없이 폭발적으로 증가하는 자본에 사람들은 너나할 것 없이 부를 증식하는 데 집중했고, 이는 그동안 인류가 중요시해왔던 많은 가치들에 눈감아버리게 만들었다. 이로 인해 사회 문제가 발생하기 시작했다. 자본을 벌어들일 수 없는 것들은 논외가 되었다. 가령 아동, 장애인 등 사회적 약자층과 환경은 사람들에게 외면받았고, 국가는 복지의 테두리에 이들을 넣고 보호하였다. 하지만 국가가 모든 문제를 해결할 수 없었다. 보호 대상과 지원 정도에 대한 사람들의 상이한 기준으로 언제나 소외되는 지점이 발생했다.

이에 문제 의식을 갖고 소외되는 문제를 해결하고자 연대하기 시작한 것이 바로 이 책에서 말하는 '살림과 돌봄의 공동체'의 하나인 사회적 협동조합이다. 영국에서 '로치데일 협동조합'이, 스페인에서 '몬드라곤 협동조합'이, 원주에서 '한살림'이 이렇게 시작했다. 뿐만 아니라 이들은 내가 살고있는 지역 공동체에도 주목했다. 지역이라는 물리적 공간을 계승하고 함께한다는 가치를 지키기 위해 모이는 사람들이 생겨났다. 일본의 '커뮤니티 비즈니스'가 그러했고, 우리나라의 '마을기업' 제도의 배경도 그러하다.

이런 주장과 별개로 사회적경제 또는 사회적협동조합 대한 다양한 정의들이 있음에는 분명하다. 특히 최근 논의 중인 사회적기업 등록제와 관련해 최종 사회적기업 등록 요건이 무엇이 될지 몰라도 소셜벤처라 불리는 범위들이 사회적기업이 된다면 사회적경제의 정의는 지역성은 옅어지고 사회적 미션을 추구하는 기업에 맞춰질 확률이 높아 보인다.

'살림공동체'는 작고 약한 개인이 뭉쳐 공통의 문제를 해결하며 생존이 가능함을 보여주기 위한 도전이다. 그렇기에 이는 단지 사회운동으로 그치지 않고 사업의 영역에 뛰어들 수도 있다. 정부도 사회적경제를 주요 국정과제로 내세우며 사회적경제를 지지 중인데, 이는 정부가 국가와 시장이 포괄하지 못하는 문제가 있으며 그를 해결하기 위한 대안이 필요하다는 사실을 인지했음을 의미하는 듯하다.

우리나라에도 사회적 협동조합이 등장했고 그 씨앗을 뿌리기 시작했다. 우리의 살림공동체 즉 사회적 협동조합이 비단 한 정권의 정책으로 머물 것인지, 아니면 시민의 삶을 풍요롭게 해주는 요소로 자리 잡을 수 있을지 지금부터의 행보가 중요하다.

2021년 6월
집필진을 대표해서 신진식 씀

목차

1장

'좋은 삶'을 위한 공동체로서 살림공동체

정성훈

1. 공동체 연구의 문제의식 변화

나의 공동체 연구는 10년 전 국가를 비롯한 정치공동체는 현대 사회에서 더 이상 현실적인 공동체가 아니라는 문제의식에서 출발했다. '공동체'의 이상은 아름다운 것이다. 하지만 여러 정치세력들 사이의 대립과 경쟁을 통해서만 실현될 수 있는 현대적 민주 정치의 상황에서 '정치공동체' 혹은 '국가공동체'는 적절한 지향점일 수 없다. 물론 코로나19와 같은 재난 상황에서 국민적 단결과 협력이 필요할 때 수사로 쓰일 수는 있다. 하지만 이 경우에도 공동체는 '상상된(imagined) 공동체'로서 효과를 발휘할 뿐 '현행적(actual) 공동체'로 보기는 어렵다. 게다가 재난과 같은 특수 상황이 아닌 경우에 이런 수사는 억압적인 통합 효과를 발휘하기 쉽다.

2011년에 발표한 논문 「현대 도시의 삶에서 친밀공동체의 의의」에서 나는 공동육아협동조합을 기반으로 형성된 서울 마포구 성미산마을과 같은 마을공동체가 현실적인 공동체이면서 현대인의 삶에서 중요한 의미를 갖는다고 판단했다. 그리고 가족, 친구 등의 친밀관계를 기초로 여러 가지 삶의 기본적 필요를 충족하는 공동체를 '친밀공동체(intimate community)'라고 명명했다. 그리고 친밀공동체를 "기본적인 친밀관계들을 보완하면서 다수의 친밀관계들이 동시에 혹은 순차적으로 형성되고 약화되고 강화되기를 반복하게 하는 관계망"[1]으로 규정했다. 이 표현에서도 간접적으로 드러나듯이, 흔히 마을공동체라 불리는 공동체를 이루는 모든 현행적 관계가 친밀관계인 것은 아니다. 3~40가구로 이루어진 공동육아협동조합 수준에서는 모든 구성원이 서로서로 알고 교류하는 일들이 가능하지만, 수천 명이 넘는 소비자생활협동조합의 구성원들 사이에서는 익명적 관계가 더 많을 수밖에 없다. 그리고 해당 공동체를 통해 충족하고자 하는 필요의 범위가 넓어질수록 익명적 관계는 늘어날 수밖에 없다.

그래서 나는 대안적 가족 개념 혹은 확장된 가족이라 할 수 있는 친밀공동체와 구별되는 또 다른 공동체 개념이 필요하다고 판단하게 되었다. 2019년 인천학연구총서 『협동과 포용의 살림공동체: 이론, 역사, 인천 사례』에서 나는 서양 전통의 구별법을 기준으로는 폴리스가 아닌 오이코스에서 이루어지는 공동체 형성에 주목해야 한다는 것, 그리고 한국 소비자생활협동조합의 시작점인 한살림운동에서 표방되었던 '살림'이 오이코스에서 이루어지는 공동체 운동을 개념화하기에 적합하다는 것을

---

1 정성훈, 「현대 도시의 삶에서 친밀공동체의 의의」, 『철학사상』 제41호, 2011, 364쪽.

주장하였다. 이렇게 해서 새롭게 정립한 개념이 '살림공동체'이다. '살림' 혹은 '살림살이'는 가격 프로그램을 기초로 이윤을 추구하는 주류 경제가 충족시키지 못하는 삶의 필요를 충족하기 위한 노력이다.

이 책에 싣게 된 글은 2019년의 시론에서는 다루지 못한 서양 철학의 주변부 전통에 대해 다룬 논문을 고치고 보완한 것이다. 그런데 나는 '살림'이라는 규정과는 다소 독립적으로 친밀관계 혹은 전인격적 관계로 이루어진 공동체를 새롭게 개념화할 필요도 동시에 느끼고 있다. 이러한 공동체는 지금까지 '가족'으로 불리었다. 그런데 지배적인 가족 관념에 따른 가족은 결혼과 출산을 통해 형성되는 근대적 핵가족이다. 심지어 대한민국의 민법 제779조는 가족의 범위를 "1. 배우자, 직계혈족 및 형제자매, 2. 직계혈족의 배우자, 배우자의 직계혈족 및 배우자의 형제자매"로 제한한다. 결혼 및 혈연으로 이어져 있지 않은 사람들은 서로 친밀한 전인격적 관계를 맺고 있다 하더라도 가족일 수 없는 것이다. 형식적 조직들에서의 역할 수행과는 달리 참여하는 각 인격 전체에 대한 관심과 존중으로 맺어지는 관계들을 담아내기에 이러한 가족 관념은 적합하지 않다.

이러한 지배적 가족 관념을 피하기 위해 가족과는 다른 새로운 명칭을 가진 공동체 개념을 구상해볼 수도 있을 것이다. 그런데 '살림공동체'의 살림이 이미 널리 쓰이는 말일 뿐 아니라 '한살림'의 사례에서 보듯이 한국에서 협동 운동과 사회적경제를 대표하는 용어임에 반해, 가족을 대체할 만한 적절한 표현을 찾기는 어려웠다. '친밀공동체'가 유력한 후보일 수 있지만, '친밀관계'를 대표하는 것이 '연애'임을 염두에 둘 때 다양한 가족적 관계들을 아우르기에 친밀공동체는 협소한 개념이다. 게다가 가족을 대신해 널리 쓰일 가능성도 낮아 보인다.

20세기 후반에는 페미니즘이 "반사회적 가족"이라는 표현을 쓰는 등 가족 자체를 배격하는 경향을 보인 것에 반해, 최근에는 "가족구성권" 논의가 일어나는 등 남성중심성, 결혼, 혈연관계와 무관한 가족 관념을 확산시키려는 노력이 이루어지고 있는 것으로 보인다. 이런 흐름은 학계에서도 찾아볼 수 있다.

류도향은 "명사화되고 사물화된 '가족(The Family)'으로 환원되지 않는 형용사 '가족인 것'(the familial)을 방법적 개념"으로 사용하자고 제안한다.[2] 그리고 비슷한 문제의식에서 김혜경은 영국 사회학자 모건과 핀치를 참조하여 가족을 명사적으로 접근하지 말고 "동사적 행함(doing)과 시연(displaying)의 결과"로 설명할 것을 제안한다.[3] 그런데 명사를 형용사 혹은 동사로 전환한다 하더라도 명사 가족에 대한 새로운 개념적 규정 작업이 동반되지 않는다면, 따라서 "가족적인 것" 혹은 "가족 시연"에 들어있는 '가족'을 사람들이 전통적 관념에 따라 이해해 버린다면, 이런 제안들은 그 목표를 성취하기 어려울 것이다. 그래서 나는 널리 쓰이기 힘든 새로운 개념을 발명하거나 '가족'에 무언가를 덧붙이기보다는 가족을 새롭게 규정하는 전략이 더 효과적일 수 있다고 판단하였다.

이러한 문제의식에 따라 친밀공동체 이론은 가족 이론과 살림공동체 이론의 두 가지로 분화될 것이다. 그런데 아직 가족에 대한 새로운 개념화 작업은 미완성 상태이다. 이 책에는 우선 살림공동체가 서양 철학의 전통적 목표였던 '좋은 삶'을 위한 공동체임을 밝히는 작업만 담는다.

---

2 류도향, 「가족적인 것의 확장 : 유사성과 차이성」, 『인문사회과학연구』 제21권 제1호, 2020, 472쪽.

3 김혜경, 「가족구조에서 가족실행으로: 가족실천과 가족시연 개념을 통한 가족연구의 대안 모색」, 『한국사회학』 제53집 제3호, 2019, 217쪽.

2. 현대 사회에서 '좋은 삶'을 위한 공동체를 찾아서

나는 여기서 '정치공동체(political community)'에 윤리적 우선성을 부여해온 철학적 전통과 대결하면서, 오늘날 "좋은 삶(eu zēn)"을 위한 공동체는 폴리스(polis)를 기원으로 하는 정치공동체가 아니라 오히려 오이코스(oikos)를 기원으로 하는 '살림공동체(salim community, living community)'임을 밝히고자 한다. 살림공동체는 흔히 '사회적경제(social economy)'로 불리는 것, 그리고 일부에서는 '공동체경제', '살림/살이경제' 등의 명명을 통해 그것에 대해 새로운 의미를 부여하려는 것과 비슷한 대상을 지칭한다. 그럼에도 내가 '경제(economy)' 대신 '살림'이라는 단어를 사용하는 이유는 오늘날 경제가 자본의 자기증식 혹은 지불의 자기생산을 위한 기능체계(function system)의 명칭이 되었기 때문이다. 거대 조직들에 의존하는 기능체계로서의 경제는 살림의 필요에 대해 가격 프로그램을 통해서만 선택적으로 접근한다.

살림공동체의 이론을 정립하기 위해서는 정치공동체 우위론에 대한 비판과 더불어 살림공동체가 현대적 경제체계와 맺는 관계, 즉 현대 경제에 대한 맞-기능(counter-functional) 공동체로서 살림공동체에 대한 보다 상세한 해명이 필요하다. 후자의 과제와 관련해서는 2019년 인천학연구원 연구총서 『협동과 포용의 살림공동체: 이론, 역사, 인천 사례』의 1장과 2장에서 어느 정도 밝힌 바 있다. 1장에서는 '필요'의 충족을 위한 공동체 형성이 중요함을 밝히면서 칼 폴라니의 실체적 경제 개념, 홍기빈의 살림/살이경제 개념 등을 참조하여 '살림공동체' 개념을 제시했다. 그리고 2장은 살림공동체가 정치, 경제 등 현대 사회의 기능체계들에 대한 "맞-기능 공동체 형성"이라는 의의를 가짐을 밝혔다. 그래서 이번 책에서는 전자의 과제를 보다 충실히 수행하고자 한다.

이번 작업의 중심은 정치공동체를 우위에 두는 철학적 논의의 전거가 되어 온 소크라테스학파의 저술들을 검토하는 것이다. 이를 통해 서양 철학의 출발점에서 폴리스를 우위에 두는 논의뿐 아니라 오이코스도 함께 중시하는 이론의 발전 가능성이 열려 있었음을 드러내고자 한다. 그리고 폴리스를 '좋은 삶'을 위한 공동체로 규정한 아리스토텔레스의 근거들을 살펴보고, 오늘날에는 오히려 살림공동체가 그런 공동체에 가까운 것임을 밝히고자 한다.

그래서 우선 정치공동체를 우위에 두는 현대 정치철학의 비현실성과 위험성을 살펴보고, 오늘날의 공동체와 관련해 '살림'에 주목하면서도 공동체경제, 살림/살이경제 등의 용어를 사용하는 학자들의 한계를 짚고 '살림공동체' 개념의 필요성을 밝힐 것이다. 그리고 소크라테스의 제자들 중 플라톤과 달리 오이코스와 살림살이의 중요성에 주목했던 크세노폰의 저작 『살림꾼(Oeconomicus)』[4]을 통해 소크라테스학파 내부의 긴장관계를 살펴본 후, 그 저작에서 오늘날의 살림 이론을 위해 우리가 주목해야 할 관점들을 밝힐 것이다. 마지막으로는 아리스토텔레스의『정치학(Politika)』을 중심으로 그가 '좋은 삶'을 규정할 때 쓴 근거들이라 할 수 있는 로고스(logos)를 가진 자의 실천적 삶과 친애(philia)가 현대 사회에서는 정치가 아니라 살림공동체들을 통해 더 잘 이루어진다는 점을

---

4 이 책의 한국어판 『경영론·향연』의 번역자 오유석은 해설에서 키케로를 비롯한 고대의 저자들이 크세노폰의 저작을 라틴어 Oeconomicus가 아니라 Oeconomica라고 언급한 것을 근거로 책 제목을 '경영인'이 아닌 '경영론'으로 옮겼다고 말한다(크세노폰, 『경영론·향연』, 부북스, 2015, 13쪽). 그런데 나는 이 책의 주된 내용이 일반적인 살림 이론이라기보다는 소크라테스가 이스코마코스라는 훌륭한 살림꾼(경영인)의 생활을 소개하는 것이라고 본기 때문에 '살림꾼'이 더 적절한 제목이라고 판단했다.

밝힐 것이다.

본격적인 서술에 돌입하기에 앞서 내가 oikos 및 그로부터 파생된 단어들을 기존의 관행과 다르게 번역하는 이유를 밝히겠다. 첫째, 경제, 가정, 경영 등 현대적 맥락에서는 상당히 다른 의미를 갖는 용어들 대신 '살림'을 적극적으로 사용하는 것이 자본주의를 통해 경제체계가 자립화되기 이전 시대의 개념을 표현하는 데 적합하다고 판단했기 때문이다. 둘째, '사회적경제', '공동체경제', '살림/살이경제' 등 거대 경제체계의 틀에 포섭되기 쉬운 용어들 대신 '살림공동체'를 적극적인 대안 개념으로 내세우고 싶기 때문이다.

지금까지 헬라스 철학의 한국어 번역본이나 한국어 논문들에서 oikos는 '가정', '재산' 등으로, oikonomia는 '가정관리', '가정경영', '경영' 등으로, oikonomikos는 '경영인', '가정경영자' 등으로 번역되었다.[5] 아리스토텔레스는 『정치학』에서 오이코스를 "일상의 나날의 필요를 충족하기 위해 자연적으로 형성된 공동체", "같은 빵 동무들"로 규정한다.[6] 크세노폰 연구자 Danzig는 "가정 경영과 관련된 것(pertaining to household management)"으로,[7] 크세노폰 저작의 한국어 번역자이자 헬라스 철학 전공자인 오유석은 오이코스를 "아내와 자녀 및 노예를 포함해서 동산과 부동산 및 소유 가능한 모든 재산을 포괄하는 것"[8]으로 규정한다.

---

5 오유석은 oikos를 때로는 '가정'으로 때로는 '재산'으로 번역한다. 그는 oikonomia를 대부분 '경영'으로 번역하며, oikonomikos를 '경영자'로 번역한다. 아리스토텔레스 『정치학』의 번역자인 김재홍은 oikos를 '가정'으로, oikonomia를 '가정경영'으로 번역한다.

6 아리스토텔레스, 『정치학』, 길, 2017, 31쪽(1252b).

7 Danzig, Gabriel, "Why Socrates was not a Farmer: Xenophon's Oeconomicus as a Philosophical Dialogue", *Greece & Rome, Vol. 50, No. 1*, 2003, p.57.

8 오유석, 「고대희랍의 가정과 여성 – 크세노폰의 Oeconomicus에 나타난 아내의 품성교

그런데 오늘날의 가정은 더 이상 일상생활의 필요를 충족할 수 없으며 부모와 자식으로 구성된 가족 이외의 구성원들을 고용하는 경우가 드물다. 그래서 필자는 오이코스를 번역하지 않고 그대로 음차하여 쓸 것이며, 오늘날의 맥락에서는 '살림공동체'라는 표현을 쓸 것이다. 물론 오늘날의 살림공동체는 '마을'로 번역할 수 있는 헬라스어 코메(kōmē)에 더 가까울 수도 있다. 하지만 헬라스 철학자들은 코메를 오이코스와 구별되는 독자적인 탐구 대상으로 다루지는 않았던 것으로 보인다. 예를 들어, 아리스토텔레스는 코메를 "일상의 나날의 필요 이상을 충족하기 위해서 여러 오이코스들로 구성되는 첫 번째 공동체", "같은 젖을 공유하는 사람들"[9]로 규정할 뿐, 이 공동체를 별도로 다루지 않는다. 그래서 살림공동체는 헬라스의 맥락에서는 오이코스와 코메를 모두 뜻하는 것이다. 다만 정치와 경제가 자기생산적 체계로 자립화된 현대적 맥락에서만 유의미한 개념으로 사용하는 것이 적절하다.

나는 oikonomia를 '살림' 혹은 '살림살이'로, 명사 oikonomikos를 '살림꾼'으로 번역하고자 한다. 순우리말인 살림은 가정에서 주로 사용되지만 '마을 살림', '회사 살림', 심지어 '나라 살림'으로까지 확장되어 쓰이는 데서 알 수 있듯이 가정보다 더 큰 단위에서 일상생활의 필요를 충족하기 위한 행위들에도 쓰인다. 그리고 경영을 잘하거나 관리를 잘하는 것을 흔히 '살림을 잘한다'고 표현하는 데서도 알 수 있듯이, 살림은 그 자체로 잘 꾸려나가는 기술을 뜻하기도 한다. 살림꾼 역시 살림을 잘 하는 사람을 뜻하는 말로 널리 쓰인다. 그에 반해 '경영자'는 대개의 경우

육을 중심으로 -」, 『도덕윤리과교육』 제43호, 2014, 189쪽.
9 아리스토텔레스, 『정치학』, 31쪽(1252b).

기업의 운영자들에게 한정되어 쓰인다. 따라서 oikonomikos에 훨씬 어울리는 표현은 '살림꾼'이다.

3. 정치공동체에서 살림공동체로의 전환

1) 정치공동체를 우위에 두는 철학의 비현실성과 위험성

공동체에 관해 논할 때 정치철학과 윤리학에서는 소크라테스학파의 전통에 따라 정치공동체를 '좋은 삶'을 위한 공동체로 규정하고 그에 대해 윤리적 우선성을 부여하는 경향이 있다. 특히 1980~90년대에 영미권에서 벌어진 자유주의/공동체주의 논쟁이 널리 소개되면서 이러한 경향은 다시 강화되었다.

당시의 논쟁에서 공동체주의자인 매킨타이어(Alasdair MacIntyre)는 덕의 목록들에 대한 합의 능력이 없는 현대 정치를 비판한 후, "도덕적 삶이 지속되어 도덕성과 시민성이 살아남을 수 있는 새로운 형식의 공동체를 구축"하자고 주장한다.[10] 공동체주의 진영의 논자로 분류되지만 스스로를 공동체주의와는 구별되는 '시민적 공화주의'로 규정했던 샌델(Michael J. Sandel)은 정부가 좋은 삶의 문제에서 중립을 지켜야 한다는 자유주의자들의 생각을 반박할 때 정치공동체가 가장 포괄적인 최고의 좋음을 추구한다고 말한 아리스토텔레스의 견해를 참조한다. 그는 아리스토텔레스가 『정치학』의 제3권 9장에서 폴리스를 "공동의 터전에서 살기 위한

---

10 MacIntyre, Alasdair, *After Virtue*, University of Notre Dame Press, 2008, p.249~
   263. 직접 인용한 부분은 p.263.

결사 혹은 서로 간의 불의를 방지하고 교환을 용이하게 하기 위한 결사"
이상의 것으로 규정하면서 "폴리스의 목적은 좋은 삶이며, 사회생활의
제도들은 그러한 목적을 위한 수단"이라고 말한 것을 인용한다.[11] 이렇듯
아리스토텔레스는 도덕적이고 정치적인 공동체의 우위를 주장하기 위한
근거로 활용되고 있다.

그런데 정치공동체를 우위에 두는 사고방식은 공동체주의자들에 한정
되지 않는다. 샌델로부터 "중립에 대한 열망"에 사로잡혀 있다고 비판받았
던 자유주의자들 중 일부도 그러하다. 드워킨(Ronald Dworkin)은 법에 기
초해 개인의 자유를 보장하면서 특정한 종교나 문화에 우위를 부여하지
않는 공동체, 즉 윤리적으로 중립적인 정치공동체를 옹호한다는 점에서
샌델과 대립한다. 하지만 그는 이러한 자유주의공동체(liberal community)
를 정치공동체로 규정하면서, "정치공동체는 우리의 개인적 삶들에 대해
윤리적 우선성을 갖는다"고 주장한다.[12]

그런데 과연 오늘날 국가 전체 혹은 도시 전체를 포괄하는 정치공동체
가 실재하는가? 그리고 현대 국가 혹은 도시가 개인적 삶들에 대해 윤리
적 우선성을 갖는다거나 다른 공동체들과 비교해 좋은 삶을 가능하게
한다고 평가할 수 있을까? 물론 공동체주의자들은 현대적 국가 혹은 체
계적 정치를 공동체로 간주하지 않는다. 그리고 샌델이 "주권을 분산 소
유하는 다수의 공동체들과 정치체들"[13]을 제안하는 데서 알 수 있듯이,
그들은 현대 국가보다 작은 규모의 공동체, 덕의 목록에 대한 합의가 보
다 쉽게 이루어질 수 있는 자치 공동체를 염두에 두고 있다. 하지만 샌델

---

11 샌델, 마이클, 『민주주의의 불만』, 동녘, 2012, 20~21쪽.
12 Dworkin, Ronald, "Liberal Community", *California Law Review* 77, 1989, p.504.
13 샌델, 마이클, 『민주주의의 불만』, 456쪽.

자신도 언급하고 있는 경제적 지구화의 추세 속에서 소규모 공동체들은
오히려 근본주의로 치닫기 쉽다.[14] 그리고 그것이 아무리 작은 규모라
하더라도 한 지역을 통치하는 공동체라면, 도덕적이고 종교적인 합의
시도는 개인주의와 다원주의를 위협할 수밖에 없다. 그래서 공동체주의
공동체는 현대적 조건에서 비현실적인 공동체일 뿐 아니라 차이를 제거
하고 소수자를 배제하는 공동체가 되기 쉽다.[15]

　자유주의/공동체주의 논쟁을 관찰한 영(Iris Marian Young)은 공동체의
이상을 "동일성 논리의 전형적인 예"로 간주하며, "그 염원은 해당 집단과
동일시되지 않는 사람들을 배제하는 쪽으로 실제로는 작동"[16]한다는 점
을 지적하였다. 나는 영의 견해에 공감하지만, 그것이 곧 "공동체의 이상"
을 폐기할 근거가 되지는 않는다고 본다. 영이 공동체의 이상에 맞서 "도
시 생활의 이상"을 주장할 때 언급하는 "사회적 집단(social group)"[17]은
'도시 공동체'로 불릴 수 없는 것일까? 최고의 공동체는 정치공동체라는
서양 철학 전통의 선입견을 공유하기 때문에 영은 비정치적 집단을 공동
체라고 부르지 않는 것이 아닐까?[18] 이 글에서 제시할 살림공동체 개념이
널리 받아들여진다면, 우리는 정치공동체의 억압적 이상과 결별하고 차
이를 존중하는 새로운 공동체의 이상을 품어볼 수 있을 것이다.

14　김은희, 「샌델의 시민적 공화주의는 '민주주의의 불만'을 해소할 수 있는가?」, 『철학사상』 제45호, 2012, 187쪽.
15　매킨타이어와 샌델의 공동체주의적 공동체의 한계에 관한 더 자세한 논의는 정성훈, 「공동체주의 공동체의 한계와 현대적 조건에서 현실적인 공동체」, 『도시인문학연구』 제8권 2호, 141~143쪽.
16　영, 아이리스 매리언, 『차이의 정치와 정의』, 모티브북, 2017, 478쪽.
17　영, 아이리스 매리언, 『차이의 정치와 정의』, 모티브북, 2017, 503쪽.
18　탈전통적 정치공동체 개념 및 그에 대한 영의 비판에 대해서는 정성훈·원재연·남승균, 『협동과 포용의 살림공동체: 이론, 역사, 인천 사례』, 보고사, 2019, 29~35쪽.

2) '경제'에서 '살림'으로의 전환

최근 한국에서는 마을공동체, 마을기업, 사회적기업, 사회적경제, 협동조합 등등 그 명칭에 따라 내적 지향이나 외연에 조금씩 차이는 있지만 도시공동체 운동 내지 대안 경제조직으로 규정될 수 있는 움직임이 활발해졌다. 그리고 그에 대한 학문적 접근도 다양하게 이루어지고 있다. 이러한 실천적 운동과 학문적 접근 중에서 나는 '공동체경제'와 '살림'이라는 용어에 대해 특별히 주목하게 되었다.

'공동체경제'는 단수형인 자본중심적 경제에 맞서 가사노동, 아이 양육 등 여성의 부불노동을 비롯한 다양한 비-자본주의적 경제들을 담론화하기 위해 페미니스트 정치경제학 비판이 도입한 용어이다.[19] 널리 쓰이는 대안 경제 용어인 '사회적경제'가 자본주의 경제를 보조하는 정도로 논의되는 상황에서 '공동체경제'는 경제의 단일성 관념에 더 강하게 맞선다.[20] 그리고 "경제적 존재의 동일성 또는 공통성"이 아니라 "공동체 관계 속에서의 경제적 존재"를 부각시킨다는 점에서 다양한 공동체적 관계들의 형성에 주목한다.[21]

그런데 페미니스트 정치경제학 비판이 자본주의가 주도권을 쥐고 있는 용어인 '경제'를 계속 사용할 필요가 있을까? 정치경제학에 맞서 1830년대에 프랑스에서 탄생했던 사회적 경제학이 오랫동안 비주류 학문으

---

19 깁슨-그레엄, J. K., 『그따위 자본주의는 벌써 끝났다』, 알트, 2013, 76쪽. 이현재, 「페미니즘과 도시공동체경제: 살림의료복지사회적협동조합의 사례를 중심으로」, 『철학연구』 제117집, 2017, 94~95쪽.

20 오김현주, 「사회적 경제를 넘어 공동체 경제로, 그리고 여성주의적 공동체 경제가 형성되기 위한 조건들」, 『여/성이론』 30호, 2014, 15~16쪽.

21 이현재, 「페미니즘과 도시공동체경제: 살림의료복지사회적협동조합의 사례를 중심으로」, 104쪽.

로 머물렀고, 20세기 후반에 다시 부활한 사회적경제라는 용어가 자본주
의 경제의 보조 기능에 머문다는 점을 염두에 둔다면, 정치경제학 이후
에 그 의미가 거대 단일 경제를 뜻하는 것으로 고착되어버린 '경제'라는
용어를 계속 쓸 필요가 있을까?

이현재는 '살림의료복지사회적협동조합'의 사례를 '도시공동체경제'
로 분석한 논문에서 '살림'이라는 용어에 주목한다. 그는 "'살림'이란 원
래 경제가 가정의 영역에 속해 있었음을 상기시키는 용어이지만 가정에
서 수행되는 활동을 국가나 단체와 같은 공식적인 경제활동에도 적용할
수 있음을 보여주는 용어"라고 말하면서, 특히 이 용어가 '살린다', '돌본
다' 등 페미니스트 공동체경제에서 강조되는 의미까지 포함한다는 점에
주목한다.[22]

경제의 본래적 의미를 상기시키는 우리말 '살림'은 한국 최초의 소비
자생활협동조합이자 생협 탄생 이전부터 도농 직거래를 실천한 운동의
이름인 '한살림'에서 이미 사용되기 시작했다. 그리고 아리스토텔레스의
살림살이가 재화획득술과 동일시될 수 없다는 점에 주목했던 경제학자
홍기빈은 우리말 '살림살이'가 "'(남을) 살린다'와 '(내가) 산다'는 두 뜻을
합쳐 놓은 것"임에 착안하여 '돈벌이경제'에 맞선 "살림/살이경제"를 주
장하였다.[23] 그런데 살림살이는 헬라스어의 oikonomia에 매우 가까운
말이고 economy의 어원임을 감안한다면, 살림/살이와 경제는 동어반복
이다.

나는 '공동체경제'는 '공동체살림'으로, '살림/살이경제'는 '살림공동

---

22 이현재, 「페미니즘과 도시공동체경제: 살림의료복지사회적협동조합의 사례를 중심으
로」, 96~97쪽.

23 홍기빈, 『살림/살이 경제학을 위하여』, 지식의 날개, 2012, 7쪽.

체'로 대체하는 것이 그들이 뜻하는 바를 더 잘 표현할 수 있다고 본다. 특히 '살림공동체(oikos-koinōnia, salim-community)'는 정치공동체에 윤리적 우선성을 부여해온 철학적 공동체 논의의 방향을 전환시킬 수 있는 개념이다. 또한 이 개념의 철학적 전통에 대한 연구는 정치경제학이 등장한 이후의 경제체계와 다르게 기능하는, 혹은 경제에 맞서 기능하는 독자적인 사회적 영역을 확보하는 데 기여할 것이다. 그리고 이렇게 정립된 살림공동체 이론은 경제와 경영의 기준으로 평가받기 쉬운[24] 사회적경제 담론을 대체할 수 있을 것이다.[25]

4. 크세노폰의 살림이론

1) 플라톤과 크세노폰의 차이, 그리고 『살림꾼』의 묘한 긴장관계

소크라테스학파는 평생을 가난하게 살면서도 젊은 날에는 아테네 시민으로서의 의무를 다하고 여러 전쟁에 나서 많은 공적을 세웠으며, 노년에는 젊은이들에게 참된 지혜를 일깨우기 위해 노력했던 스승의 죽음으로부터 시작된다. 그런데 재판정에서 억울하게 사형을 선고받은 소크라테스를 위한 변론을 쓴 두 제자인 플라톤과 크세노폰은 살림살이에

---

24 최근 한국의 여러 지자체들에서 이루어지는 사회적경제 지원 사업들에서는 사회적경제 조직들을 지원할 때 지역경제 활성화와 경영 성과를 과도하게 강조하는 경향이 보인다.

25 마르크스주의, 사회적 경제학, 유토피아 사회주의, 협동주의 등 정치경제학 비판의 여러 경향들에 대한 평가와 이 경향들에 내재된 살림공동체 이론을 발굴하는 작업은 후속 연구를 통해 진행할 것이다.

대해 매우 상반된 견해를 담고 있는 저작들을 남겼다.

플라톤은 『국가(Politeia)』에서 자신의 살림을 늘리는 데 신경 쓰지 않았던 소크라테스적 인생 모델을 더욱 극단적인 방향으로 밀어붙인다. 제2권에서 플라톤은 소크라테스와 아데이만토스의 대화를 통해 "이론상으로 처음부터 나라를 수립"[26]하는 일종의 사유 실험을 펼친다. 이 사유 실험의 출발점은 "우리의 '필요'", 즉 생존을 위한 음식물, 주거, 의복, 신발 등등을 마련하는 것이다. 이것이 넷 혹은 다섯 사람으로 이루어진 "최소 한도의 나라"이다. 그런데 이것은 당시의 헬라스 상황에서는 폴리스라기보다는 오이코스에 가깝다. 이들의 대화는 이 작은 나라에서 각자가 "자신의 일(ergon)"을 "성향에 따라(kata physin)"(149, 370c) 하는 것이 더 효율적이라는 점에 대한 합의로 이어진다. 그리고 더 많은 필요들을 충족시키기 위해 장인들, 소치기, 양치기, 무역상, 소매상 등을 차례로 추가하면서 나라의 규모를 키워나간다. 마지막으로는 목축과 경작으로 인해 이웃 나라와의 땅을 둘러싼 갈등이 일어남에 따라 새로운 필요가 제기된다. 전쟁에 대비해 나라를 수호할 필요가 제기되는 것이다.

수호자들을 등장시킨 이후에 플라톤은 더 이상 최소 한도의 나라의 형성 계기였던 기본적 필요들에 관한 논의를 펼치지 않는다. 이러한 필요들을 충족시키는 기초 공동체인 오이코스에 대해서는 언급하지 않고 수호자들을 지혜로운 통치자로 성장시키기 위한 교육의 내용과 그들의 생활방식에 관한 논의가 이어진다. "어떤 사유 자산도 가져서는 아니"(252, 416d) 되고 공동 식사와 공동 생활을 해야 하는 수호자들에게는, 게다가 "어떤 여자도 어떤 남자와 개인적으로 동거하지 못하게" 되어 있

---

26 플라톤, 『국가·정체』, 서광사, 2005, 147쪽(369c).

고 "아이들도 공유"(334, 457d)하는 수호자들에게는 당연하게도 오이코스
가 없다. 어느 한 집단이 특히 행복하게 되는 게 아니라 "시민 전체가
최대한으로 행복해지도록 하는"(258, 420b) 나라를 위해 수호자들에게는
개별적인 살림살이가 허용되지 않는 것이다.

수호자들에게 생활필수품과 생활비를 제공하는 "다른 시민들"(252,
416e) 혹은 "다른 사람들"(347, 464c)은 아마도 개별적으로 살림살이를 할
것이다. 그래서 플라톤이 오이코스의 제거를 주장한 것이 아니라 "최선
의 폴리스의 통일성"을 위해 오이코스를 "정치적 장치"로 변형했다는 É.
Helmer의 해석은 설득력이 높다.[27] 하지만 『국가』에서 플라톤은 수호자
가 아닌 시민들의 살림에 관해서는 전혀 언급하지 않는다. 살림살이는
그에게 학문적 논의의 대상이 아닌 것이다. 그리고 잘 알려져 있듯이,
플라톤은 소크라테스처럼 물질적 부에 대한 욕망이 없으며 가장 지혜로
운 자가 통치해야 한다고 주장한다.

반면에 크세노폰은 『살림꾼』에서 소크라테스를 많은 재화를 살림과
등치시키지 않는 살림 윤리의 화자로 등장시킨다. 가난했던 스승과 대비
되는 부유하고 부지런한 살림꾼 이스코마코스를 또 다른 간접 화자로
등장시켜 '묘한 긴장관계'를 연출한다. 자세한 내용은 다음 절에서 살펴
보겠다.

플라톤은 스승이 죽은 후 10여 년간 지중해 일대를 떠돌아다닌 후 아
테네에 돌아와 아카데미아를 설립한다. 그는 아리스토텔레스를 비롯한
여러 제자들을 키우면서 소크라테스를 화자로 내세운 수많은 철학적 저

---

27 Helmer, Étienne, "The Oikos as a Political Device in Plato's Works", *Diálogos*
92, 2012, p.29~30.

술들을 남겼다. 그래서 플라톤을 소크라테스학파의 정통이라 평가하는 데는 누구도 이견이 없을 것이다. 그리고 그는 아리스토텔레스와 함께 서양 철학 전체에 지배적인 영향력을 미쳐왔다.

그에 반해 크세노폰은 스승이 죽기 전에 이미 스승의 경고를 무시하고 페르시아의 소(小) 키루스가 이끄는 전쟁에 용병으로 참가했다가 패전한 후에 헬라스인들을 이끌고 퇴각한다. 이후에도 그는 아테네와 전쟁 중이던 스파르타의 동맹군에 가담했으며, 이로 인해 아테네로부터 추방당한다. 이후 그는 스파르타로부터 받은 스킬루스의 영지에서 농장주로 살면서 저술 활동을 했고, 스파르타의 몰락 이후에는 코린토스에서 여생을 보냈다.[28]

크세노폰은 자신의 원정 경험을 비롯한 전쟁 역사에 관한 저술들과 함께 그가 존경한 두 인물을 주인공으로 내세운 저작들을 썼다. 한 사람은 그가 현명하고 유능한 군주의 표본으로 생각했던 페르시아의 키루스 대왕이며, 다른 한 사람은 젊은 날 전쟁터에서 말에서 떨어진 크세노폰을 구해주었고 이후 그의 스승이 된 소크라테스이다. 한 사람은 정치적으로 매우 실용적인 실천적 지혜를 활용해 거대한 제국을 다스리며 부유하게 살았다. 반면에 다른 한 사람은 자신의 오이코스조차 돌보지 않았고 실용성과는 거리가 먼 참된 앎을 추구하는 데 몰두했다. 그리고 그로 인해 자신이 시민으로서의 의무를 다했던 아테네로부터 사형을 선고받았다.

『살림꾼』에서 이스코마코스는 다스리는 능력의 핵심으로 '자발적 복

---

28 크세노폰의 생애에 관해서는 이동수, 「크세노폰의 정치사상과 『키루스의 교육』」, 크세노폰, 『키루스의 교육』, 한길사, 2015, 11~17쪽.

종'을 이끌어내는 것을 언급한다.[29] '자발적 복종'을 이끌어내는 다스림은 『키루스의 교육』에서 키루스의 아버지가 아들에게 가르친 덕목이며,[30] 키루스가 거대한 제국을 다스릴 수 있었던 비결이었다. 그래서 『살림꾼』의 두 화자 간의 '묘한 긴장관계'는 그가 존경했던 두 인물 간에도 성립한다고 볼 수 있다.

2) 『살림꾼』의 개요와 해석상의 쟁점

『살림꾼』은 크세노폰의 두 가지 삶 사이의 긴장관계, 즉 소크라테스의 제자로서 스승의 삶을 변호하고 스승에 대한 기소 내용들을 반박했던 크세노폰과 키루스 대왕을 존경하면서 용맹한 군인이자 농장주로 살았던 크세노폰 사이의 긴장관계를 보여주는 저술이다. 이 책은 플라톤의 대화편들처럼 소크라테스를 화자로 내세운다. 그런데 21개의 장으로 이루어진 이 책에서 소크라테스가 살림에 대한 자신의 견해를 크리토불로스라는 젊은이에게 들려주는 부분은 1-6장에 불과하다. 7-21장에서 소크라테스는 몇 해전 우연히 만난 이스코마코스라는 훌륭한 농사꾼이자 살림꾼으로부터 들은 이야기를 크리토불로스에게 전해주는 역할에 머문다. 『살림꾼』의 전체 흐름을 요약하면 다음과 같다.

소크라테스는 크리토불로스에게 살림이란 "어떤 사람이 가지고 있는 좋은 것"[31]이며, 해를 끼치는 나쁜 것은 재화가 아니라고 말하면서 대화가 시작된다. 2장에서 소크라테스는 자기보다 백배 이상 돈이 많은 크리

---

29 크세노폰, 『경영론·향연』, 144쪽(21-12).
30 크세노폰, 『키루스의 교육』, 92쪽(Ⅰ-6-21).
31 『경영론·향연』, 29쪽(1-7).

토불로스보다 자기가 더 잘 산다고 주장하면서 그 이유를 "저의 소유물은 제가 필요로 하는 것들을 충분히 제공해 줄 수 있기 때문"[32]이라고 밝힌다. 그리고 크리토불로스가 살림을 늘리는 비결을 계속 묻자 소크라테스는 자기보다 훨씬 유능한 사람들을 안내하겠다고 답한다.

3장에서 5장까지는 소크라테스가 크리토불로스에게 살림살이를 잘하려면 아내와의 대화가 중요하다는 점, 그리고 사람의 육체를 망치는 단순 수공보다는 농사가 잘 돌보는 자에게 보답하는 좋은 직업이라는 점을 이야기한다. 6장에서 소크라테스가 훌륭하고 좋은 사람에게 적합한 직업인 농사를 크리토불로스에게 권유하자, 크리토불로스는 어떤 농사꾼은 성공하고 다른 어떤 농사꾼은 실패하는 이유를 묻는다. 그러자 소크라테스는 "훌륭하고 좋은 자"[33]라는 평판을 받는 살림꾼 이스코마코스를 언급한 후, 7장부터 마지막 21장까지는 몇 해전 우연히 그를 만나서 들은 이야기를 전달한다.

7장에서 10장까지 이스코마코스는 자신에게 시집올 당시 나이가 어렸던 아내를 어떻게 교육했으며, 그 결과로 지금 아내가 살림을 어떻게 잘 관리하고 있는지를 소크라테스에게 이야기해준다. 그는 자신이 아내와 재산을 공동소유로 하는 동반자 관계이며, 시집올 때 어렸던 아내가 '사려깊음(sophronein)'의 의무를 잘할 수 있도록 세간살이 관리 방법 등을 잘 교육시켜서 오이코스의 여왕벌로 만들었다고 말한다.

11장에서 소크라테스는 이스코마코스에게 당신을 흉내 내고 싶다고 말하면서 왜 충분한 재산이 있는데도 더 부유해지고자 하는지 묻는다.

---

32 『경영론·향연』, 36쪽(2-4).
33 『경영론·향연』, 60쪽(6-12).

이스코마코스는 자신이 돈 버는 일에 관심을 가지는 까닭은 "신들에게 성대히 경의를 표하고, 곤궁에 빠진 친구들을 도우며, 제 살림이 감당할 수 있는 한도 내에서 폴리스를 아름답게 꾸미는 일이 저에게는 즐겁기 때문"[34]이라고 답한다. 그리고 오이코스에서 아내 및 노예들과 함께 재판에 대비해 기소하고 변론하는 훈련을 한다고 말한다.

12장부터 14장까지 이스코마코스는 자신이 오이코스에 부재할 때 맡겨놓는 농장 관리인의 가장 중요한 능력은 '부지런한 돌봄(epimeleia)'[35]과 '정의로움'이라고 말한다. 15장에서 이스코마코스는 농사가 가장 배우기 쉬운 일일 뿐 아니라 가장 인간을 건강하고 고결하게 만든다는 점을 설명하며, 16장에서 19장까지는 밭갈이, 파종, 수확, 식목 등 구체적인 농사법을 알려준다.

20장에서 소크라테스는 농사가 그렇게 쉽고 인간적인 기술이라면 왜 농사에 실패하는 자가 있는지 묻는다. 이스코마코스는 부지런히 돌보지 않았기 때문이라고 답한 후, 땅은 자신을 잘 돌보는 사람에게 보답한다고 말한다. 21장에서 이스코마코스는 농사, 정치, 전쟁 등 인간의 모든 활동에 공통적인 것은 다스리는 능력이며, 이 능력의 핵심은 '자발적 복종'을 이끌어내는 것이라고 말한다. 그리고 이런 지도력은 사려깊은 자에게 신들이 부여한 능력이라는 말로 대화를 마무리한다.

이렇게 이스코마코스로부터 들은 이야기를 크리스토불로스에게 전해

---

34 『경영론·향연』, 91쪽(11-9).
35 한국어 번역본은 epimeleia를 '주의력'으로 번역한다. 그런데 이 단어가 사물에 대해서뿐 아니라 자기 자신, 타인 등에 대한 관계에서도 많이 쓰인다는 점을 고려할 때, 그리고 영어 번역본과 논문들에서 diligence, attentiveness, care 등으로 번역하는 것을 고려할 때, '돌봄' 혹은 '부지런한 돌봄'이 더 적절한 번역어라고 판단한다.

주는 과정에서 소크라테스의 역할은 계속 물음을 던지는 것일 뿐이다. 플라톤의 대화편에서처럼 소크라테스가 상대의 주장을 적극적으로 반박하는 모습은 보이지 않는다. 이러한 대화의 흐름으로 인해, 20세기 초의 여러 연구자들은 이 책의 주인공은 소크라테스가 아니라 이스코마코스이며, 그를 크세노폰의 분신 혹은 대변자로 간주했다.[36] 이런 해석은 이 저작을 한국에 소개한 글들에도 그대로 받아들여지고 있다.[37]

그런데 20세기 후반부터 크세노폰의 여러 저작들에 대한 상세한 비교연구와 실존 인물인 이스코마코스에 관한 자료들이 연구되면서 크세노폰을 이스코마코스와 동일시할 수 없다는 견해, 그리고 이 저작 역시 소크라테스적 대화편이라는 견해가 확산되고 있다.[38] 그중에서도 Danzig는 『살림꾼』을 소크라스테스를 위한 책으로 간주한다. 그는 이 책의 심각한 주제가 살림 때문에 곤욕을 치르고 있는 크리토불로스를 이스코마코스 같은 훌륭한 살림꾼으로 바꾸려는 노력이 아니라 오히려 "철학자 소크라테스와 아테네의 존경받는 시민 이스코마코스 사이의 상호 적대를 살펴보는 것"[39]이라고 주장한다.

그는 크세노폰의 『변론(Apology)』이나 『회상(Memorabilia)』과 마찬가지로 『살림꾼』도 스승의 삶에 대한 크세노폰의 변호라고 본다. 재판과

---

36 G. Danzig, 임성철 등의 논문에 의하면, E. C. Merchant, G. C. Field, W. Jaeger 등이 대표적이다.

37 오유석, 「크세노폰의 경영론 해설」, 『경영론·향연』, 16쪽. 임성철, 「크세노폰의 『경영론』에 나타난 유토피아적 관점에 대한 小考」, 『지중해지역연구』 제20권 제2호, 2018, 108~109쪽.

38 1970년에 출간된 Leo Strauss의 *Xenophon's Socrates*에서부터 『살림꾼』을 소크라테스적 대화편으로 규정하는 경향이 확산되었다 한다.

39 Danzig, Gabriel, "Why Socrates was not a Farmer: Xenophon's Oeconomicus as a Philosophical Dialogue", *Greece & Rome, Vol. 50, No. 1*, 2003, pp.62~63.

관련된 변론인 두 저작과는 달리 소크라테스가 살림살이에서 실패한 것에 대한 변론이라는 것이다. Danzig에 따르면, 이 저작은 소크라테스가 훌륭하고 좋은 자로 불리는 살림꾼 이스코마코스를 찬양하는 것이 아니다. 농사를 짓지 않는 게으른 철학자의 삶과 부지런한 농사꾼이자 살림꾼의 삶을 대비시켜 보여주되 전자에 대한 존중과 변호도 담고 있는 저작이다. 그의 논문 제목이 알려주듯이, 소크라테스가 농사꾼이 아니었던 것을 옹호한다는 것이다.

Danzig가 이런 판단을 내린 여러 근거들 중에서 여기서는 핵심적인 두 가지만 살펴보겠다. 첫째, 소크라테스는 몇 해 전에 이스코마코스를 만나 농사법을 비롯한 살림살이에 대해 충분한 지식을 갖게 되었음에도 크리토불로스를 만날 때까지 이 지식을 스스로 실행에 옮기지 않았다는 것, 즉 "심사숙고하여 가난한 삶을 선택"했고 "이스코마코스의 삶의 방식을 거부"했다는 것이다.[40] 그에 따르면, 소크라테스학파에게는 비록 가난하다 하더라도 철학을 위한 '여유(leisure)'가 매우 높은 위상을 갖는데 반해, 이스코마코스는 아내와 관리인을 잘 교육하는 방법이나 농사를 잘 짓는 방법을 말할 때 언제나 '부지런한 돌봄'을 강조한다.[41] Danzig는 이 두 가지 삶의 방식이 양립할 수 없으며, 살림에 대한 충분한 지식을 갖고도 철학을 위해 그걸 실행하지 않는 소크라테스의 삶을 크세노폰이 변호한다고 본다.

둘째, Danzig는 20장에서 이스코마코스가 "지금 농담하시는군요. 소크라테스여"[42]라고 말하는 구절의 앞뒤 문맥에 흐르는 긴장관계에 주목

---

40 Danzig, p.65~66.
41 Danzig, p.67~70.
42 크세노폰, 『경영론·향연』, 140쪽(20-29).

하면서, 이것이 실존 인물 이스코마코스의 오이코스가 결국 파산해버린 것에 대한 풍자를 함축하고 있다고 본다.[43] 이스코마코스가 자기 아버지의 근면과 땅에 대한 사랑을 강조할 때, 소크라테스는 곡식을 사랑하는 자들은 돈이 필요해도 곡식을 아무데나 넘기지 않는다고 말한다. 이때 이스코마코스는 소크라테스가 농담을 한다고 말한 후, "저는 집을 다 짓자마자 다른 사람에게 판 후 다시 새집을 짓는 사람이 그렇다고 해서 집을 덜 사랑하는 것은 아니라고 생각"한다고 답한다.[44] 이렇듯 과도하게 근면하며 돈벌이에 집착했던 이스코마코스 집안의 몰락을 고려할 때, Danzig는 저 구절들을 통해 크세노폰이 농사꾼이 되지 않았던 소크라테스를 위한 변론을 펼친다고 평가한다.

그런데 우리가 이스코마코스의 오이코스가 결국 망했다는 사실을 고려하지 않고 텍스트 자체의 흐름에만 주목한다면, 소크라테스가 명시적으로 이스코마코스의 견해를 반박하는 부분은 찾아볼 수 없다. 그래서 필자는 Danzig가 『살림꾼』이 이스코마코스처럼 사는 아테네 농장주(gentleman)들의 삶에 맞서 소크라테스를 변호한 것이라고 평가한 것[45]은 다소 과도하다고 본다. 하지만 〈살림꾼〉이 "여론 재판에서 소크라테스의 삶의 방식에 대한 변론"임과 동시에 "소크라테스의 의견이라는 더 높은 법정 앞에서 크세노폰의 삶의 방식에 대한 변론"이라는 그의 평가[46]는 주목할 필요가 있다고 본다. 이 저작은 더 이상 스승처럼 살 수 없다고

---

43 Danzig, Gabriel, "Why Socrates was not a Farmer: Xenophon's Oeconomicus as a Philosophical Dialogue", p.71~72.

44 크세노폰, 『경영론·향연』, 140쪽(20-29).

45 Danzig, p.73.

46 Danzig, p.75.

판단하여 전혀 다른 방식으로 살아간 제자가 한편으로는 스승의 가난이
무지나 무관심으로 인한 것이 아니라는 점, 즉 철학을 위한 자발적 선택
이라는 점을 변호하는 것이다. 그런데 다른 한편으로는 더 이상 소크라
테스학파로서의 철학을 하지 않고 이스코마코스와 비슷한 농장주로 살
아가는 크세노폰이 자신의 삶을 변호하는 것이기도 하다.

  이러한 이중의 변호, 그리고 이로 인해 저작 안에서 생기는 화자들
간의 묘한 긴장관계 때문에『살림꾼』은 잘 구성된 소크라테스적 대화편
이라 보기는 어렵다. 두 화자 사이의 상호 논박은 없고 한 사람이 다른
사람의 말을 경청하는 구조이기 때문이다. 그리고 이 책의 많은 분량이
아내 교육과 농사법에 관한 구체적인 서술에 할당되어 있는 데 반해, '훌
륭하고 좋음', '사려 깊음', '부지런한 돌봄', '자발적 복종' 등 자주 사용되
는 개념적 용어들에 대한 이론적 해명은 극히 부족하다. 그래서 헬라스의
오이코스를 보여주는 사료로서의 가치는 높지만,[47] 철학적 저작으로 간
주하기는 어렵다. 그래서『살림꾼』은 살림살이를 다룬 현존하는 가장
오래된 저작임에도 오늘날까지 철학자들로부터는 별로 주목받지 못했
다. 크세노폰 자체에 대한 평가도 일상적 삶에 관심을 갖고 실천적 훈령
을 제시한 점은 인정을 받지만 이론적인 철학자로 간주되지는 않는다.

  최근 한국의 학자들은 이 책을 철학적 저작으로 간주하기 어렵다는
점에는 동의하지만, 이 책에 나오는 아내 교육 내용이 당시의 기준에서
는 "새로운 여성상을 제시"하는 평등한 부부관계를 보여준다는 점,[48] 그

---

47 예를 들어, 미셸 푸코는『성의 역사 2 쾌락의 활용』의 제3장의 2절에서『살림꾼』을
    "고대 그리스가 우리에게 남겨준 부부생활에 관하여 가장 잘 기술된 개론서"라고 평가
    하면서 길게 인용하였다.
48 오유석,「고대희랍의 가정과 여성 – 크세노폰의 Oeconomicus에 나타난 아내의 품성교

리고 구체적 사실 기술에 머무는 내용뿐 아니라 다스림에서 자발적 복종을 강조하는 내용도 담겨 있어서 유토피아적 관점을 내포하고 있다는 점[49] 등을 지적하였다. 그런데 살림공동체 이론을 정립하고자 하는 관점에서 보자면, 자신의 오이코스 바깥에서는 활동할 수 없었던 시대의 여성상을 굳이 오늘날에 배워야 할 교훈으로 채택할 필요는 없을 것이다. 또한 위계질서가 뚜렷했던 시대의 유토피아적 지도자론을 오늘날 우리가 주목할 필요는 없을 것이다.

3) 『살림꾼』의 현재적 의의

그럼에도 우리가 오늘날 이 책에 대해 주목해야 하는 이유는 좋은 삶을 위해 살림을 무시하거나(플라톤) 살림을 좋은 삶을 위한 중간 단계 혹은 수단 정도로 간주했던(아리스토텔레스) 소크라테스학파 내부에서 이 책이 좋은 삶과 공동체들의 관계에 대한 다른 견해의 성립 가능성을 보여주었다는 점이다. 특히 마을공동체, 사회적기업, 협동조합 등등이 갖는 사회적, 윤리적 의의가 부각되고 있는 지금, 이런 공동체들이 정치공동체에 못지않게 좋은 삶을 가능하게 함을 주장하려 할 때, 우리는 크세노폰의 『살림꾼』으로부터 몇 가지 중요한 관점들을 찾아낼 수 있다.

첫째, 크세노폰은 다음 장에서 살펴볼 아리스토텔레스와 달리 공동체들 사이의 종적 차이를 강조하지 않는다. 그가 강조하는 삶의 중요한 덕목들은 어느 공동체에나 비슷하게 적용된다. 『살림꾼』의 소크라테스는

육을 중심으로 -」, 『도덕윤리과교육』 제43호, 2014.

49 임성철, 「크세노폰의 『경영론』에 나타난 유토피아적 관점에 대한 小考」, 『지중해지역연구』 제20권 제2호, 2018.

살림을 "지식(episteme)의 한 분야"[50]라고 말하면서 좋은 살림살이에 관해
논하되, 이 지식보다 고차원적인 지식이 별도로 있다거나 살림살이에서
의 좋음보다 더 높은 최고의 좋음이 있다고 말하지 않는다. 따라서 살림
공동체로서의 오이코스는 그 자체로 좋은 삶을 위한 공동체이다. 또한
이스코마코스는 사려 깊음, 질서, 정의, 돌봄, 다스림과 자발적 복종 등
을 이야기할 때 오이코스, 군대, 선박, 상점, 폴리스 등을 예로 드는데,
그 각각의 집단에서 이 덕목들은 동일한 의의를 갖는다.[51] 그래서 크세노
폰에게는 오이코스와 폴리스의 차이가 규모의 차이일 뿐이라는 평가가
내려진다.[52] 살림공동체의 이론은 우리가 간혹 성공한 중년 남성들에게
서 듣게 되는 관점, 즉 국가나 회사와 같은 큰 공동체에서의 성공을 위해
작은 공동체에서의 살림과 돌봄을 상대적으로 무시할 수 있다는 식의
관점에 맞서는 것이다. 어떤 사회적 지위를 가지고 있는 사람이라 하더
라도 그는 자신의 기본적 생활을 가능하게 하는 공동체에서부터 훌륭하
고 좋은 사람이 되어야 한다. 『살림꾼』은 이런 견해의 정당화에 기여하
는 고전이다.

둘째, 크세노폰은 사물들을 포함한 타자들을 돌보기 위해 근면하게
일하는 것을 덕목으로 간주한다. 플라톤은 수호자들로부터 필요 충족을
위한 노동을 면제시킨다. 그리고 아리스토텔레스는 시민들이 노예와 관
리인이 하는 일들에 대한 앎을 가질 필요가 없고 그들을 부리는 방법에

50 크세노폰, 『경영론·향연』, 27쪽(1-1).
51 오유석, 「고대희랍의 가정과 여성 - 크세노폰의 Oeconomicus에 나타난 아내의 품성교
   육을 중심으로 -」, 197~199쪽.
52 Alvey, James E., "The ethical foundations of economics in ancient Greece,
   focussing on Socrates and Xenophon", *International Journal of Social Economics*,
   Vol. 38 No. 8, 2011, p.721.

대한 앎만 가지면 된다고 말한다.[53] 그에 반해 크세노폰의 살림꾼은 살림
도구들과 땅을 부지런히 돌보는 것을 매우 중요하게 여긴다. 또한 아내
혹은 관리인에게 위탁하는 경우에도 그가 직접 가르친다는 점에서 살림
살이에 관한 구체적 지식을 갖고 있다. 물론 Danzig의 해석이 타당하다
면, 소크라테스는 이렇게 여유가 없어서 철학을 할 수 없는 삶을 거부했
으며, 크세노폰은 이를 옹호했다. 그런데 필요에 종속된 근면한 삶과 여
유로운 자유인의 삶이 더 이상 대립적인 것이 아니라면, 우리가 모두 함
께 부지런한 돌보고 모두 함께 공부하고 토론하면서 자유를 실현하는
삶을 존중한다면, 그리고 돌봄으로부터 면제된 삶의 여유로부터 가능한
실적들을 비판하는 경향을 강화하고자 한다면, '부지런한 돌봄'은 좋은
삶의 핵심적 덕목들 중 하나가 될 것이다.

셋째, 농사를 찬양하는 대목에서 생태학적 삶의 지향이 드러난다. 이
스코마코스는 소크라테스에게 "농사는 정말로 친인간적이고 온화한 기
술"[54]이라고 말한다. 그리고 소크라테스는 땅이 노력한 만큼 보답한다는
것, 농사가 사람들을 서로 돕도록 가르친다는 것, 배우기에 가장 쉽고
일하기 가장 즐거우며 신체를 아름답고 강하게 만들어준다는 것 등등
농사가 가진 여러 장점들을 열거한다.[55] 땅을 일구지 않고 시가와 체육을
중심으로 몸을 단련하는 플라톤의 수호자들은 오늘날 자연환경과 격리
된 콘크리트 빌딩의 사무실에서 이어폰을 끼고 음악을 듣다가 그 건물
안에 있는 체력단련장에서 몸을 단련하는 전문직 종사자들을 닮았다.
반면에 크세노폰의 살림꾼은 인간의 몸을 자신을 둘러싼 자연과의 교섭

53 아리스토텔레스, 『정치학』, 길, 2017, 52~53쪽(1255b).
54 『경영론·향연』, 131쪽(19-17).
55 『경영론·향연』, 56~60쪽(5-14, 6-9).

속에서 자연스럽게 단련시키고 계절의 변화 속에서 들려오는 온갖 소리들을 들으며 일하는 유기농업 종사자들과 비슷하다. 전자의 삶이 기후 위기를 비롯한 과도한 문명화의 폐해를 낳고 있는 지금, 후자의 생태학적 삶을 좋은 삶으로 간주하는 것은 충분히 정당화될 수 있을 것이다.

넷째, 돈 버는 일의 목적을 서로 살리는 것에 두고 있다. 소크라테스는 해를 끼치는 나쁜 것은 재화가 아니라고 말한다. 그는 플루트를 연주하지 못하는 자가 플루트를 구매하는 것은 살림이 아니며, 창녀를 구매해 몸을 망치는 것도 살림이 아니라고 말한다.[56] 아무리 돈을 많이 번다 해도 쓸모없는 재화나 해로운 재화를 구매해 살림살이를 망치는 것은 도덕적으로 정당화되지 않는다는 것이다. 그리고 이스코마코스는 돈벌이를 하는 목적을 말할 때 곤경에 빠진 친구들을 돕고 폴리스를 아름답게 꾸미기 위해서라고 답한다.[57] 오늘날의 관점에서 보자면, 이 답변에는 '기업의 사회적 책임'에 대한 강조가, 더 나아가 '사회적경제'의 지향이 담겨 있다. 물론 아리스토텔레스를 비롯한 근대 이전의 철학자들 대부분이 도덕이나 사회로부터 벗어난 돈벌이를 정당화하지 않았다,[58] 그런 점에서 크세노폰이 특별한 것은 아니다. 다만 크세노폰은 적극적으로 부를 늘이면서 이를 통해 더불어 잘 사는 걸 지향했다는 점에서 물질적 풍요와 부의 추구 자체를 멸시했던 플라톤이나 중세의 신학적 철학자들과는 차별화된다. 그래서 오늘날 적극적으로 조합원의 복리를 증진시키고자 하는 협동조합들이나 가난한 이들을 위한 고용 창출과 사회적 가치를 중시하는 사회적 기업들에게는 크세노폰의 살림 이론이 더 적합하다.

---

56 『경영론·향연』, 30~31쪽(1-9, 1-10).

57 『경영론·향연』, 91쪽(11-9).

58 홍기빈, 『아리스토텔레스, 경제를 말하다』, 책세상, 2001, 81~116쪽.

5. 아리스토텔레스의 '좋은 삶'과 살림공동체

1) '좋은 삶'과 로고스

소크라테스학파의 정통 계보에서 오이코스에 대한 무관심이 지속된
것은 아니다. 플라톤의 제자 아리스토텔레스는 『정치학』의 제2권에서
플라톤이 『국가』에서 펼친 처자 공유제와 재산 공유제를 비판할 뿐 아니
라, 제1권에서는 폴리스를 이루는 요소들인 오이코스에 관해 상세한 논
의를 펼친다. 특히 살림술(oikonomikē)이 재화획득술(chrēmatistikē)과 등
치될 수 없다는 그의 주장[59]은 이미 사회적경제와 관련된 여러 학자들로
부터 주목받았다.[60]

하지만 아리스토텔레스는 폴리스를 모든 좋음들 중에서 최고의 좋음
을 목표로 하는 공동체로 규정하고 "본성적으로 오이코스와 우리 각자
모두에 앞서는 것"이라는 위상을 부여한다.[61] 특히 그가 설정한 두 가지
삶의 구별, 즉 '그저 사는 것(zēn)'과 '좋은 삶(eu zēn)'의 구별[62]은 정치철
학[63]의 역사에서 국가 혹은 정치체에의 참여를 통해서만 자유인다운 이
성적 삶이 실현될 수 있다는 선입견을 심어 놓았다. 정치와 경제의 구별

---

59 아리스토텔레스, 『정치학』, 길, 2017, 54쪽(1256a).
60 Polanyi, Karl, "Aristotle Discovers Economy", Polanyi, Arensberg & Pearson(ed.),
    Trade and market in the early empires: economies in history and theory, The
    Free Press, Glencoe, 1957, p.64~96.
61 『정치학』, 35쪽(1253a).
62 『정치학』, 32쪽(1252b).
63 사회적-실천적 문제를 다루는 철학이 주로 '정치철학'으로 불리는 것 자체가 아리스토
    텔레스적 전통이 이어지고 있음을 보여준다. 오늘날까지도 영미권에서는 social
    philosophy라는 말보다 political philosophy라는 말이 더 자주 쓰이고 있다. 한국연구
    재단의 학문분류표에서도 '정치/사회철학'으로 표현함으로써 사회에 대한 정치의 우
    위를 확인할 수 있다.

혹은 정치와 사회의 구별 혹은 공과 사의 구별을 사용하는 많은 정치철학
자들이 이러한 구별법들에서 전자에 자유를 할당하고 후자에 필연을 할
당한다.

　인간을 본성상 폴리스적 동물이라고 규정하는 아리스토텔레스에 따르
면, 인간은 폴리스적 삶을 통해서만 완전한 자신의 본성을 실현할 수 있
다. 그런데 왜 폴리스가 아닌 다른 공동체들, 예를 들어 오이코스에서는
인간의 본성을 실현할 수 없는 것일까? 왜 폴리스의 정치가와 오이코스
의 주인은 "많고 적음에서 다른 것"이 아니라 "종적으로 다른 것"[64]일까?

　아리스토텔레스는 폴리스가 좋은 삶을 위해 존재한다고 말하는 구절
바로 앞에서 폴리스가 "전적인 자족(autarkeia)의 한계에 도달해 있는 것"
이라고 말한다.[65] 그렇다면 오이코스는 전적인 자족에 도달하지 못한 공
동체이다. 그런데 그 이후의 구절들에서 우리는 전체가 부분에 앞선다는
것 외에는 폴리스와 오이코스의 종적 차이를 정당화하는 뚜렷한 근거를
찾아볼 수 없다. 둘 사이의 종적 차이를 정당화하는 근거를 추론해보자면,
그것은 '로고스(logos)', 즉 이성적인 말하기 혹은 논리적인 말하기이다.
그는 동물들 중에서 인간만이 로고스를 가지며, 이를 통해 유익한 것과
해로운 것, 정의로운 것과 정의롭지 않은 것을 분명히 한다고 말한다.
물론 오이코스에서도 어느 정도 로고스를 사용하겠지만, 로고스가 활동
적 삶으로 펼쳐지는 것은 평등한 시민들 사이의 관계에서였을 것이다.

　『니코마코스 윤리학』에서 아리스토텔레스는 행복을 자족의 관점에서
논할 때 "우리가 이야기하는 자족성은 자기 혼자만을 위한 자족성, 고립

64　『정치학』, 27쪽(1252a1).
65　『정치학』, 32쪽(1252b).

된 삶을 살아가는 사람을 위한 자족성이 아니다. 부모와 자식, 아내와 일반적으로 친구들과 동료 시민들을 위한 자족성"이라고 말한다.[66] 이 구절에서 우리는 오이코스를 이루는 기본 관계 중 하나이며『정치학』에서 그가 부부관계나 부자관계보다 더 먼저 언급하고 훨씬 길게 다루고 있는 관계인 주인과 노예의 관계가 빠져 있음을 확인할 수 있다. 따라서 우리는 아리스토텔레스가 오이코스에서는 자족성이 충분히 실현될 수 없다고 본 이유를 이성적인 대화 능력이 부족하고 주인의 명령에 복종해야 하는 노예가 함께 살기 때문이라고 추론해볼 수 있다.

아리스토텔레스는 최고의 좋음인 행복을 실현하는 인간의 기능을 찾는 과정에서 다른 기능들은 영양 섭취, 성장, 감각 등 "다른 동물들에 공통되는 삶"을 위한 것들이며, "이제 남게 되는 것은 로고스를 가진 것의 실천적 삶"[67]이라고 말한다. 그리고 이런 삶을 '능력(dynamis)에 따른 삶'이 아니라 "활동(energeia)에 따른 삶"으로 규정한다. 따라서 행복에 이를 수 있는 '좋은 삶'은 로고스를 가진 자가 활동적으로 사는 것이며, 이를 위한 관계들을 마련해주는 공동체는 폴리스이다.

2) 오늘날 로고스를 가진 자의 활동적 삶이 가능한 공동체

그렇다면 여기서 과연 오늘날의 국가 혹은 정치체가 과연 이렇게 로고스를 가진 자의 실천적이고 활동적인 삶을 가능하게 하는 곳인지를, 즉 좋은 삶을 위한 공동체인지를 따져볼 필요가 있다.

20세기 후반의 대표적인 사회학자인 루만(Niklas Luhmann)은 정치를

---

66 아리스토텔레스, 『니코마코스 윤리학』, 이제이북스, 2006, 28쪽(1097b).
67 『니코마코스 윤리학』, 29쪽(1098a).

권력 매체를 통해 통치/반대(여당/야당)로 코드화된 자기생산적 체계로 규정하며, 그러한 코드값의 할당은 선거 프로그램에 따라 이루어진다고 말한다.[68] 현대 사회의 정치를 이런 체계로 파악한다면, 정치는 로고스를 가진 인간의 실천적 삶에 그리 적합한 장소가 아니다. 루만과 논쟁을 벌였던 사회철학자 하버마스(Jürgen Habermas)는 권력을 조종매체로 하는 정치체계의 개념을 받아들이되 체계로 환원될 수 없는 의사소통의 지평이자 배경으로서 생활세계를 남겨놓는다. 그리고 정치적 공론장을 통해 생활세계로부터 의사소통적 권력이 형성되어 행정 권력을 정당화하는 토의 정치 모델을 제시한다. 이 모델에서는 로고스를 가진 자의 실천적 삶이 어느 정도 가능하다. 그러나 이 모델에서도 정치의 정점을 차지하는 것은 행정 권력일 수밖에 없다. 공론장에서 아무리 논리적으로 대화를 잘 나눈다 하더라도 결국 선거를 통해 행정 권력을 차지한 정당에 의해 국가의 행정부가 작동한다.

공동체주의 철학자들도 현대 국가가 아리스토텔레스의 정치공동체와 너무나 다르다는 점을 인정한다. 매킨타이어는 "공동의 기획으로서의 정치공동체 개념이 현대의 자유주의적 개인주의 세계에 낯선 것"이라고 말하면서, 우리가 오늘날 생각해볼 수 있는 것들의 사례로 "학교들, 병원들 혹은 자선 조직들"을 거론한다.[69] 그리고 주권의 분산을 주장한 샌델은 공화주의를 재생시킬 수 있는 노력의 대표적 사례들로 지역사회개발법인, 기업형 슈퍼마켓 반대 운동, 뉴어버니즘의 도시 설계 등을 제시한다.[70] 그런데 그들은 체계화된 거대 주권국가와는 다른 작은 정치공동체

---

68 Luhmann, Niklas, *Die Politik der Gesellschaft*, Suhrkamp, 2000, p.91~97.

69 MacIntyre, Alasdair, *After Virtue*, p.156.

70 샌델, 마이클, 『민주주의의 불만』, 436~447쪽.

의 모델을 보여주지 않는다. 매킨타이어가 제시하는 사례들은 비정치적
이며 비영리적인 조직들이며, 샌델이 주목한 운동들은 어느 정도의 정치
적 성격을 갖긴 하지만 기본적으로는 살림의 필요로부터 시작된 운동들
이다. 그리고 그는 그런 운동들이 과연 어떻게 해당 지역의 정치를 바꿀
수 있는가에 대한 전망을 제시하지 못한다.

오늘날 활동적인 이성적 대화가 가장 잘 이루어지는 공동체는 모든
조합원들이 1인 1표의 권리를 갖는 협동조합 혹은 여러 협동조합들과
사회적 기업들로 이루어진 마을공동체이다. 한국의 경우에도 소비자생
활협동조합들과 공동육아협동조합들, 그리고 그것들을 포괄하는 마을
공동체들이 얼마나 치열한 토론의 과정에서 설립되고 유지되어 왔는지
를 보여주는 수많은 보고들이 있다.[71]

그런데 이런 살림공동체들이 정치공동체로 순탄하게 발전하는 경우는
거의 없다. 살림공동체들을 기반으로 선거에 출마한 후보자들은 여럿
있었지만 기성 정당의 공천을 받지 못한 경우 대부분 낙선했다. 공천을
받아 당선된 경우에도 살림공동체들에서 이루어진 활발한 토론 문화를
지방정부로 확산시킨 성공 사례는 아직까지 없는 것으로 보인다. 무엇보
다도 우리가 의문시해야 할 것은 과연 현대 정치가 이러한 살림공동체들
의 운영 원리에 따라 이루어지는 것이 현실적인지, 그리고 정당한지의
여부이다. 대의제와 다수결보다는 대부분의 조합원들이 동의할 때까지

---

71 서울의 대표적 마을공동체인 성미산마을에서 이루어진 치열한 토론의 과정을 잘 보여
주는 것들만 소개하자면, 유창복, 『우린 마을에서 논다』, 또하나의문화, 2007. 이경란,
「마을에서 생활인으로 살기」, 모심과살림연구소, 『세상의 밥이 되는 공동체운동』,
2019. 특히 이경란의 글에는 초기 성미산마을의 "만장일치제"라는 의사결정문화가 소
개되어 있다.

토론을 지속하는 것을 선호하는 살림공동체들의 원리로 지역 정치를 재
편하는 것이 비현실적일 뿐 아니라 그런 공동체 정치가 체계화된 정치보
다 오히려 억압적일 수 있다는 점을 고려해야 한다. 이에 대해서는 앞에
서 아이리스 매리언 영을 참고해 언급했듯이, 공동체의 이상이 차이를
무시하고 소수자를 배제할 수 있는 위험성을 가진다는 점을 지적하는
것으로 충분할 것이다.

3) '친애'와 살림공동체

아리스토텔레스는 『니코마코스 윤리학』에서 시민들 사이의 친애
(philia)를 강조하면서 "폴리스는 열 명의 사람으로는 성립되는 것이 아니
며, 십만 명의 사람으로는 이미 폴리스가 아니다"라고 말한다.[72] 서울의
기초자치단체조차도 십만 명을 넘어선다는 점을 고려하면, 그리고 활발
하게 운영되는 협동조합들이 수십 명에서 수백 명 사이의 숫자이고 그것
들의 연합회나 마포구의 성미산마을을 비롯해 마을공동체라 불리는 곳
들이 수천 명에서 수만 명 사이의 숫자임을 고려하면, 오히려 오늘날의
오이코스인 살림공동체가 친애를 위해 적합한 숫자이다.

아리스토텔레스의 친애는 최근 경제학과 윤리학에서 '관계재(relational
goods)' 개념을 통해 재조명되고 있다. 인간은 폴리스적이기에 홀로 지내
며 많은 것을 소유한 사람보다 "훌륭한 친구와 함께 있는 것"이 더 행복하
다고 말한 구절[73]을 비롯해 동등한 자들 사이의 관계성 자체를 물질적
재화들과 구별되는 좋음(good)으로 규정한 아리스토텔레스의 통찰이 관

---

72 『니코마코스 윤리학』, 343쪽(1170b).
73 『니코마코스 윤리학』, 338~339쪽(1169b).

계재 개념으로 부활하고 있다. 관계재와 좋은 삶의 관계를 잘 설명한 김명식은 이 개념이 "경제학과 윤리학의 분리가 갖는 문제점을 잘 보여주는 동시에, 양자에 대한 통합적 논의를 요구하는 중요한 계기를 제공"한다고 말한다.[74] 이 분리는 곧 살림살이가 자기생산적 체계인 경제에 흡수되어버린 후 인간 생활의 실질적 필요 충족을 위한 윤리적 실천이 경제와 분리되어버린 것을 뜻한다.

김명식은 관계적 좋음을 강조한 아리스토텔레스의 입장은 타당하지만 구체적인 그의 주장은 우리의 상황에 맞게 재구성되어야 한다고 말한다. 그런데 그는 재구성되어야 할 친구의 범위를 너무 확장한다. 거대한 국민국가의 구성원인 국민, 제3세계 빈국의 사람들, 미래세대, 심지어 반려동물, 땅, 물, 인공지능 등등까지 친구의 확장된 후보들로 거론한다. 그런데 아리스토텔레스가 "가장 완전한 친애는 좋은 사람들, 또 탁월성에 있어서 유사한 사람들 사이에서 성립하는 친애"[75]라고 말한 점을 고려할 때, 굳이 인류애, 자연사랑 등등 매우 멀고 추상적인 관계로까지 확장하는 것은 아리스토텔레스의 친애 개념이 갖는 장점을 잃어버릴 수 있는 재구성이다. 행복과 좋은 삶을 위한 관계재로서의 친애는 오늘날의 사회구조적 조건에서는, 즉 정치와 경제가 각각 더 이상 공동체라 말할 수 없는 체계로 자립화되어버린 조건에서는, 살림공동체의 친구들이 완전한 친애의 대상으로 적합할 것이다.

---

74 김명식, 「관계재와 좋은 삶」, 『사회와 철학』 제34집, 2017, 124쪽.
75 『니코마코스 윤리학』, 283쪽(1156a).

6. 결론

5장에서는 좋은 삶을 위한 공동체에 관해 아리스토텔레스가 제시한 근거들을 오늘날에의 공동체들에 적용해보았을 때, 정치공동체보다는 오히려 살림공동체가 좋은 삶을 위한 공동체에 더 적합함을 보여주었다. 그런데 오늘날 우리가 '좋은 삶'에 대한 명확한 기준에 대해 합의하기는 쉽지 않을 것이다. 그럼에도 좋은 삶을 어떻게 규정하든지 간에, 이성적인 대화와 토론을 통해 운영 방향을 결정할 수 있는 공동체에 참여하는 것, 그리고 그 공동체에 참여한 사람들과 친애를 나누는 것 등은 분명히 좋은 삶의 목록에 포함될 수 있을 것이다. 그래서 아리스토텔레스의 근거들을 통해 살림공동체가 좋은 삶의 공동체임을 밝힌 것은 오늘날 우리의 좋은 삶을 위해 살림공동체에의 참여가 큰 도움이 됨을 밝히는 것이기도 하다.

그런데 내가 아리스토텔레스가 폴리스에 대해 그렇게 말하듯이 살림공동체가 가장 으뜸가는 공동체라거나 가장 포괄적인 공동체라고 주장하는 것은 아니다. 또한 살림공동체 없이는 좋은 삶이 완전히 불가능하다고 주장하는 것도 아니다. 과거의 폴리스와 달리 오늘날의 살림공동체는 결코 전체 공동체를 포괄하는 것이 아니며 전적인 자족을 달성하지도 못하기 때문이다. 협동조합이나 마을기업을 통해 모든 생필품을 공급받을 수 있는 것도 아니고, 대안학교나 마을교육공동체를 통해 현대 사회에서 필요한 모든 교육을 받을 수 있는 것도 아니다.

현대 사회 속에서 여러 기능체계들, 여러 조직들, 그리고 여러 공동체들에 관여하면서 살아가는 우리에게는 하나의 소속집단 혹은 사회적 관계가 절대화될 수 없다. 그리고 각 집단 혹은 관계에서 '좋음'의 기준은 어느 정도 달라질 수밖에 없다. 그럼에도 누구나 포괄적인 의미에서의 좋은 삶에 대한 지향을 많건 적건 갖고 있으며 나름대로 노력하기도 한다. 이 글에서 나는 그런 노력을 위해 살림공동체에 적극 참여하는 것이 도움이 될 수 있음을, 즉 살림공동체가 좋은 삶을 위한 공동체일 수 있음을 보여주고자 했다.

이 글은 한국철학사상연구회, 『시대와 철학』 제31권 3호, 2020에 수록된 필자의 논문 「좋은 삶'을 위한 공동체로서 살림공동체」를 대폭 수정하고 보완한 것입니다.

2장

|

동학의 살림 사상

: 모심 그리고 섬김에서 살림으로

신진식

1. 개벽을 위한 '살림공동체'의 길

　동학은 조선왕조가 점차 몰락해가던 서세동점(西勢東漸)의 시대를 맞이하여, 뿌리 깊은 봉건사회의 모순을 극복하고 외세의 도전에 맞서기 위해 개창되었다. 다시 말해 동학은 주자학의 헤게모니가 실효성을 다해가던 조선 후기에, 기존 체제에 저항하고 비판하던 민초들이 각성을 거쳐 역사와 생명의 주체요 변혁의 주체로 성장한 결과로 등장했다. 동학은 사람을 하늘과 동일시하고 나아가 모든 존재를 같은 하늘이라 여기며 존중하는 높은 인권의식과 만민·만물 평등의식을 바탕에 깔고 있다. 천년 이상을 지탱해 온 지배 패러다임과 결별하는 사상체계이고, 보국안민(輔國安民)과 광제창생(廣濟蒼生)의 기치 아래 민중의 역량을 집중시킨 사회혁명의 일환이었으며, 침탈적 성격에 대한 반외세적 항거와 함께 서양은 물론 종래의 중화문명으로부터도 독자성을 내세우는 확고한 한국적

'동(東)'의 정체성 정립을 추구했다는 점에서 서양의 근대성과도 상통하는 보편성을 갖는다. 다만 동학을 단순히 서학에 대립하기 위해 성립된 대항 이데올로기로 보는 것을 왜곡된 관점으로 치부하는 비판이 있듯이,[1] 동학의 성격을 단순히 반외세적 항거라고 지칭하는 것에는 주의가 필요하다. 동학의 '동'은 동쪽이라는 방위로서의 '동'의 의미와 한민족의 땅을 특정하는 '동'의 의미를 가지면서도, 서학과 동학의 관계에 있어 최제우 본인이 "운도 하나고 도도 같지만, 다만 그 이치에 있어서만 다르다"[2]고 밝혔듯이 서학에 대해 활짝 열린 개방성을 가지고 있었던 것이 동학이다.

그럼에도 동학은 인격화된 하늘을 전면에 내세운다는 점에서 성속 분리와 함께 세속화와 인간중심주의로 나아갔던 서양의 근대와는 정반대의 길인 종교화, 영성화의 길로 나아갔다는 결정적 차이점을 보인다. 게다가 동학은 만물이 우주적 생명체로서의 하늘 – 동학의 하늘은 외재적 절대신이 아니다 – 임을 자각하는 데서 출발해 적극적인 타자 공경의 태도를 키워나가는 살림의 자기 수양적 문명 전환 운동이라는 점에서도 독특하다.

동학은 동양의 전통적인 사상의 자원을 되살리고 서양의 종교와 사상까지를 포함하여 서양 근대 문명과는 다른 차원의 새로운 문명의 시대 즉 후천개벽을 열고자 하였다. 이에 최제우의 '개벽' 사상을 이어 최시형은 '후천개벽'으로 이를 명시했다. 동학에서 말하는 개벽은 하늘과 땅의 열림이기는 하지만 우주 천지 만물이 최초 시작하는 천지창조를 의미하

---

1 박맹수, 「동학계 종교운동의 역사적 전개와 사상의 시대적 변화–동학과 천도교를 중심으로」, 『한국종교』 제37집, 2014. 58쪽.
2 『東經大全』 「論學文」, 運則一, 道則同, 理則非.

는 것이 아니라 천지를 지배하는 질서와 그 이치가 뒤바뀌는 다시 열림을 의미한다. 따라서 '개벽' 두 글자만을 따로 언급해도 그 뜻은 언제나 다시 개벽, 즉 후천개벽이다. 동학이 천명한 '개벽'은 사고방식, 삶의 방식 등의 개벽을 망라하는 문명 자체의 매우 철저하고 근본적인 변혁을 의미한다. 특히 모든 개벽의 저변에는 생명이 있는 모든 존재들의 삶을 소중하게 여기고 살린다는 정신이 깔려있다. 그러한 점에서 동학의 개벽은 생명의 개벽이고 다시 '살림'의 후천개벽이라 할 수 있다.

동학은 19세기의 시대적 위기를 절감한 수운이 당면한 위기를 극복할 수 있는 참된 가르침을 얻기 위해, 오랫동안의 구도(求道) 과정 끝에 결정적인 종교체험을 하고 이를 바탕으로 창도한 종교이자 사상이다. 따라서 동학의 가르침에는 타락해가는 19세기의 시대적 상황을 극복하고자 하는 목표와 의지가 담겨 있다. 그렇다고 동학의 가르침이 단지 19세기라는 시대적 제한에만 갇혀 있는 것은 아니다. 20세기 초입 우리나라가 일본 제국주의에 나라를 강탈당하여 고통스러운 식민지 삶을 살 때, 이러한 폭압을 극복하고 독립을 이루고자 하는 여러 모색의 사상적 바탕이 되기도 했다. 또 그런가 하면, 여기에서 한 발자국 더 나아가 동학의 가르침은 21세기 현대 도시공동체가 안고 있는 여러 가지 난제들을 풀어낼 수 있는 하나의 대안으로도, 현재의 많은 지식인들이 거론하고 있음을 확인할 수 있다.

이 글에서는 동학이 지닌 이와 같은 측면에 천착하여, 먼저 동학의 살림 사상이 현대 도시공동체가 안고 있는 제반 문제에 어떻게 대응하여 어떤 대안을 제시하고 있는가 하는 문제를 연구하기 위해서 동학의 살림 사상의 기반을 살펴보는 작업을 진행하려고 한다. 오늘 우리가 살아가고 있는 현대 도시는 과학의 발달에 따른 산업발달 등으로 인해 그 어느 시대에도 도달하지 못한 커다란 변화와 발전을 이룩한 '장소'[3]이다. 그러나 이러한 발달 덕분에 얻은 물질적인 풍요에도 불구하고, 현대 도시공동체의 이면에는 계층 간 상대적 불평등이 심화 되고 있고 이에 따른 상대적인 박탈감이 일어나는 등의 사회적 모순이 내재되어 있다. 또한, 산업화에 따른 소외의 문제, 도시화로 인한 생태계 파괴와 대규모의 재난 발생 등, 이전의 어느 세기에도 경험 못 했던 매우 심각한 문제들이 일어나고 있다. 이와 같은 현대 도시의 모습은 그 외양은 매우 화려하지만, 그 이면에는 위태로움이 내재되어 있어, 마치 '위태로움'과 '화려함'

---

3 여기서 말하는 '장소'는 단순히 추상적인 공간도 아니고, 우리가 그냥 머물러 있는 곳도 아니다. '장소'는 다양한 존재론적 질문이 응축된 장이자 사회과학 및 생명과학을 비롯한 현대 자연과학의 최첨단의 문제에도 맞닿아 있다. 그러므로 여기에서 '장소'는 공동체 삶 전체를 관통하는 사유의 중심에서 바라볼 수 있는 개념이라 할 수 있다. 이에 따라 단순히 도시라는 물리적 영역을 넘어서 도시를 새롭게 볼 수 있는 기틀을 마련할 수 있을 것이다. 우리에게도 한정된 주제를 넘어서, 예컨대 '생명의 장소'나 '정치와 경제의 장소', '생태환경의 장소'와 같이 지금 시대에 좀 더 절실히 요청되는 질문으로 나아갈 수 있다. 이 글에서는 특히 나카무라 유지로가 생명, 관계, 존재, 형태 등 다양한 주제를 하나로 엮은 '장소' 개념(나카무라 유지로, 『토포스: 장소의 철학』, 그린비, 1912. 참조)과 데이비드 시먼의 주장에 따라 도시가 하나의 '장소'라는 점에 주의를 기울인다. 우리의 삶은 언제나 '발생'하고, 그 발생의 현장이 '장소'이다. 장소이론가라고 불리는 시먼은, 인간은 언제나 장소 내 존재라는 현상론적 주장을 바탕으로, 이동성이 급격히 진전된 오늘날의 시대에는 이 장소 현상학이 더 중요해졌다고 지적한다. 현재 우리가 처해 있는 지리적 이동성, 디지털 테크놀로지, 전 지구적 상호연결의 시대에도, 실제-세계 장소와 장소 체험은 인간의 삶과 안녕에 불가결하다는 것이다. 그리하여 시먼은 환경 사상가 에드워드 케이시, 제프 말파스, 에드워드 렐프 등의 최신 장소 현상학 연구에 의거하여 장소 및 실감하는 장소 잡기가 어떻게 인간 체험의 필수적 일부인지, 인간 존재가 어떻게 언제나 이미 장소 내 인간 존재인지를 고찰한다. 케이시가 공언하듯이, "존재함은 장소 내에 존재한다."(데이비드 시먼, 『삶은 장소에서 일어난다.』, 앨피, 2020. 참조) 이러한 의미에서, 현재 우리의 초근대 세계에서도 동학의 개벽 개념과 그것이 아우르는 시천주, 사인여천, 인내천 등의 살림사상은 이 '장소'와 맞닿아 있다.

이라는 상반되는 야누스적인 두 얼굴을 지니고 있는 위기의 시대라고
말하고 있다. 현대 도시공동체가 떠안고 있는 위태로움은 궁극적으로
근대 이후에 대두하게 된 인간중심주의 내지는 개인주의 성향의 세계관
이 야기한 것이라는 데에 많은 연구자들이 동의하며 일부 연구자들은
동학의 공공성과 21세기 생활공동체의 전망에 합의를 하고 있다. 개인의
가치에 대한 자각과 함께 개인의 의의와 존재에 가치를 부여하기에 개인
의 자유와 권리를 존중하였던 개인주의가 본래 지니고 있던 긍정적 모습
이, 이후에 후기산업사회가 가진 특질과 더불어 극단적으로 심화 되면
서, 폐쇄되고 타락한 개인주의가 대두하게 되었다. 게다가 인간중심의
세계관과 가치관은 인간 이외의 모든 다른 대상을 자신의 지배와 억압의
대상으로 삼게 됨으로서 인간과 자연, 인간과 인간의 유기적 관계를 무
너뜨리고, 불균형와 부조화의 삶을 이루는 결과를 낳게 되었다. 이와 같
은 현대 도시공동체가 가지고 있는 문제들을 극복하기 위한 하나의 대안
으로 제기되고 있는 것이 바로 모두가 함께 '더불어 어울려 사는 삶',
바로 인간과 자연, 인간과 인간이 잘 어우러져 사는 '살림공동체'⁴의 삶

---

4 '살림공동체'의 개념화, 이론화 작업이 최초로 시도된 것은 『협동과 포용의 살림공통체』
에서이다. 이 책의 저자는 "'살림'은 '(타자를) 살림을 통한 살이'의 줄임말이며, 예부터
가정과 마을에서 물질적-정신적 재화를 조달하는 일을 뜻하는 말로 썼다. 이 말은
서양에서 경제(economy)의 어원인 오이코스(Oikos) 관리술로서의 오이코노미아
(oikonomia)의 뜻과도 일맥상통한다. 또한, 1980년대 후반에 시작된 '한살림' 등 한국의
생태주의 지향 협동경제조직들에서도 사용하는 단어이다. 그리고 살리며 산다는 말인
살림은 그 자체로 협동과 포용, 연대와 상생의 공동체에 대한 지향을 내포하고 있다."고
하였다. 한마디로 말하자면, 전통적 공동체와는 구별되는 자발적인 개인들의 공동체,
즉 협동과 포용의 노력으로 형성되는 상생과 생태의 공동체가 '살림공동체'라는 것이다.
그리고 이 책에서는 '살림공동체'의 기반이 되는 사상적 토대를 '살림인문학'이라는
개념 안에서 정식화 하고 있다.(정성훈 외, 『협동과 포용의 살림공통체』, 보고사, 2019.
참조) 이 논문은 바로 '살림공동체'의 사상적 기반인 '살림 사상'의 내포와 외연을 심화시

이 된다. 따라서 현대 도시가 지니고 있는 여러가지 위기를 극복하기 위하여 기존 사회생활이나 국가적 삶과는 다른 차원의 공동체의 삶을 통해서 행복을 추구하려는 시도들이 오늘날 다양하게 제기되고 있다.

동학은 창도 초기에서부터 동학의 공공성(公共性)을 마련하려 하였고, 이를 토대로 동학적인 공동체를 만들어내고자 그 가르침을 펼쳤다. 창도 초기부터 동학 조직은 신분은 물론 남녀차별을 뛰어넘는 평등한 조직이었다. 또 하나는 동학 조직이 처음부터 "가진 사람과 못 가진 사람들이 서로 나누고 돕는(有無相資)" 상생의 공동체적 조직이었음을 확인할 수 있다. 최근, 일부 한국경제사 연구자들이 자본주의가 도입되기 이전 우리 경제가 유무상통(有無相通)과 유무상자의 호혜 경제체제였다고 주장한 바가 있다. 이것이 맞는다면, 동학은 그야말로 경제적 측면에서 우리나라의 전통적 호혜 경제체제를 계승하고 이를 발전시키려 했다고 할 수 있을 것이다. 그리고 이와 같은 호혜 경제체제는 서구의 근대가 가져온 자본주의 체제와는 확연히 달랐을 것이 분명하다. 요약해보면, 수운은 동학을 통해 조선의 주체적 학문을 표방하였으며, 남녀와 신분의 차별을 뛰어넘고, 유무상자와 유무상통의 공동체 실현을 지향함으로써 서구적 근대와는 전혀 다른 독자적인 근대를 지향하고 있었다고 생각된다. 동학의 가르침에서 발견할 수 있는 이러한 공동체의 모습은 작게는 당시의 현실적 어려움을 극복하고, 지배계층과 피지배계층 모두를 망라하여 서로 함께 어우러져 살아가는 데에 있었다. 그러나 보다 더 근원적인 면에서의 동학은 사람과 사람, 사람과 만유가 더불어 상생과 조화를 이루며 이룩하고자 하는 '살림공동체'로서의 길을 제시하고 있다.

키고 확장하기 위한 하나의 시도가 될 것이다.

이 글에서는 현대 도시공동체가 안고 있는 위기를 극복하기 위한 살림 공동체 사상의 이론적 기반 마련을 위해, 그 롤모델로서 동학의 살림 사상이라 할 수 있는 수운의 시천주(侍天主)에서 해월의 사인여천(事人如天)과 의암의 인내천(人乃天)으로 이어지는 가르침을 살펴볼 것이다. 이것은 바로 동학의 시천주와 사인여천 그리고 인내천으로 전개되는 가르침이 지닌 '모심'과 '섬김', 그리고 '살림'의 근본정신을 사회적으로 실천하고 또 펼쳐나갈 바탕이 될 구체적인 '살림공동체' 사상의 새로운 방안을 모색하는 작업이기도 하다.

2. 시천주(侍天主)의 살림 사상

오랫동안 동학 연구자들과 '한살림', '천도교하늘연대' 관련자들에게 있어 '시천주'는 중요한 탐구의 대상이었다.[5] 특히 '하늘님을 모신다.'는 '시천주'는 신분질서가 확고한 봉건사회에서 귀천을 막론하고, 온 세상 사람들이 본원적으로 하늘님을 모시고 있기 때문에 '누구나 평등'하다는 평등사상을 지닌 것으로 관심을 받아왔다. 그러므로 동학의 시천주 사상

---

5 김지하, 윤석산, 이정희 등은 시천주를 생명 원리와 환경윤리로 해석하였고, '한살림' 은 동학의 시천주를 생명 존중의 '한살림'으로 해석하였다. 한살림은 이것을 바탕으로 도시와 농촌, 생산자와 소비자를 연결하는 생활협동조합을 세웠다. 이 단체는 "자연에 대한 생태적 각성"과 "생명에 대한 우주적 각성"을 목적으로, "사람과 물건을 더불어 다 같이 공경해야 할 하늘"임을 강조하고 있다. 2011년도에 창립한 '천도교 하늘연대' 는 시천주 정신을 바탕으로 하는 평화·생명·영성 단체로서 수도를 바탕으로 하는 사회적 실천을 목적으로 하는 동학 환경 단체이다. 이 단체는 수련 영성과 생태·생명 운동의 결합 모색, 소비자와 생산자 간의 직거래 장터와 생명 평화의 실천, 생협 운동 을 위한 연대 활동 등을 주요한 사업으로 제시하고 있다.

은 봉건사회를 넘어서는 근대적인 평등주의를 여는 중요한 사상으로 이해되어 왔다.

그러나 오늘날처럼 서구의 평등사상이 보편화된 현대에 이르러서 상대적으로 그 소명이 약화하였다. 따라서 더이상은 평등사상이 시천주만의 몫이 아닌 것처럼 이야기되고 있는 것을 볼 수가 있다. 그렇지만 시천주는 단순하게 근대 서구의 자연적 평등사상으로만 해석되기에는 너무나 많은 여지를 지니고 있다. 즉 새로운 차원에서의 해석 가능성을 충분히 지니고 있다고 생각된다. 그러므로 시천주에 대해서 보다 더 근원적인 탐구가 요청된다.

시천주의 내면에는 근대적인 평등사상을 함유하고 있기는 하지만, 평등사상의 핵심이 되는 시천주의 '하늘님[6] 모심'은 인간과 인간, 인간과 신, 인간과 자연이라는, 그 차원을 달리하는 의미를 지닌 평등이 된다. 따라서 이는 단순한 수평적 차원의 평등을 넘어서, 사람과 자연과 신이 서로 유기성을 지니고 더불어 공존한다는, 우주적 관계망을 이루는, 보다 더 큰 개념으로 해석이 가능하다.

'시천주'라는 용어는 『논학문』에서 「주문」을 주석하는 부분과 『동경대전』의 「주문」에서 등장한다. 특히 이 '시천주'는 동학 주문의 일부분으

---

[6] 동학에서 '하늘'에 대한 표기로는 천도교의 영향 아래에서 '한울' 혹은 '한울님'을 사용하는 경우가 많다. 그러나 이에 대해서는 교주 수운이 의도했던 바와 동학 본래의 맥락과 한글 표기상의 앞선 문헌학적 근거 등에 입각해서 살펴볼 때 '하늘' 또는 '하늘님'이란 표기가 바람직하며, '한울(님)'이란 표기는 이돈화의 부족한 학문의 바탕과 자의적인 해석에서 비롯된 어긋난 표기라는 것을 김용옥과 표영삼이 밝힌 바 있다. (표영삼 지음, 『동학 1』 통나무, 2004, 111~112쪽과 김용옥 역주, 『도올심득 동경대전 1』 통나무, 2004, 147~159쪽 참조) 이에 근거하여 이 논문에서는 '한울(님)'이란 표기를 혼용하지 않으며, '하늘'이나 '하늘님'이란 표기를 일관되게 사용한다. 아울러 '하늘'이라고만 쓴다고 하더라도 여기에는 '님'의 의미가 함께 내포돼 있음을 전제한다.

로 나오는 용어로, 수운이 주문(呪文) 21자[7]를 주석하는 곳에서 상세하게 설명하고 있다. 따라서 '시천주'에 대해서 더욱 상세한 논의를 위해서는 먼저 수운의 주문 주석을 살펴볼 필요가 있다.

수운은 주문 21자를 주석하면서, '천(天)'에 대해서는 해석을 유보하고 있다.[8] 그러면서 '시(侍)'와 '주(主)'를 한 자 한 자 풀이를 하고 있다. 따라서 이 시천주'라는 용어는 '시+천+주'의 개념들이 합성된 개념어라고 볼 수 있다. 즉 기존의 '천'에 대한 관념에다가 '주'의 의미를 부여하여 성리학적인 이법천(理法天)에서 인격적이며 영적(靈的)인 면을 지닌 '천주(天主)'로 발전시켰다. 동시에, 이 천주를 내 몸에 모신다는 '시(侍)', 즉 '모심'의 문제로까지 이끌어 가는 개념어이다.[9] 따라서 '시천주'가 지니고 있는 의미를 좀 더 상세하게 논의하기 위해서는 '시(侍)'가 지니고 있는 의미를 풀이하고 있는 주문에 대한 주석을 살펴야 한다.

'시천주'에서 시는, 안에는 신령(神靈)이 있고 밖에는 기화(氣化)가 있어서, 세상의 모든 사람들이 각자 알아서 옮기지 않는 것이라 하였다. 각지불이(各知不移)란 각자 깨달아 알아서, 버리지 않고 잘 간직하며 실천한다는 것을 뜻한다. 다시 말해 이 '시(侍)'의 의미는 천주를 체험으로 느낀 후 깨달아 알고 잊어버리지 않고 늘 모시는 것을 뜻한다. 또 주(主)란 존

---

7 21자의 주문은 다음과 같다. "至氣今至願爲大降, 侍天主造化定永世不忘萬事知."
8 수운은 천주라는 개념의 핵심을 이루고 있는 천(天)의 뜻을 말하지 않았다. 또한, 천주의 의미를 분명하게 밝히지도 않았다. 수운이 지은 전체 글에서는 명확하게 천주의 뜻을 밝힌 부분은 보이지 않는다. 그 의미를 분명히 밝히지 않은 까닭을 정확하게 알 수는 없지만. 이와 같이 분명하게 밝히지 않은 탓에, 이후에 시천주 개념이 확실하게 정립되지 못한 채 여러 가지로 해석되면서 혼동되는 원인의 일단이 되었다고 할 수 있다.
9 윤석산, 『동학 교조 수운 최제우』, 모시는 사람들, 2004 참조.

칭해서 부모와 함께 같이 섬긴다는 뜻이다.[10]

또한, 이러한 '시'에 대한 수운 스스로의 풀이를, 해월(海月)은 "안에 신령이 있다는 것은 처음으로 세상에 태어날 때의 어린아이의 마음을 말하는 것이며, 밖에 기화(氣化)가 있다는 것은 포태(胞胎)할 때 이치기운 (理致氣運)이 바탕에 의해 체(體)를 이루는 것"[11]이라고 다시 설명하고 있다.

수운 자신의 주석과 이러한 해월의 풀이를 바탕으로 하여 '시'의 의미를 재구성해 보면, "내 안에 하늘님을 모셨다."는 것은 다름 아니라, 안에서 처음 태어난 갓난아기의 마음과 같은 순수한 마음, 곧 하늘님으로부터 품부받은, 하늘님의 마음을 지니게 된다는 뜻이다. 또한 "밖으로 기화가 있다."는 말의 뜻은 어머니의 자궁에서 처음 생명이 이루어질 때, 즉 지금까지 우주의 품 안에 있던 무형의 생명이 사람이라는 유형의 생명으로 뒤바뀌는 바로 그 순간, 이러한 유형으로 바뀌고 있는 생명이 우주의 기운을 접하는 신비함을 체득하는 바로 그 순간[12]을 말하는 것이라 하겠다.

이는 다시 이야기해서, "신령한 하늘님의 영(靈)과 신령한 하늘님의 기운"을 안과 밖으로 동시에 만나게 되므로 무형의 생명이 유형의 생명으로 바뀌는 순간, 곧 포태(胞胎)의 순간을 '시'라고 말하고 있다.

---

10 이 주문을 풀이하면서 수운은 '천주' 개념의 핵심을 이루는 '천'의 뜻을 언급하지 않았다. 또 천주의 뜻을 분명하게 밝히지도 않았다. 수운이 지은 모든 글에서 천주의 뜻을 밝힌 부분은 보이지 않는다. 뜻을 분명히 밝히지 않은 이유가 명확하지는 않지만, 이와 같이 분명하게 밝히지 않은 탓에 훗날 시천주 개념이 제대로 정립되지도 못하고, 여러 가지로 해석되면서 혼동되는 원인의 일단이 되었다.

11 『海月神師法說』「靈符 呪文」, 內有神靈者, 落地初, 赤子之心也. 外有氣化者, 胞胎時, 理氣應質而成體也.

12 무형의 생명이 유형의 생명으로 바뀌어, 우주의 기운과 만나는 순간 느끼게 되는 상태에 대해 수운은 「포덕문」과 「논학문」에서는 "뜻밖에도 4월에 마음이 선뜩해지고 몸이 떨려(不意四月, 心寒身戰)," 혹은 "몸이 몹시 떨리면서, 밖으로는 접령하는 기운이 있고(身多戰寒, 外有接靈之氣)"로 표현하였다.

다음 '조화정(造化定)'에서 조화는 '무이위화(無爲而化)'를 말하며, '정'
은 그 천주의 덕에 합하고 마음을 정한다는 것이다. '영세불망(永世不忘)'
에서 '영세'란 사람의 한평생이며. '불망'은 생각을 보존한다는 뜻이다.
그리고 '만사지(萬事知)'에서 '만사'란 수가 많은 것이요. '지'라는 것은 그
도를 알고 그 지혜를 받는 것이라고 풀이하였다. 수운은 이와같이 천주
를 체험적으로 깨달아서 참되게 잘 모시면 조화가 정해지며. 그것을 영
원히 잊지 않으면 만사를 모두 아는 지혜를 얻는다고 말하였다. 더욱이
그 덕을 밝게 하여 늘 생각하고 잊지 않는다면 지극히 지기(至氣)에 화하
여 지극한 성인(聖人)에 이른다고 하였다. 즉 시천주(侍天主)를 잘하면 지
극한 성인의 경지에 도달하게 된다는 것을 분명히 밝혔다.[13] 수운은, 자
신의 체험에 비추어 '기(氣)' 또는 '지기(至氣)'를 강조하고 있다. 수운이
성령(聖靈)을 맞이했을 때의 상황을 말하면서 '외유접령지기(外有接靈之
氣)'를 말했고, '시(侍)'의 의미를 풀이하면서 '외유기화(外有氣化)'를 말했
다. 또한, 강령 주문을 해설하면서, '기'를 허령(虛靈) 하면서도 이 우주에
가득 차 있는 것으로 말하였으며, 일에 명령을 하고 간섭하는 존재로 풀
이하였다. 동시에 어떤 특수한 기(氣)가 아니라 우주 만사 만물에 두루
통하는 흔원(混元)한 일기(一氣)로 해석했다. 그리고 서양인의 도를 비판
할 때에는 몸에 기화하는 신이 없고 학(學)에는 천주의 가르침이 없다고
했다. 동학에서는 흔히 이 지기 혹은 기의 의미를 일반화하여 천주와 지
기를 거의 같은 것으로 해석한다.[14]

---

13 『東經大全』「論學文」, 侍者, 內有神靈, 外有氣化, 一世之人, 各知不移者也. 主者, 稱
其尊而與父母同事者也. 造化者, 無爲而化也. 定者, 合其德定其心者也. 永世者, 人之
平生也. 不忘者, 存想之意也. 萬事者, 數之多也. 知者, 知其道而受其知也. 故明明其
德, 念念不忘則, 至化至氣至於至聖.

수운은 천주를 잘 모시면 성인의 경지에 이른다고 하였는데, 그 구체
적인 방법으로는 무엇을 내세웠는가의 문제를 밝힐 필요가 있다. 그것은
바로 시천주를 실천하는 방법이다. 수운은 그 방법을 수도(修道)에 힘쓰
고 '수심정기(修心正氣)'를 유지하며 '성경신(誠敬信)'을 다하는 것이라고
하였다. 마음을 닦고 기운을 바르게 한다는 '수심정기'라는 말이 『동경대
전』에도 두 번이 나온다. 천상문답을 할 때에 수운이 이상한 생각이 들길
래 '수심정기하고' 물었다는 것이 있다. 또 「수덕문」에서는 "인의예지는
옛 성인이 가르치는 바의 것이지만 수심정기는 오로지 자신이 새로 정한
다."¹⁵라고 하였다. 수심정기를 이렇듯 동학의 새로운 덕목으로 정했던
것이다. 이 수심정기와 함께 '성경'과 믿음을 갖추는 것을 천주를 모시는
자세라고 강조한다. 이로써 볼 때 수심정기와 성경신과 수도는 시천주를
올바르게 실천하는 방법이라는 것을 알 수 있다. 이런 가르침을 따라 실
천하면 모든 입도인들이 도를 성취하여서 이상적 인간인 군자나 신선이
될 수 있다고 길을 제시한 것이다. 이것은 당시의 계급을 초월하여 동학
을 공부하는 누구나 천주를 바르게 모실 수 있는 주체가 되는 길을 활짝
열어놓은 것이라 할 수 있다.

14 임형진은 천주, 인간, 지기 삼자는 모두 같은 것으로 보고 지기는 천주이며 천주는
곧 사람이라 했다. (임형진, 『동학의 정치사상』, 모시는 사람들, 2004, 100쪽 참조)
또한 김경재는 '지기일원론적 범신론'을 제시하며 수운의 천주관(天主觀)은 생성 자체
인 기로서 천주와 기화지신(氣化之神)은 이위일체(二位一體)라 주장했다. 기는 하늘
님의 존재양식이므로 기 자체가 곧 하늘님이라는 것이다. (김경재, 「수운의 신개념」,
천도교중앙총부, 『동학사상논총』 제1집, 1982, 218쪽) 한편 김진혁은 김경재의 범재신
관을 비판하며 범신론은 기를 혼원한 하나의 기운이라고 말한 수운의 말과도 어긋난다
고 주장한다.(김진혁, 『새로운 문명과 동학사상』, 명선미디어, 2000, 74~76쪽 참조)
15 『東經大全』「修德文」 仁義禮智, 先聖之所敎, 修心正氣, 惟我之更定.

3. 사인여천(事人如天)의 살림 사상

사람을 하늘님처럼 섬기라는 의미가 담긴 '사인여천(事人如天)'은 해월 최시영의 법설인 「대인접물(待人接物)」에 처음 나오는 말이다.[16] 해월은 사람을 하늘님처럼 섬기는 것에 대해 「대인접물」에 나오는 '며느리'와 '어린아이'에 대한 이야기를 예로 들고 있다.[17]

이러한 가르침은 훗날 천도교에서 펼치는 '여성운동'이나 '어린이 운동'의 중요한 근본정신이 되는 것이기도 하다. 그러나 이러한 해월 선생의 가르침은 당시 사회적 구조에 의하여 상대적으로 불평등의 고통을 받는 계층인 여성, 특히 며느리, 어린아이 등만의 인권회복에 그치고 있는 것은 아니라고 본다. 여성도 어린이도 남성이나 어른과 같이 하늘님을 모시고 있으므로, 이들 역시 존중받아야 한다는 상대적 존중이 아닌, 이 상대성을 뛰어넘는 남성도 여성도, 어린이도 어른도 모두 하늘님을 모시고 있으므로 존중받아야 한다는 본원적이고 또 전일적 존중의 의미가 담긴 가르침이다.

이와 같은 해월의 가르침은 근원적으로 사람들이 모두 하늘님을 모시고 있으므로, 모든 사람들 역시 그 스스로가 우주의 중심이며, 또한 무궁한 우주와 서로 같은 기운으로 연결되어 있는 존재임을 강조한 것이 된

---

16 『海月神師法說』「待人接物」, 人是天, 事人如天.

17 『해월신사법설』, 「대인접물」, 道家婦人, 輕勿打兒, 打兒, 卽打天矣. 天厭氣傷. 청주 서택순의 집에 방문했을 때 베 짜는 며느리를 일컬어 하늘님이 베를 짠다는 가르침을 폈다 이 해월의 가르침에는, 비록 가정에서는 시아버지의 신분일지라도 그 며느리를 대할 때는 하늘님으로 대해야 한다는 교훈이 담겨 있다. 또한, 해월은 이에 이어서 집안의 부인들이 함부로 어린아이를 때리지 말 것을 가르쳤다. 어린아이를 때리는 것은 곧 하늘님을 치는 것이며, 이로 인하여 하늘님이 기운을 상하여 싫어한다고 말하였다.

다. 그러므로 시아버지가 모신 하늘님이나 며느리가 모신 하늘님이나, 어른이 모시고 있는 하늘님이나 어린이가 모시고 있는 하늘님이나 모두 같은 하늘님이며, 따라서 어른이나 어린이나, 시아버지나 며느리나, 모두 우주 중심에 자리하고 있는 존재이며, 동시에 서로 같은 기운으로 연결되어 있다는 것이다.

해월은 스승이었던 수운의 시천주 사상을 재해석하여 신과 사람만을 공경해야 한다는 기존의 여러 가르침과는 달리 이 우주에 편만(遍滿)한 만유(萬有) 역시 모두 이와 똑같이 존중하고 곤경해야 한다는 '사인여천' 사상으로 이끌어간다. 해월은 모든 만물에는 천이 내재해 있다고 보았다.

> 대개 天地, 鬼神, 造化라는 것은 唯一한 至氣로 생긴 것이며 萬物이 또한 至氣의 所使이니 이렇게 보면 何必 사람뿐이 天主를 侍 하였으랴. 天地萬物이 侍天主 아님이 없나니 그러므로 사람이 다른 물건을 먹음은 以天食天이니라. 그러니 諸君은 一生物을 無故히 害하지 말라. 이는 天主를 傷함이니 大慈大悲하여 造化의 길에 順應하라.[18]

해월은 만물이 모두 유일한 '지기'로부터 나온 것이기에 천지만물이 시천주가 아님이 없다고 보았다. 여기서 해월은 시천주가 지닌 의미를 생성과 더불어 만물 자체에 내재되어 있는 생명과 동일한 것으로 보고 있는 것이다.

해월의 이런 사상은 기원전 6세기경부터 기원전 3세기에 전개되었던 힌두교의 우파니샤드(Upanishad) 철학을 연상시킨다. 우파니샤드의 일원론적인 실재관에 의하면 이 세상 삼라만상은 결국 하나로 묶인다. 그것

---

18 이돈화, 『천도교창건사』 제2편, 천도교중앙종리원, 1933, 36쪽.

은 그 존재의 근원이 하나이기 때문이다. 우파니샤드 철학은 사람들로 하여금 모든 것을 포용하는 어떤 근원적 존재 또는 실재(Brahman) 속에서 만물이 하나 된다는 것을 깨닫고, 눈에 보이는 겉모양만을 가지고 '너는 너 나는 나'라는 분별지에서 벗어나게 하고자 했다. 눈에 보이는 내가 아닌 진정한 자아(Atman)는 궁극적 실재인 브라흐만과 하나라는 깨달음 속에서 해탈을 이루고자 했던 우파니샤드의 중심 사상인 일원론적 실재관은 후에 대승불교의 법신불사상으로 이어진다.

수운에게 있어서 '시(侍)'는 신비체험을 통해 얻어지는 수심정기(守心正氣)라는 상태의 종교적인 각성에서 이해되나, 해월에게서의 '시'는 윤리적 가르침으로 해석된다. 이러한 해월의 '사인여천' 사상은 하늘을 공경함(敬天)에서 사람을 공경함(敬人)으로, 사람을 공경함에서 모든 사물을 공경함(敬物)으로까지 나아가는 '삼경사상'으로 발현된다.

> 사람은 첫째로 경천을 하지 아니치 못할지니, 이것이 선생의 창명(創明)하신 도법이라. 경천의 원리를 모르는 사람은 진리를 사랑할 줄 모르는 사람이니, 왜 그러냐 하면 하늘은 진리의 충(衷)를 잡은 것이므로써이다. 그러나 경천은 결단코 허공을 향하여 상제(上帝)를 공경한다는 것이 아니요, 내 마음을 공경함이 곧 경천의 도를 바르게 하는 길이니, (…) 둘째는 경인이니 경천은 경인의 행위에 의지하여 사실로 그 효과가 나타나는 것이다. 경천만 있고 경인이 없으면 이는 농사의 이치는 알되 실지로 종자를 땅에 뿌리지 않는 행위와 같으니, (…) 셋째는 경물이니 사람은 사람을 공경함으로써 도덕의 극치가 되지 못하고 나아가 물(物)을 공경함에까지 이르러야 천지기화의 덕에 합일될 수 있나니라.[19]

---

19 『海月神師法說』「三敬」.

해월에 의하면, 사람은 첫째로 경천(敬天)을 할 줄 알아야 한다는 것이다. 경천의 원리를 모르는 자는 참 진리를 사랑할 줄 모른다고 그는 말한다. 진정으로 하늘을 공경할 줄 아는 사람은 타인과 내가, 그리고 모든 만물이 한 동포임을 깨닫게 된다고 한다. 이렇게 깨닫게 되면 남을 위해 희생하는 마음과 세상을 위해 의무를 다할 마음이 자연스럽게 생길 수 있다는 것이다. 그러므로 경천은 모든 진리의 중심이라는 것이다.

둘째는 경인(敬人)로서 경천은 경인의 행위에 의지하여 그 효과가 나타난다고 해월은 본다. 경천만 있고 경인이 없으면 이것은 농사의 이치는 알지만, 종자를 땅에 뿌리지 않는 행위와 같다고 한다. 따라서도 닦는 자가 사람을 섬기기를 하늘과 같이 한 후에야 비로소 올바르게 도를 실행하는 자가 된다고 해월은 본다.

> 道家에 사람이 오거든 사람이 왔다 이르지 말고 하늘님이 강림하였다 이르라 하였으니, 사람을 공경하지 아니하고 귀신을 공경하면 무슨 실효가 있겠느냐?. 우속(愚俗)에 鬼神을 공경할 줄은 알면서 사람은 천대하니, 이는 죽은 부모의 魂은 공경하면서 산 부모는 천대하는 것과 같으니라. 하늘이 사람을 떠나 別로 있지 않으니 사람을 버리고서 하늘만을 공경한다는 것은 물을 버리고 해갈(解渴)을 求 하는 者와 같으니라.

셋째는 경물(敬物)로서 인간은 인간을 공경함으로써는 도덕의 극치에 이르지 못하게 되니, 나아가 '물'을 공경함에까지 이르러서야 천지기화(天地氣化)의 덕과 합일할 수 있다고 해월은 보았다.[20] 이같이 삼경사상은 바로 우주 만물을 이루는 천·지·인의 삼재(三才) 모두에 대한 배려와 존

---

20 천도교중앙총부 편, 『신사성사법설』, 천도교중앙총부출판사, 1987, 165~168쪽.

중을 통한 '섬김'을 말한 것이다. 해월의 이와 같은 삼경사상은 가히 우주적 차원의 '배려와 존중' 곧 '우주적 차원에서의 섬김'이라 하겠다.

이러한 해월의 가르침은 바로 신이 우주 만물의 중심이라는 신중심주의 사상과 인간 자신이 우주의 중심이라는 인간중심주의의 사상에 커다란 변혁을 촉구하는, 즉 '살림공동체'로서 그와 같은 인식을 바꾸어 가는 사상이라 할 수가 있다. 바꾸어 말해서 '우주는 한 생명'이기에 어느 하나가 그 중심이 될 수 있는 것이 아니기에 모두가 중심이면서 동시에 모두가 부분이기도 하다. 이렇게 부분과 중심으로 나뉘는 이분법적 사유를 넘어서는 지점에 동학의 사유가 있다. 나아가 동학은 이러한 인간 중심, 또는 신 중심이라는 억압과 지배를 근간으로 하는 위계의 사고방식을 벗어나고자 한다. 그리고 이들 전부를 하나의 유기적인 공동체로서의 '한 생명'으로 인식하고, 모두를 유기적인 관계 위에서 '서로 조화를 이루고 균형을 이루어', 참된 '살림공동체'의 삶을 이룩해야 한다는 의식의 대전환을 요구한다.

해월의 삼경사상 가운데 경인은 사인여천(事人如天)으로 연결된다.

> 道家에서 幼兒를 打 함은 天主의 뜻을 傷 하는 것이니 甚히 삼갈 것이며 道家에 사람이 오거든 손이 오셨다 말하지 말고 天主降臨하셨다 말하라. 마음을 떠나 天主를 생각할 수 없고 사람을 떠나 하늘을 생각할 수 없나니 그러므로 사람 공경함을 멀리하고 하늘을 공경하는 것은 꽃을 따버리고 果實이 생기기를 바람과 같으니라.[21]

이러한 사인여천 사상에는 사람을 차별하거나 불평등하게 대하는

---

21 『천도교 창건사』 제2편, 36~37쪽.

근거가 완전히 사라져 버린다. 해월은 인간을 공경하지 못하면서 하늘만 공경하는 것의 불합리성을 이야기하고 있다. 해월은 눈에 보이는 시천주(侍天主)를 공경하지 않으면서 어떻게 눈에 보이지 않는 하늘님을 공경할 수 있냐는 것이다. 해월의 이러한 사인여천 사상은 바로 수운의 시천주 사상에 근거한다. 인간은 하늘님을 모시고 있는 존재로서 모두가 평등하다. 하늘님을 모시고 지극히 섬기면 누구든지 군자가 되고 신선이 될 수 있다는 수운의 시천주 사상은 그 당시의 힘없는 일반 민중들에게는 물론이요, 제지소의 용공(傭工)으로, 화전민으로 가난하게 살았던 해월에게 있어서 또한 구원의 복음이었을 것이다. 해월은 1865년 10월에 도인들에게 다음과 같이 말한다.

> 사람은 하늘이라 平等이오 차별이 없나니 사람이 人爲로써 貴賤을 分別함은 곧 天意를 어기는 것이니 諸君은 一切貴賤의 差別을 撤廢하야 先師의 뜻을 잇기로 盟誓하라.[22]

해월은 수운의 시천주 사상을 바탕으로 거기에 시천주인 인간을 어떻게 대해야 하는가를 구체적으로 사인여천을 통해서 제시하고 있는 것이다. 해월은 사람을 하늘처럼 대하라는 사인여천에서 한 발자국 더 나아가 모든 만물까지도 하늘처럼 대하라고 말하고 있다. 모든 만물이 시천주 아닌 것이 없기에 식물에서 동물에 이르기까지 무고하게 해치지 말고 하늘처럼 소중히 여기며, 더 나아가서 경(敬)하라고까지 말하고 있다.

---

22 『천도교 창건사』 제2편, 7쪽.

道는 먼저 待人接物에서 始作되는 것이니 사람을 待 하는 곳에서 世上
을 氣化할 수 있고 物件을 接 하는 곳에서 天地自然의 理를 깨달을 수 있
느니라. 만약 사람이 있어 이 두 가지 길을 버리고 道를 求한다면 이는
虛無에 가깝고 實地를 떠난 것이니 千萬年 法經을 외운들 무슨 필요가 있
으리오.[23]

接物은 우리 道의 거룩한 敎化이니 諸君은 一草一木이라도 無故히 이를
害치 말라. 道닦는 次第가 天을 敬할 것이오 人을 敬할 것이오 物을 敬할
것에 있나니 사람이 혹 天을 敬할 줄은 알되 人을 敬할 줄은 알지 못하며
人을 敬할 줄은 알되 物을 敬할 줄은 알지 못하나니 物을 敬치 못하는 자
人을 敬한다 함이 아직 道에 達하지 못한 것이니라.[24]

이와같이 삼경과 사인여천 사상은 곧 우주를 이루는 천·지·인, 삼재
(三才) 모두에의 존중과 배려를 통한 '섬김'을 말하는 것이다. 해월의 이
러한 사인여천은 가히 우주적 차원에서의 '존중과 배려' 곧 '우주적 차원
의 섬김'이 된다고 하겠다.

그러나 해월은 다만 존중과 배려에서 그치지 않고, 이에서 한 걸음
더 나아가 존중과 배려를 통한 '균형과 조화'에 관한 가르침을 펴고 있다.
이것이 「이천식천(以天食天)」의 법설이다. 즉 지금까지 인류를 지배해온,
먹고 먹히는 약육강식, 적자생존의 법칙을 해월은 그 인식을 달리하여,
'이천식천(以天食天)'이라는 공생과 상생(相生), 즉 '균형과 조화'로서 설파
하고 있음을 볼 수가 있다. 다음은 해월의 법설 「이천식천」이다.

---

23 『천도교창건사』 제2편, 16쪽.
24 『천도교창건사』 제2편, 17~18쪽.

以天食天은 天地의 大法이라. 物物이 또 하나의 同胞이며 物物이 또하늘의 表顯이니 物을 恭敬함은 하늘을 恭敬함이며 하늘을 養하는 것이니 天地神明이 物로 더불어 推移하는지라. 諸君은 物을 食함을 天을食하는 줄로 알며 人이 來함을 天이 來하는 줄로 알라.[25]

내 항상 말할 때에 물건마다 하늘이요 일마다 하늘이라 하였나니, 만약 이 이치를 옳 다고 인정한다면 모든 물건이 다 하늘로써 하늘을 먹는 것 아님이 없을지니, 하늘로써 하늘을 먹는 것은 어찌 생각하면 이치에 서로 맞지 않는 것 같으나, 그러나 이것은 사람의 마음이 한쪽으로 치우쳐서 보는 말이요, 만일 하늘 전체로 본다면 하늘이 하늘 전체를 키우기 위하여 같은 바탕이 된 자는 서로 도와줌으로써 서로 기운이 화함을 이루게하고, 다른 바탕이 된 자는 하늘로써 하늘을 먹는 것으로써 서로 기운이 화함을 통하게 하는 것이니, 그러므로 하늘은 한쪽편에서 동질적기화로 종속을 기르게하고 한쪽편에서 이질적기화로써 종속과 종속의 서로 연결된 성장발전을 도모하는 것이니, 합하여 말하면 하늘로써 하늘을 먹는 것은 곧 하늘의 기화작용으로 볼 수 있는데, 대신사께서 모실 시자의 뜻을 풀어 밝히실 때에 안에 신령이 있다함은 하늘을 이름이요, 밖에 기화가 있다함은 하늘로써 하늘을 먹는 것을 말씀한 것이니 지극히 묘한 천지의 묘법이 도무지 기운이 화하는데 있느니라.[26]

---

25 『천도교창건사』 제2편, 18쪽.
26 『海月神師法說』「以天食天」, 내 恒常 말할 때에 物物天이요 事事天이라 하였나니, 萬若 이 理致를 是認한다 면 物物이 다 以天食天 아님이 없을지니, 以天食天은 어찌 생각하면 理에 相合치 않음 과 같으나, 그러나 이것은 人心의 偏見으로 보는 말이요, 萬一 한울 全體로 본다 하면 한울이 한울 全體를 키우기 爲하여 同質이 된 자는 相互扶助로써 서로 氣化를 이루게 하고, 異質이 된 者는 以天食天으로써 서로 氣化를 通하게 하는 것이니, 그러므로 한 울은 一面에서 同質的氣化로 種屬을 養케하고 一面에서 異質的氣化로써 種屬과 種屬 의 連帶的 成長發展을 圖謀하는 것이니, 總히 말하면 以天食天은 곧 한울의 氣化作用 으로 볼 수 있는 데, 大神師께서 侍字를 解義할 때에 內有神靈이라 함은 한울을 이름 이요, 外有氣化라 함은 以天食天을 말한 것이니 至妙

이처럼 해월은 물아일체적 세계관을 보여준다. 해월의 생각 속에는 자연은 단지 죽어 있는 대상이 아니다. 곧 살아 있는 유기체적 생명 공동체로 이해하고 있다. 해월이 사용하는 물(物)은 생성의 근원이자 생명의 근원이라는 의미를 내포하고 있다. 그러므로 해월은 일상의 식사 행위조차도 이천식천(以天食天) 하는 행위로 하라는 것이다. 햇살을 보내고 비를 내리게 하여 만유를 자라나게 하고 또 살아가게 하는 것은 곧 '동질적 기화'로 종속을 기르는 것이요, 먹이를 위하여 먹고 먹히는 것은 곧 '이질적 기화'로 서로의 연결된 성장 발전을 도모하는 것이라고 설파하고 있다. 따라서 동식물이 먹이를 위하여 다른 동식물을 잡아먹는 것은 약육강식에 의한 살육과 다툼이 아니라, 하늘이 하늘을 먹으므로 일으키는 기화작용(氣化作用), 바로 비를 내리고 햇살을 보내어 만물을 살아가게 하는 그런 작용과 동일한 것이라는 게 해월의 생각이다.

이러한 해월의 생각은 곧 스승인 수운이 제시했던 '불연기연(不然其然)'[27]에 의해 이루어진 것이라고 할 수 있다. 불연기연은 동학의 매우 중요한 사유 체계로서, 원인에 대한 경험적 추론이 '기연(其然)'이 된다면, 궁극적인 원인에 대한 철학적 논구가 곧 '불연(不然)'이다. 즉 다만 어떠한 원

한 天地의 妙法이 도무지 氣化에 있느니라.

27 1863년 11월, 즉 체포되기 약 1년 전에 수운은 「불연기연(不然其然)」이라는 기묘한 문장을 쓴다. '그러함(其然)'과 '그렇지 아니함(不然)'이 무엇을 가리키고 있는지는 실제로는 명확하지 않으며 실로 다양하게 해석되고 있다. 이 글에서의 나의 풀이와 다른 예를 들면, 박맹수는 인간의 경험과 이성으로 이해 가능한 세계가 '其然'이고 인간의 경험과 이성으로 이해할 수 없는 세계가 '不然'이라고 해석한다. (박맹수 옮김, 『동경대전』, 지식을 만드는 지식, 2009, 82쪽) 또 김용옥은 문명 이전의 세계를 '불연'이라고 하고 문명 이후의 세계를 '기연'이라고 한다. '기연'이라고 하는 것은 우리들의 상식적 인과가 통하는 세계이며, '불연'이라고 하는 것은 그러한 인과로부터 단절된 세계라고 한다. (김용옥, 「기철학의 구조」, 『사상』 792호, 1990, 291쪽.)

인에 대하여 경험을 바탕으로 하는 추론으로 보면, 이 우주는 모두 다른 개체로 이루어져 있다고 보게 된다. 나의 아버지가 너의 아버지와 다르니 우리는 서로 다른 사람이라는 식의 인식이 된다. 따라서 우리의 삶과 우주적인 질서를 '너와 나', 나아가 '여성과 남성', '인간과 자연', '삶과 죽음' 등의 이원적인 성격으로 파악하게 되고, 이는 점점 양극화되어 질시와 파괴로 치달리게 된다.

그러나 그 차원을 달리해서 이들 모두가 궁극적인 면에 있어, 살림공동체와 그 근원을 같이 하는 것이라고 본다면, 이들 만유는 개체이며 동시에 개체가 아닌 것이다. 따라서 이는 서로 다투고 싸울 것이 아니라, 서로 어우러져 살아야 하는 당위성을 지니게 된다는 것이다. 그러므로 먹고 먹히는 생태계 역시 약육강식의 쟁탈이 아니라, 어우러져 살아가는 '기화작용(氣化作用)'이 되고 있다는 것이다. 동일한 맥락에서 해월은 땅을 중히 여기길 어머님의 살 같이 하라고 가르치고 있다.

> 우주에 가득 찬 것은 도시 혼원한 한 기운이니, 한 걸음이라도 감히 경솔하게 걷지 못할 것이니라. 내가 한가히 있을 때 한 어린이가 나막신을 신고 빨리 앞을 지남에 그 소리 땅을 울리어, 놀라서 일어나 가슴을 어루만지며 "그 어린이의 나막신 소리에 내 가슴이 아프더라"라고 말했었노라. 땅을 소중히 여기기를 어머님의 살같이 하라.[28]

해월은 이렇게 걸음걸이 하나도 경솔하게 함부로 걷지 말기를 당부하고 있다. 이 같은 해월의 세계관은 환경오염으로 인한 오늘날의 생태계 파괴가 인류를 위기로 몰아가는 상황에서 우리에게 많은 것을 일깨워주

---

28 『신사성사법설』, 104~105쪽.

고 있다.

이러한 동학의 가르침은 정신과 물질, 개체와 전체, 자연과 인간, 인간과 신을 비롯한 모든 이원적인 모순과 대립을 극복하고, 배려와 존중 통한 '균형과 조화'를 이루려는 데 그 핵심이 있다. 더 나아가 해월은 이같은 '우주적 균형과 조화'가 곧 '우주적 삶의 본질'임에 대해서 '이천식천' 통해 말하고 있다.

오늘날 우리 사회에서 불균형과 부조화의 삶을 살고 있는 것은, 다름이 아니라 삶의 본질을 해하는 모습이 아닐 수 없다. 따라서 해월의 '사인여천', '삼경사상', '이천식천' 사상은 이러한 현대적 삶에 새로운 영감을 불어넣어 주기 때문에, 새로운 차원의 삶을 이룩하는 데 도움이 될 매우 소중한 '살림의 사상'이 아닐 수 없다.

4. 인내천(人乃天)의 살림 사상

인내천은 시천주에 그것의 기원을 두고 있다. 시천주는 인간은 누구나 신령하고 무궁한 하늘님을 모시고 있기 때문에 평등하고 존귀한 존재임을 밝힌 것이다. 동학의 '천(天)'에 대한 관념은 교단의 발전에 따라 조금씩 그 의미가 변화하였다. 수운의 '시천주'는 해월에 의해 사람을 하늘과 같이 섬기라는 '사인여천'으로 구체화하였고, 이를 이어서 의암(義庵) 손병희는 사람의 마음이 곧 하늘이라고 하는 인내천(人乃天)으로 바꾸게 되었다.[29]

---

29 의암은 동학을 천도교로 개칭한 다음 해인 1906년부터 수운과 해월로부터 시작한 교리를 신앙과 철학적인 관점에서 체계화 하는 작업을 진행했다. 우선 교리 해설집인 천도

지금까지도 논란이 되는 인내천의 해석 문제를 세 가지로 정리해 볼
수 있다. 첫째는 인격적인 신으로서의 천주(天主), 둘째로 우주적 기운으
로서의 비인격적인 지기(至氣), 마지막으로 인간의 몸 안에 있는 영(靈)이
다.[30] 동학에서 말하는 신(神)은 인간의 정신에 의해서 경험될 수 있다는
측면에서 인격적 존재로도 이해될 수 있지만 어떠한 특정 공간에 존재하
는 인격적 실체가 아니다. 이는 곧 인격적 존재로서의 하늘님이 아니라
지기와 같이 사람의 특별한 정신적 상태에서 신적인 존재를 경험할 수
있는 존재로서 이해하고자 한다. 다시 말해 여기서의 신은 그 자체 인격
적인 실체가 아니라 지기가 지니고 있는 정신적 속성의 궁극성이 사람의
정신 속에서 경험되는 것을 가리키는 말로 이해할 수 있다는 것이다. 그
러므로 인내천의 의미가 위의 세 가지 해석 가운데 두 번째와 세 번째가
더 적합하다고 생각한다. 그리고 이것은 곧 인내천이 동학의 새로운 신
에 대한 관점을 나타내는 것이 아니고 인간의 본성에 대한 스스로의 깨달
음을 통한 인간 존재 자체에 대한 존중의 염을 담고 있는 것으로 봐야
한다.[31]

교전(天道敎典)과 수운의 사상이 들어있는 천도교의 경전인 동경대전(東經大全)과 동
경대전의 주해서인 동경연의(東經演義) 등을 발행했다. 그리고 더 나아가 교리를 철학
적으로 주해한 대종정의(大宗正義)와 현기문답(玄機問答) 그리고 무체법경(无體法經)
등을 발행했다. 최기영·박맹수 편, 『韓末 天道敎 資料集』, 국학자료원, 1997 참조.
30 김용휘, 「한말 동학의 천도교 개편과 인내천 교리화의 성격」, 222~223쪽 참조.
31 동학 천도교의 신관의 변화에 관해서는 인내천에 대한 교의를 두고 논란이 있어 왔다.
이 논란은 인내천이 시천주의 내재성과 초월성의 측면 중에서 단지 내재성의 측면만을
강조하게 됨으로써 시천주의 교의에서 벗어나게 되었다는 주장과, 인내천은 새로운
시대의 요구에 부응하기 위한 근대적 면모를 잘 갖추기 위한 이론적인 근거를 제시하
고 있기 때문에 시천주 교의를 계승하는 것이라는 주장이 있다. 인내천 교의에 대한
논란에 관해서는 오문환, 이종우, 고건호, 김용휘, 황종원 등의 연구 참조. 이 논문에서
는 이러한 논란을 다루기보다는 인내천 사상이 보여주는 현재성에 더 주안점을 두고자

의암에 의하여 천도교의 가장 주요한 교리가 된 인내천(人乃天) 사상은 1907년 간행된 『대종정의(大宗正義)』에 처음으로 나타난다. 인내천은 '나의 몸 안에 천주를 모시고 있다'라는 수운의 교의인 시천주에서 출발하여, 인즉천(人則天) 즉 '사람이 곧 하늘님'이라는 의미의 해석을 거치면서 발전한 개념이다. 그리하여 인내천이란 '사람이 천주인 하늘님을 모시고 있으므로, 이에 사람이 곧 천주로서의 하늘님'이라는 의미를 지니게 된다. 이것은 바로 인내천이 의암이 새롭게 만든 개념이 아니라 수운의 '시천주'와 해월의 '인즉천' 개념에서 자연스럽게 생겨난 개념임을 뜻할 수도 있다.

수운의 시천주 개념은 이론적이고 실천적인 의미에서 발전을 이루게 되면서 해월의 사인여천 개념으로 나타나고, 이 심즉천 개념이 다시 보다 더욱 근대적인 의미를 갖는 인내천 사상으로 변모했다. 다시 말해서 인내천은 시천주의 개념에 대한 이해의 심화 과정에 따른 사상이 내재적으로 발전한 근대적인 의미를 지닌 개념으로 이해해 볼 수 있다.[32]

시천주를 근본 사상으로 삼고 있는 동학은 '하늘님 마음의 회복'뿐만 아니라, '하늘님 마음으로 살아가는 것'에 그 강조를 둔 종교이다. 따라서 동학 천도교의 종지인 '인내천'은 단순히 '사람이 하늘님'이 아니라, 하늘님 모심을 깨닫고(侍天主), 나아가 하늘님 마음을 사람과 사람 사이에서 행하고 또 실천하고(事人如天), 또 사람과 사물 사이에서 행하고 또 실천하므로(接物如天), 비로소 그 사람이 하늘님이 된다는 의미를 띄고 있는 용어이다.

한다.

[32] 김용휘, 「한말 동학의 천도교 개편과 인내천 교리화의 성격」, 『한국사상사학』 25집, 220쪽 참조.

이와 같은 견해에서 본다면, 인내천(人乃天)은 다만 '사람이 하늘님'이 아니라, '사람이 이에(乃) 하늘님', 곧 사람이 올바른 '모심과 섬김을 행할 때'[33] 비로소 이룩될 될 수 있는 경지를 일컬음이다. 이렇듯 동학의 종지가 되는 인내천은 '하늘님 모심(侍天主)'과 '하늘님으로서 의 섬김(事人如天)' 모두를 포괄하고 있는 개념이라고 하겠다. 즉 '모심'과 '섬김'의 바른 하늘사람의 삶이 곧 인내천인 것이다.

『대종정의』에 나오는 인내천의 의미를 구체적으로 살펴보면 다음과 같다.[34]

> 수운대신사는 천도교 元祖라. 그 사상이 博으로 從하야 約히 倫理的要點에 臻하니 그 要旨는 人內天이라. 인내천으로 敎의 客體를 成하며 人乃天으로 認하는 心이 그 主體의 位를 占하여 自心自拜하는 敎體로 天의 眞素的極岸에 立하니 此는 人界上 初發明한 大宗正意라 謂함이 足하도다.[35]

인내천 사상이 인간의 자각 또는 인간 존재에 대한 존중과 이해에 관한 문제라는 것은 단순하게 자연스럽게 인간의 내면에 머물러 있는 신을 자각하는 것이 아니다. 즉 인간은 신을 외부에 존재하는 절대적인 신앙 혹은 경배의 대상으로 여기게 된다. 그러나 인간과 신의 존재적 위상 혹은 등급의 차이로 인해서 신과 인간은 서로 영원히 평행선을 달릴 수밖에는 없다. 그러나 인간은 이런 평행선 안에서도 신을 경배하거나 이해를 하기 위해 무한히 노력한다. 이러한 과정을 거쳐 인간은 신이 자신 안에

---

33 이때 '모심과 섬김을 행함'이 곧 '人乃天'의 '乃'에 해당 된다고 할 수 있다.
34 인내천에 대한 교리적 풀이 혹은 설명은 『대종정의』에서만 나타난다.
35 『대종정의』, 『한말 천도교 자료집 1』, 국학자료원, 1997.

존재함을 느끼게 된다. 다시 말해 내 안에 있는 영(靈)으로 생각하며 그 모신 내유신령(內有神靈)을 섬기게 된다. 더 나아가서 그 영이 다름 아닌 나의 마음이라는 것을 깨우치게 된다. 이것은 인간 내면의 스스로의 변화이다. 그리하여 더 이상 인간과 신 사이에 평행선이 더 이상 존재하지 않음을 깨닫게 된다. 이것은 곧 인간이 신앙생활이나 수도를 통해서 무한한 존재에로 나아갈 수 있다는 확신을 가질 수 있도록 했다. 이러한 이유 때문에 의암은 기존의 수도나 수행 방법 그리고 신앙생활의 방법에 변화가 필요하다고 생각했던 것이다.

의암의 수행 방법의 핵심은 스스로를 자각하는 데에 있다. 말하자면 신앙생활에도 단계가 있으며, 이 단계를 통해서 신앙생활을 하게 되면 인내천, 즉 내가 곧 하늘이라는 깨달음에 이를 수 있다는 것이다. 의암은 이것을 '자천자각(自天自覺)'이라는 표현을 통해서 강조하였다.[36] 자천(自天)은 내 안에 있는 원래의 마음을 뜻한다. 이것 곧 나의 안에 있는 하늘님을 말한다. 그리고 이러한 자천(自天)을 자각하는 것이 수도와 수행을 통한 신앙생활의 목표이다. 그리고 의암은 '자각(自覺)'이라는 개념을 통해서 스스로 주체가 됨을 강조하였다. 이것은 곧 주체적으로 신앙할 것을 뜻하지만, 내 안에 있는 하늘님을 자각하고자 한다는 것을 절대 잊어서는 안 된다고 말한다.

어떤 사람이 말하기를 "하늘을 마음 밖에 두고 다만 지극히 정성을 다하여 감화를 받아 도를 얻는다"하고, 또 말하기를 "하늘이 내게 있으니 어느 곳을 우러러보며 어느 곳을 믿으랴, 다만 내가 나를 우러러보고 내

---

36 『無體法經』, 「眞心不染」 참조.

가 나를 믿고 내가 나를 깨닫는다"하여, 닦는 이로 하여금 마음 머리 두 곳에 의심스러움이 겹치게 하여 성품을 보고 마음을 깨달으려 하는 사람의 앞길을 아득게 하느니라.[37]

무릇 천지 만물이 주객의 형세가 없지 않으니, 하늘을 주체로 보면 나는 객이 되고 나를 주체로 보면 하늘이 객이 되니, 이를 분별치 못하면 이치도 아니요. 도도 아니다. 그러므로 주객의 위치를 두 방향으로 지정하노라. 사람의 권능이 하늘을 이기면 하늘이 사람의 명령 아래 있고, 하늘의 권능이 사람을 이기면 사람이 하늘의 명령 아래 있으니, 이 두 가지는 다만 권능의 형에 있다.[38]

이는 곧 천주 즉 하늘님이 내 마음 밖에 존재하는 경배의 대상으로만 생각하여 외부의 신으로 의존하고 경배해서는 안 됨을 의미한다. 그리고 무조건적으로 '내 마음이 곧 하늘'이라고만 생각하여 스스로를 지나치게 평가하거나 자만하여 오만에 빠지는 신앙 방법도 옳지 않다고 말한다. 그래서 의암은 신앙생활, 즉 내 안에 하늘님이 있다는 것을 자각하는 방법에 있어서 주객의 관계를 올바르게 설정하여 시작할 것을 강조하였던 것이다. 말하자면 우선 천주를 알기 위해서 지극정성을 다하는 수도와 수행을 하여 감화를 통하여 천주를 확인하는 것이 요구된다. 또한, 이것이 가능할 때 비로소 우리는 내 마음속에 하늘님이 있고, 곧 내 마음이 하늘님이라는 인내천의 천도교 종지(宗旨)를 깨달을 수 있게 된다. 이것은 곧 단계를 거쳐 스스로가 하늘임을 자각하는 것, 즉 수행과 수도의 단계가 깊어질수록 자각의 정도도 크고 깊어지며 결국 '내 마음이 곧 하

37 『無體法經』, 「性心身·三端」.
38 『無體法經』, 「性心身·三端」.

늘님'임을 자각하게 된다. 그리고 그것으로 인해 '인내천'을 깨닫게 된다
는 것이다.

오늘 우리는 서로 다른 많은 문제들이 서로 혼미를 이루고 있는, 그러
한 현실 속에 살고 있다. 어느 시대에도 혼미는 있었다. 그러나 오늘 우
리가 겪고 있는 문제는 어느 시대에도 그 예를 찾기 어려운 것으로, 참으
로 그 정도가 심각하다 아니할 수 없는 것들이다. 크게는 여전히 민주주
의 체제와 공산주의 체제 이데올로기가 대립을 이루고 있는가 하면, 작
게는 이 종교와 저 종교, 이 나라와 저 나라, 더 작게는 같은 정치권 안에
서 여(與)와 야(野)가, 기업체에서는 노(勞)와 사(使)가, 지구촌 곳곳에서
또 사회 곳곳에서 어느 부류, 어느 계층을 막론하고 서로 간의 대립과
이로 인한 갈등을 겪고 있음이 오늘 우리의 현실이다.

그런가 하면, 이와 같은 대립으로 인해 겪고 있는 갈등은 현대 사회에
밀려온 물질적인 풍요와 함께 더 큰 부정적인 요인으로 작용하고 있음을
또한 볼 수가 있다. 그러므로 보다 생산적인 이념은 생성되지 못하고,
오로지 자신의 주장만을 관철하기 위한 편법이 만연되어 있음 이 사실이
다. 따라서 매우 비생산적인 퇴폐, 폭력, 인간 소외, 생명 경시 등의 풍조
등이 우리의 삶 속 깊이 심화되고 있음이 오늘의 현실이다. 이와 같은
현실은 궁극적으로는 '살기 위한 삶'이 아니라, '죽기 위한 삶'이 된다.
오직 자신만 살려고 하므로 종국에는 같이 공멸을 하게 될 것이 자명하기
때문이다. 진정한 살림은 모두 같이 사는 데에 있는 것이다

인내천은 우리 스스로 우리의 생명이 무궁한 우주에 그 근원을 두고
있으며, 그러므로 무궁한 생명에의 소중함을 체득하고, 실천하는 길이
다. 그러므로 바른 생명의 삶, 하늘사람으로서의 삶을 이 지상에 이룩함
을 말하는 것이다. 따라서 인내천은 오늘과 같이 대립과 갈등이 이어지

므로 해서 야기되는 폭력, 퇴폐, 소외, 생명 경시 등의 풍조 등이 종국에
는 도달하고 마는 '죽기 위한 삶'을 살기 위한 삶, 곧 '살림의 삶'으로
바꾸는 가르침이 된다. 마치 유한성에 머무는 사람의 삶을 무한한 하늘
사람의 삶으로 바꾸는 것과도 같은 것이 된다.

'인내천'이 천도교의 종지로 받들어지던 시절의 다음과 같은 「인내천
해(人乃天解)」의 글에서 우리는 이와 같은 면을 찾을 수 있다.

> 自性이 天性이오 自身이 天身이오 自心이 天心이오 自氣가 天氣라 故로
> 伐性則伐天이오 棄身則棄天이오 欺心則欺天이오 傷心則傷天이니 是는 人
> 不天이오 率性則率天이오 保身則保天이오 守心則守天이오 正氣則正天이
> 니 是는 人乃天이라 寢食告天하며 出入告天하며 事人如天하며 接物如天
> 하야 事事天 件件天이면 人人天民이오 世世天國이니 天民이 天國에 居하
> 야 天德을 頌하며 天福을 享하면 是乃五萬年極樂이니 惟我十六億八千萬同
> 天이[39]

사람을 하늘님같이 섬기고, 사물을 접하되 하늘님같이 하여 사람이
하는 일 건건이 하늘이면, 사람 사람 모두가 하늘사람이고 온 세상이 천
국이니, 하늘사람이 천국에 살면서 하늘님 덕화를 찬송하고, 천복을 누
리게 되면, 이가 바로 오만 년의 극락이라고 말하고 있다. 즉 인내천이
곧 동학이 지향하는 지상천국(地上天國)으로 가는 길임을 피력하고 있다.

시천주를 근본 사상과 교리로 삼고 있는 동학은 '하늘님 마음의 회복'
뿐만 아니라, '하늘님 마음으로 살아가는 것'에 강조를 둔 종교이다. 따
라서 동학의 종지인 '인내천'이 단순히 '사람이 하늘님'이 아니라, 하늘님

---

39   白仁玉, 『人乃天解』, 『천도교회월보』 제2권 6호, 1911.

모심을 깨닫고(侍天主), 나아가 하늘님 마음을 인간과 인간 사이에서 실
천하여 행하고(事人如天), 또 인간과 사물 사이에서 실천하여 또 행하므로
(接物如天), 비로소 그가 하늘님이 된다는 의미를 지니고 있는 용어이다.

이와 같은 견해에서 보면, '인내천'은 다만 '사람이 하늘님'이 아니라,
'사람이 이에(乃) 하늘님', 바로 사람이 올바르게 정성으로 '모심과 섬김
을 행할 때'[40]에야 비로소 이룩할 수 있는 경지를 일컫는다. 이렇듯 동학
의 종지가 되는 인내천은 '하늘님 모심(侍天主)'과 '하늘님으로서의 섬김
(事人如天)'을 모두 포괄하고 있는 개념이다. 즉 '모심'과 '섬김'의 올바른
하늘사람의 삶인 '살림'의 삶이 곧 인내천인 것이다.

인내천은 앞에서 언급한 바와 같이 다만 사람이 하늘님이 아니라, 사
람 사람 모두 하늘님 삶을 살므로 해서 하늘사람들의 공동체인 지상천국
을 이루는 것을 말한다. 따라서 이는 오늘과 같이 폭력, 퇴폐, 소외, 생명
경시 등이 난무하는 '죽임의 삶'을 '살림의 삶'으로 바꾸어 놓을 수 있는
가르침이다. 곧 인류가 같이 멸망할 것이라는 공멸의 위기가 팽배하고,
또 구체적인 면에서 실감하게 되는 오늘, 인류에게 무엇보다도 소중하고
또 필요한 '살림'의 의미가 내재된 가르침이 아닐 수 없다.

오늘 우리의 삶, 곧 갈등과 부조화로 인한 다툼이 그치지 않는 오늘
우리의 삶은 생명의 본질을 거스르는 삶이며, 동시에 우주적 질서를 깨
뜨리고 또 저해하는 삶이 아닐 수 없다. 즉 '살림'의 삶이 아닌, '죽임'
의 삶이요, '상생(相生)'이 아닌 '상극(相克)'의 삶이 되고 있는 것이다. 그
러므로 오늘 우리에게 필요한 것은 '상대'에 대한 '배려와 존중', 나아가

---

40 이때 '모심과 섬김을 행하는 것'이 바로 '인내천(人乃天)'의 '내(乃)'에 해당된다 할 수
    있을 것이다.

이를 통해 이룩할 수 있는 '조화와 균형'을 이루려는 새로운 삶이다. 그러므로 죽임의 삶을 살림의 삶으로 바꾸는 가르침인 인내천의 의미가 어느 만큼이나 소중한가를 우리는 이를 통하여 알 수 있을 것이다.

5. 살림의 실천을 위하여

지금까지 동학의 시천주, 사인여천, 그리고 인내천 사상이 지닌 의미를 논구하여보았다. 바로 이 '시천주', '사인여천', '인내천' 사상 즉, '모심', '섬김', '살림'의 사상은 가장 핵심적인 동학의 '살림 사상'이다. 이들 '살림 사상'은 동학이 오로지 생명의 살림과 평화를 추구하며 인간의 평등과 존엄성도 그 안에서 실현하고자 했음을 분명하게 보여준다.

'시천주'는 단순히 하늘님을 모시고 있기에 평등하다는, 근대적인 평등주의에만 머물지 않는다. 여기에서 한 걸음 더 나아가, 안팎으로 하늘님의 기운과 본성을 동시에 느끼고 깨닫게 되므로, 자신은 단순히 한 개체가 아니라 우리가 함께 살아가야 할 '살림공동체' 전체와 동일하고 동등한 기운으로 통해 있음을 깨닫는 것을 의미한다. 그래서 이러한 깨달음을 통하여 하늘님 마음과 기운을 회복하고, 하늘님 마음과 기운을 변치 않게 함을 말한다. 따라서 '시'가 의미하는 바의 '모심'은 '살림공동체'의 유기적 연관 위에서의 나 자신을 발견하는 길이며, 동시에 나의 안에 자리한 참주체의 목소리에 귀를 기울여, 조금도 그 뜻에 어긋나는 것이 없음을 말한다.

이와 같은 '모심'은 오늘날 우리의 삶에서 가장 심각하게 대두된 자신만을 위하는 마음(各自爲心)으로부터 벗어날 수 있는 참된 길이 될 것으로

생각된다. 즉 우리는 동학사상의 핵심인 시천주가 지닌 '모심'을 통하여
잃어버린 하늘님 마음을 회복할 수 있을 것이기 때문이다. 그리고 나아
가서 '모심'은 나를 포함한 우리 '모두'가 궁극적으로는 '살림공동체'의
커다란 기운으로 서로 관통되어 있다는 것을 깨달아 진정한 공동체 의식
인 '살림공동체'의 의식을 살려낼 수 있는 가르침이 될 것이다.

　수운으로부터 가르침을 받아 그 도통(道統)을 물려받은 해월은 이와
같은 스승으로부터 받은 동학사상의 핵심인 시천주에 근거해서, 모든
존재가 하늘님을 모시고 있으므로, 사람을 하늘님과 같이 섬기라는 '사인
여천'의 설법을 세상에 펼쳤다. 사인여천은 바로 '사람을 대하고 물건을
접하는(待人接物)' 매우 구체적인 동학의 실천윤리이기도 하다. 사람들 모
두 하늘님을 모시고 있으므로, 사람을 하늘님같이 대하며 섬기기 위해서
는, 먼저 내가 하늘님의 마음을 회복하여 일거수일투족 모두 하늘님으로
서의 행동을 하며 살아야만 한다는, '섬김'의 의미가 여기에 담겨 있다.

　따라서 사인여천에는 오늘날 우리 사회에 가장 결핍된 '상대'에 대한
배려와 존중이 담겨져 있다. 근대 이후의 개인주의 팽배는 그 도가 지나
쳐서 자기 우월감에 빠지거나 이기주의로 치닫게 되었다. 그러므로 자신
들의 이익을 위해서 무슨 일이든 하는 모습이 바로 오늘날의 우리 사회의
망가진 모습이다. 이에 따라 현재 우리 사회는 상극과 대립으로 치닫고
있다. 이러한 시대에, 본원적인 면에서의 상대에 대한 벼려와 존중은 무
엇보다도 필요하고 또 중요하다.

　사인여천의 '섬김'은 서로 하늘님을 모신 존재로서 평등하게 서로 배
려하고 존중하는 섬김이다. 여기서 사인여천은 바로 시천주 사상을 사회
적으로 펼치는 동학의 실천 윤리가 되고 있는 것이다.

　이러한 문제와 더불어 오늘날 우리 사회에서 보다 더 중요한 문제는

이 배려와 존중을 바탕으로 하는 조화와 균형의 삶을 이룩하는 데 있다. 사실상 우리가 후기산업사회를 거치면서 획일적인 성장 중심의 삶을 지향했기에 여러 면에서 조화와 균형이 상실된 심각한 불균형과 부조화의 도시공동체 내부에 안고 살고 있다.

이와 같이 위태로운 시대에 사인여천과 삼경사상이 지닌 배려와 존중의 정신, 그리고 '이천식천'의 균형과 조화를 위한 삶의 지향이 절실하게 필요하다. 배려와 존중, 조화와 균형을 지향하는 동학의 '살림 사상'은 오늘 현대 도시공동체의 삶 속에서 새로운 영감을 주는 동력으로서 우리를 보다 나은 삶으로 이끌 수 있는 매우 귀중한 가르침이 될 것이다.

시천주를 근본 사상으로 하는 동학은 이렇듯 '하늘님 마음의 회복'뿐만 아니라, '하늘님 마음으로 살아가는 것'을 중시하는 가르침이다. 그러므로 단순히 사람이 하늘님이 아니라, 하늘님 모심을 깨닫고(侍天主), 나아가 하늘님 마음을 인간과 인간 사이에서, 또 인간과 만물 사이에서 실천할 때(事人如天), 비로소 사람이 하늘님이 되는 것이다. 그러므로 다만 '사람이 하늘님'이 아닌, '사람이 이에 하늘님이라는', '인내천(人乃天)'을 근본 종지(宗旨)로 세상에 천명한 것이다. 따라서 오늘 동학의 종지가 되는 '인내천'은 '하늘님 모심(侍天主)'과 '하늘님으로서의 섬김(事人如天)'을 모두 포괄하는 개념이다.

일찍이 의암은 "사람이 모두 사람인 것인가 사람이 사람다워야 사람이다"라는 가르침을 펼친 바 있다. 이는 다시 말해서 '하늘님 모심을 깨닫고 이를 실천하는 사람이 진정한 사람이다'라는 말로 인내천을 다시금 설명할 수 있다.

인내천은 궁극적으로 사람을 하늘님같이 섬기고(事人如天), 사물을 접하여 하늘님같이 하는 것(接物如天)이다. 인내천은 바로 폭력, 소외, 생명

경시, 폭력, 생태 파괴 등의 '죽임의 삶'을 전혀 다른 차원의 이상적인 '살림의 삶'으로 뒤바꿀 수 있는 '살림'의 가르침인 것이다.

우리는 이제 동학의 시천주, 사인여천, 인내천의 가르침이 지니고 있는 '모심'과 '섬김', 그리고 '살림'의 기본 정신을 사회적으로 실천하며 펴나갈 구체적인 살림의 새로운 방안을, 바로 이 살림공동체의 '장소'에서 모색할 필요가 있다.

3장

해월 최시형의 살림사상과
오늘날의 살림운동

김용휘

1. 머리말

전지구적인 생명파괴와 생태계 위기가 점점 더 심각해지고 있다. 우리가 지금 겪고 있는 코로나19는 말할 것도 없고, 기후변화는 지금 인류가 당면한 가장 큰 생존적 과제이다. 2050년에는 지구가 인간의 거주가 불가능한 곳이 될지도 모른다는 우려마저 속속 나오고 있다.[1] 이러한 생명파괴가 지속되고 있는 가장 직접적인 이유는 자본주의의 경제성장을 멈출 수 없기 때문이다. 대표적으로 나오미 클라인은 기후 문제의 진정한 원인은 탄소가 아니라 자본주의이며, 자본주의가 바뀌지 않으면 기후 문제를 절대 해결할 수 없다는 것을 예리하게 꿰뚫으며 새로운 경제시스

---

1 데이비드 월러스 웰즈 지음, 김재경 옮김, 『2050, 거주 불능 지구』, 추수밭(청림출판), 2020.

템으로의 전환을 역설하고 있다.[2]

　더 근본적인 차원에서는 역시 세계관의 문제이기도 하다. 자연을 대하는 태도, 지구를 대하는 태도가 바뀌지 않고서는 안되기 때문이다. 토마스 베리는 현재 진행 중인 지구에 대한 파괴적인 기획을 바꾸어, 지금과는 전혀 다른 미래에 대한 비전을 가져야 한다고 하면서, 인간이 지구와 상호 유익한 존재가 되는 '생태대(Ecozoic Era)'라는 시대를 제안한다. '생태대'라는 미래는 우리가 지구를 착취의 대상이 아닌, 사귀어야 할 주체로 이해할 때에만 실현 가능하며, 그것이 미래 세대를 위해 지금 우리 세대에게 주어진 '위대한 과업(The Great Work)'이라고 역설한다.[3] 그런가 하면 래리 라스무쎈은 오늘날의 전 지구적인 위기를 전환하기 위해, 우리가 이웃 사람들에 대한 책임만이 아니라 모든 피조물이 의존하고 있는 원초적인 요소들인 물, 흙, 공기, 불, 햇볕에 대해서도 책임을 지는 영적이고 생태학적인 삶의 방식을 치열하게 모색한다. 이를 위해 그는 인류가 공유해온 영적인 실천들과 오랜 종교전통들 속의 보물을 발굴하여, 이 시대 종교들이 문명전환을 위해 무엇을 해야 하는지를, 특히 문명전환을 위한 종교윤리로서 '지구를 공경하는 신앙'을 역설한다.[4]

　정말로 우리는 지금 전환하지 않으면 공멸할지도 모를 비상한 시기를 맞고 있다. 이러한 시기에 우리는 인류의 모든 영적 지혜와 비전을 모아서 이 위기를 극복하고 지금과는 다른 새로운 생태적·영적 문명을 모색해야 할 것이다. 바로 이 지점에서 우리는 우리 안에 있었던 지혜들, 그중에서

2　나오미 클라인 지음, 이순희 옮김, 『이것이 모든 것을 바꾼다 - 자본주의 대 기후』, 열린책들, 2016.

3　토마스 베리 지음, 이영숙 옮김, 『위대한 과업』, 대화문화아카데미, 2014.

4　래리 라스무쎈 지음, 한성수 옮김, 『지구를 공경하는 신앙』, 생태문명연구소, 2017.

도 동학의 지혜에 귀기울일 필요가 있다고 본다. 특히 동학의 2세 교조 해월 최시형이 천지자연과 만물을 바라보던 관점들, 모든 존재를 공경과 살림의 태도로 대했던 그 마음가짐을 배울 필요가 있다고 생각한다.

주지하다시피, 동학의 2세 교조 해월 최시형(1827~1898, 海月 崔時亨)은 스승 수운을 계승하여 동학을 새롭게 해석하였다. 그는 스승 수운의 '시천주(侍天主)'를 '사인여천(事人如天, 사람을 하늘님같이 섬기라)'의 가르침으로 재해석하여, 당시 핍박받던 민중, 여성과 어린이까지도 하늘님으로 공경하라고 가르쳤다. 또한 사람만이 하늘님을 모신 것이 아니라, 만물이 다 하늘님을 모셨다는 것을 깊이 통찰하여 만물까지도 공경하라(敬物)고 가르쳤다. 그는 천지부모(天地父母), 사인여천(事人如天), 이천식천(以天食天), 양천주(養天主) 등의 새로운 용어로써 '시천주'를 재해석함으로써 동학을 평민의 철학으로, 그리고 생명철학으로 발돋움하게 하였다. 이러한 해월의 사상은 '모든 만유가 무궁한 우주생명을 모시고 있다는' 근본적 생명원리와 '하늘이 하늘을 먹고 산다'는 생명의 순환 원리에 입각하고 있다.

그의 가르침은 머리에서 나온 것이 아니라 가슴 깊숙한 곳에서 우러나온 하늘의 명(天命)과 같은 것이었으며, 만물을 자기 몸처럼 느낀 데서 나온 생태적 감수성의 자연한 발로였다. 이로써 그는 유교의 '주일무적(主一無適)', '정제엄숙(整齊嚴肅)'의 경건함을 위주로 하는 경(敬) 철학과는 다른, 심화기화(心和氣和)의 온화함을 중시하면서, 모든 사람과 만물을 차별 없이 섬기는 수평적 '공경'을 새로운 삶의 원리로 제시하였다. 내면 깊숙이 다른 존재와 생명을 받드는 마음의 겸허함, 떨리는 마음으로 만물을 외경하는 그 마음의 자세를 그는 거듭 강조했다.

또한 해월은 모든 사람들이 하늘님을 모시고 있지만, 모시고 있다는 사실을 안다고 바로 하늘 사람이 되는 것은 아니기 때문에 종자를 땅에 심어 기르듯이, 내 안의 하늘의 씨앗을 잘 키워내는 '살림'의 공부와 실천이 필요하다고 하였다. '살림'은 '살리다'의 명사형으로 씨앗과 같은 작은 생명을 그 본래의 특징에 맞게 살려서 그 본래의 결대로 온전히 실현한다는 의미이다.[5] 이를 해월은 '양천주(養天主)'라고 하였다. 그리고 구체적인 실천지침으로 '십무천(十毋天)'이라는, 열 가지 생명 살림에 대한 실천적 지침을 내놓기도 하였다. 따라서 해월의 동학사상은 공경의 원리에 입각한 살림사상이라고 할 수 있다. 해월은 자신의 삶에서 이러한 공경과 살림을 직접 구현해 보임으로써 동학적 인격의 전형을 보여주기도 하였다.

한편 해월은 오늘날 한국의 생명운동과 어린이운동의 원천이기도 하다. 그의 사상은 원주의 무위당 장일순의 생명사상으로 계승되어 오늘날 '한살림'을 비롯한 '생명평화의 길', '생명평화결사' 등 생명운동의 기반이 되고 있으며, '아이도 하늘님을 모셨다"는 그의 언급은 1920년대 김기전, 방정환에게 계승되기도 하였다. 특히 방정환은 '어린이가 곧 하늘님'이며, 스스로가 배움과 삶의 주체라는 점을 중시하여, 아이들 스스로 자신만의 소질과 재능을 꽃피우고 삶의 주인이 되게 하는 운동을 펼쳤다. 오늘날에는 이를 계승하여 '방정환배움공동체 구름달(구 방정환한울학교)이 '아이살림' 운동을 펼쳐나가고 있으며, 천도교에서는 '한울연대'라는 단체가 2010년 출범하여 '몸살림, 땅살림, 아이살림'의 세 가지 살림운동에 앞장서고 있다. 따라서 본 연구는 해월 최시형의 동학을 살림사

---

5 김지하, 『생명학 1』, 화남출판사, 2008, 89쪽.

상이라는 측면에서 살펴보고, 그것이 오늘날 한국 사회에서 어떤 운동으로 전개되고 있는지를 살펴봄으로써 오늘날의 생태적·정신적 위기를 극복하고 새로운 삶, 새로운 문명을 모색하는 지혜를 구하고자 한다.

2. 해월의 생명철학과 살림사상

1) 천지부모

　해월은 스승으로부터 천도의 이치와 시천주의 체험을 전수받는 한편 그것을 자신의 것으로 체화하기 위해 35년간 도망을 다니는 긴박한 상황에서도 끊임없이 수도에 정진했다. 이 수도의 과정을 통해 그는 수운의 '시천주'를 깊이 체험하였음은 물론 그것에 담긴 실천적인 의미까지 읽어낼 수 있었다. 무엇보다도 그는 그 과정에서 천지자연과 인간을 바라보는 시선이 근본적으로 달라졌다. 그의 눈은 점점 더 깊어져서 천지자연을 단지 물리적인 세계로만 보지 않고, 그 안에 담긴 생명의 흐름과 신성의 차원을 보기 시작했다. 그에게 천지자연은 산과 강과 들로 이루어진, 많은 부분이 텅빈 창공으로 이루어진 그런 물리적 세계만이 아니었다. 그것은 생명의 끊임없는 유동과 숨겨진 높은 의식적 차원들과, 빛나는 신성으로 가득 찬 살아있는 세계였다. 심지어는 그 안에 있는 작은 돌멩이 하나, 풀 한포기에도 생명과 의식이 잠복해 있는, 그 자체로 존중받아야 할 아름답고 거룩한 '물(物)'이었다. 이를 그는 '물물천·사사천(物物天 事事天)'이라고 표현했다. 그런 의미에서 그들은 모두 하늘(天)이었다. 그는 아침의 새소리를 들으면서도 '시천주'의 소리로 느꼈고, 어린아이가 나막신을 신고 땅을 쿵쿵 밟는 소리를 들으면서 마치 당신의 가슴이 밟히는 아픔을 느끼기도 하였다.

이러한 그에게 천지는, 말 그대로 어머니였으며, 아버지였다. 생명은 육신의 부모로부터만 오는 것이 아니라는 것을 그는 사무치게 깨달았다.

> 부모가 나를 낳고 나를 기르나 자연히 성장하는 것은 천지의 조화요. 천지가 나를 화생하고 나를 성장하게 하나 천명을 받아서 가르치고 기르는 것은 부모의 은덕이니 그런 즉, 천지가 아니면 나를 화생함이 없고 부모가 아니면 나를 양육함이 없을 것이니, 천지부모가 복육하는 은혜가 어찌 조금인들 사이가 있겠는가.[6]

더 근원적인 차원에서 생명은 하늘로부터, 즉 천지로부터 온다. 그렇기에 천지가 나의 부모인 것은 부인할 수 없는 명백한 진실로 느껴졌다. 그는 그것을 마치 잃어버린 부모를 다시 찾은 감격으로 '천지를 부모님처럼 섬겨야 한다.'고 역설했다.

그러므로 이 '천지부모'의 설은 단순히 자연을 보호해야 한다는 차원의 환경론자들이나 지구를 살아있는 유기체로 봐야 한다는 생태론자들의 그것과 엄연히 구분될 뿐 아니라, 원리적 차원에서 '건칭부곤칭모'를 언급했던 성리학자들과도 구분된다. 해월은 천지의 더 깊은 차원을 들여다 본 것이다. 아직 주름져서 펼쳐져 있지 않은, 드러난 차원을 가능하게 하는 숨겨진 질서를, 불연이면서 기연인, 말로 표현할 수 없는 그 '만물화생의 이치'를 그는 온몸으로 체득했던 것이다.

요컨대 해월에게 천지자연은 비어 있는 공간도 아니고, 기본 입자들의 단순한 물리적 총합도 아니었다. 그 자체로 살아 있는 우주적 생명이자,

---

6 『해월신사법설』, 「도결」.

모든 만물을 낳는 생명의 근원, 영적 활력과 기운으로 가득 차 있는 유기적 생명체일 뿐 아니라 받들어 모셔야 할 '님'이었다. 이처럼 수운의 시천주는 해월에 와서 그 의미가 확장되어 모든 만물이 거룩한 하늘을 모시고 있으며, 나아가 천지 자체가 하늘님이라는 사유로 확장되면서 생명철학적 성격이 분명해졌다.

2) 양천주와 십무천

해월은 '모신 하늘님'을 신비하게 해석하지 않고, 곧바로 '마음'으로 해석하거나, 가능성으로서의 '하늘님의 씨앗' 정도로 해석한다. 그래서 시천주보다는 '양천주(養天主)'라는 말을 새로 만들어 하늘을 내 안에서 키워나갈 것을 강조했다.

그는 "하늘이 내 마음속에 있음이 마치 종자의 생명이 종자 속에 있음과 같다"[7]고 하여, 비록 모든 사람의 내면에 하늘이 모셔져 있다 하더라도, 마치 씨앗의 형태로 있을 뿐 완전히 발현된 것은 아니라고 보았다. 그래서 그것을 키우고 기르는 노력이 필요하다. 게다가 해월에게 하늘은 내 안에만 있는 게 아니었다. 천지도 하늘이며, 만물도 하늘이며, 억압받는 백성들, 천덕꾸러기 어린이도 하늘이었다.

따라서 '양천'은 자기 안의 하늘의 씨앗을 키우는 일일 뿐 아니라, 다른 존재들을 하늘님으로 섬기고 키워내는 일이다. "인간이 자기와 이웃과 자연 안에 내재해 있는 우주생명을 키움으로써 '자아'와 '공동체'와 '생태계'의 공진화를 도모하는 것"[8]이라고 할 수 있다. 그것을 우리말로 하면

---

7 『해월신사법설』, 「양천주」.
8 모심과살림연구소, 『모심 侍』, 모심과살림연구소, 2005, 76쪽.

'살림'이라고 할 수 있다.

양천의 가장 구체적인 모습은 바로 뱃속의 태아를 기르는 것이다. 그래서 윤노빈은 양천을 설명하면서 "가장 천대받던 사람, 어린이를 하늘님으로 모시라는 가르침은 태아를 하늘님처럼 공경하라는 데서 더욱 철저하게 그 '혁명성'을 암시하고 있다."[9]고 하였다. 해월은 생명의 포태를 천지조화의 비밀이라고 하였다.

해월은 아이를 포태했을 때 지켜야 하는 마음가짐을 「내칙」이라는 글에서 밝히고 있다. 이는 양천을 어떻게 해야하는가에 대한 실천적 지침으로도 해석할 수 있다. 그 내용은 다음과 같다.

"포태하거는 육종을 먹지 말며, 해어도 먹지 말며, 논의 우렁도 먹지 말며, 거렁의 가재도 먹지 말며, 고기냄새도 맡지 말며, 무론 아무고기라도 먹으면 그 고기 기운을 따라 사람이 나면 모질고 탁하니, 일삭이 되거는 기운 자리에 앉지 말며, 잘 때에 반듯이 자고, 모로 눕지 말며, 침채와 채소와 떡이라도 기울게 썰어 먹지 말며, 울새 터논 데로 다니지 말며, 남의 말 하지 말며, 담 무너진 데로 다니지 말며, 지름길로 다니지 말며, 성내지 말며, 무거운 것 들지 말며, 무거운 것 이지 말며, 가벼운 것이라도 무거운 듯이 들며, 방아 찧을 때에 너무 되게도 찧지 말며, 급하게도 먹지 말며, 너무 찬 음식도 먹지 말며, 너무 뜨거운 음식도 먹지 말며, 기대앉지 말며, 비껴서지 말며, 남의 눈을 속이지 말라. 이같이 아니 말면 사람이 나서 요사(夭死)도 하고, 횡사(橫死)도 하고, 조사(早死)도 하고, 병신도 되나니, 이 여러 경계하신 말씀을 잊지 말고 이같이 십삭을 공경하고 믿어하고 조심하오면 사람이 나서 체도도 바르고 총명도 하고, 지국과 재기가 옳게 날 것이니, 부디 그리 알고 각별 조심 하옵소서. 이대로만

9 윤노빈, 『신생철학』, 학민사, 2003, 341쪽.

시행하시면 문왕 같은 성인과 공자 같은 성인을 낳을 것이니 그리 알고 수도를 지성으로 하옵소서.[10]

육식을 금지하라는 것은 맑은 기운을 유지하라는 것이다. 먹는 것을 영양학적 관점이 아니라 기운과 영성의 차원에서 접근해야 한다는 말이다. 기질이 맑고 밝고 신령한 아기를 낳기 위해서 음식 조절의 중요성을 강조하는 것이다. 또한 "일삭이 되거든 기운 자리에 앉지 말며, 잘 때에 반듯이 자고, 모로 눕지 말며, 침채와 채소와 떡이라도 기울게 썰어 먹지 말며"라고 한 것은 늘 일상에서 바른 마음과 바른 자세, 즉 수심정기를 유지하여 몸과 마음의 주재를 잃지 말라는 의미이다. "울새 터는 데로 다니지 말며, 남의 말 하지 말며"는 급한 마음을 버리고 남의 험담을 통해 마음을 어지럽히지 말며 늘 마음을 맑고 밝은 상태로 유지하라는 것이다. 마음이 하늘이므로 그 마음을 공경하는 것에서 모든 공부가 출발하기 때문이다.

"무거운 것 들지 말며, 무거운 것 이지 말며, 가벼운 것이라도 무거운 듯이 들며, 방아찧을 때에 너무 되게도 찧지 말며, 급하게도 먹지 말며, 너무 찬음식도 먹지 말며, 너무 뜨거운 음식도 먹지말며"는 지나친 것을 하지 말라는 것이다. 이는 도교 양생의 원리이기도 하다. "기대 앉지 말며, 비껴서지 말며, 남의 눈을 속이지 말라."고 한 것은 의존, 편법을 쓰지말고, 속이지 말고 늘 진실하고 정직해야 한다는 것이다. 그러므로 양천의 요체는 늘 바르고 밝은 하늘의 마음과 기운을 잘 지키고 키워나가야 한다는 것이다. 그러므로 내칙은 단순히 포태했을 때의 지침에 그치

---

10 『해월신사법설』, 「내칙」.

는 것이 아니라 동학 수도의 요체를 설명한 것이며, '양천주(養天主)' 공부
의 핵심을 드러내고 있는 글이라고 할 수 있다.

한편, 해월의 양천주, 생명 살림은 동학의 전개 과정에서 가장 소외받
고 억압받는 사람과 생명을 살리는 해방운동으로 나타났다. 그는 일체의
반상과 적서차별을 금하라고 했으며, 천민 출신 남계천을 호남 전체를
통괄하는 편의장에 앉힘으로써 계급해방을 몸소 실천했다. 또한 여성을
한 집안의 주인이라고 하였고, 앞으로의 시대의 주역이라고 높임으로써
여성해방에 앞장섰다. 게다가 그는 인간만이 아니라 생명까지도 존중하
라고 함으로써 인간 중심에서 벗어나 생태적 해방을 추구했다.

그리고 누구보다도 무시당하고 차별받던 아이들에게 주목하여 "아이
가 바로 하늘님"이라고 함으로써 어린이 해방의 선구가 되었다.[11] 당시
아이들은 오늘날처럼 부모들의 충분한 보살핌을 받지 못하고 한 사람의
인격체로서 대우도 받지 못하였다. 10세도 안된 아이들에게 부엌살림과
온갖 일을 시키기도 일쑤였고, 때리는 경우도 허다했다. 이에 해월은 어
린이도 하늘님을 모셨으니 일체 어린이를 때리지 말라고 하였다.

> 도가의 부인은 경솔히 아이를 때리지 말라. 아이를 때리는 것은 곧 하
> 늘님을 때리는 것이니 하늘님이 싫어하고 기운이 상하느니라. 도인집 부
> 인이 하늘님이 싫어하고 기운이 상함을 두려워하지 아니하고 경솔히 아
> 이를 때리면, 그 아이가 반드시 죽으리니 일체 아이를 때리지 말라.[12]

---

11 이주영, 『어린이 해방』, 우리교육, 2017.
12 『해월신사법설』, 「대인접물」.

부모님께 효를 극진히 하오며, 남편을 극진히 공경하오며, 내자식과 며느리를 극진히 사랑하오며, 하인을 내 자식과 같이 여기며, 육축(六畜)이라도 다 아끼며, 나무라도 생순을 꺾지 말며, 부모님 분노하시거든 성품을 거슬리지 말며 웃고, 어린 자식 치지 말고 울리지 마옵소서. 어린아이도 하늘님을 모셨으니 아이치는 것이 곧 하늘님을 치는 것이오니, 천리를 모르고 일행 아이를 치면 그 아이가 곧 죽을 것이니 부디 집안에 큰 소리를 내지 말고 화순하기만 힘쓰옵소서.[13]

이러한 해월의 사상이 1920년대 김기전, 방정환의 어린이 운동의 직접적인 바탕이 되었던 것이다.[14] 또한 1920년대 천도교청년당이 주도한 여성운동, 농민운동 역시 모두 해월의 이러한 양천의 생명살림의 운동적 계승이었다.

그런가 하면 살림에 대한 구체적인 지침을 제시한 것이 바로「십무천」이다.

「십무천」

1. 毋欺天하라   하늘님을 속이지 말라.
2. 毋慢天하라   하늘님을 거만하게 대하지 말라.
3. 毋傷天하라   하늘님을 상하게 하지 말라.
4. 毋亂天하라   하늘님을 어지럽게 하지 말라.
5. 毋夭天하라   하늘님을 일찍 죽게 하지 말라.
6. 毋汚天하라   하늘님을 더럽히지 말라.
7. 毋餒天하라   하늘님을 주리게 하지 말라.

---

13 『해월신사법설』,「내수도문」.
14 김용휘, 2017,「해월 최시형의 자연관과 생명사상」,『철학논총』제90집, 제4권, 181쪽.

8. 毋壞天하라   하늘님을 허물어지게 하지 말라.

9. 毋厭天하라   하늘님을 싫어하게 하지 말라.

10. 毋屈天하라   하늘님을 굴하게 하지 말라.[15]

천(天)의 자리에 '생명'을 대입하면 그 자체로 훌륭한 생명살림의 헌장이 된다. 이 십무천은 생명살림을 어떻게 해야 하는지, 어떤 마음가짐으로 해야 하는지를 구체적으로 제시하고 있다. 『한살림선언』에서도 이 십무천을 언급하면서 하늘을 이 세상에 구현하는 체천(體天)의 도가 십무천을 통해 구체화되었다고 의미를 부여하고 있다. "체천은 사람이 하늘을 모시고 키우는 주체로서 하늘님다운 도덕적, 사회적, 생태적 행위를 해야 함을 의미하는 것이며, 죽임의 세계에 대한 적극적인 투쟁을 전개하면서 동시에 일상적 생활에서 생명에 대한 존엄과 경외를 잃어서는 안된다는 것이다. 생명을 가두고 나누고 억압하고 죽이는 일을 결코 해서는 안되는 것이다."[16]

3) 이천식천

해월은 앞에서 논한 것처럼 천지자연을 살아 있다고 보고 공경하라고 가르쳤다. 그리고 그 천지로부터 모든 만물이 파생되었다고 보았다. 그러므로 모든 만물 속에는 하늘이 깃들어 있을 뿐 아니라, 물(物) 하나하나가 하늘의 표현이자, 곧 하늘이라고 하였다. 이런 생각은 '물물천·사사천(物物天·事事天)'이라는 용어로 구체화되었다.

---

15 『해월신사법설』, 「십무천」, 374쪽.

16 모심과살림연구소, 『스무살 한살림 세상을 껴안다』, 한살림, 2016, 53~54쪽.

내 항상 말할때에 물건마다 하늘이요 일마다 하늘이라 하였나니, 만약
이 이치를 옳다고 인정한다면 모든 물건이 다 하늘로써 하늘을 먹는 것
아님이 없을지니, 하늘로써 하늘을 먹는 것은 어찌 생각하면 이치에 서로
맞지 않는 것 같으나, 그러나 이것은 사람의 마음이 한쪽으로 치우쳐서
보는 말이요, 만일 하늘 전체로 본다면 하늘이 하늘 전체를 키우기 위하
여 같은 바탕이 된 자는 서로 도와줌으로써 서로 기운이 화함을 이루게하
고, 다른 바탕이 된 자는 하늘로써 하늘을 먹는 것으로써 서로 기운이
화함을 통하게 하는 것이니[17]

해월은 늘 물물천·사사천을 강조했다. 그런데 모든 만물이 하늘이라
면, 우리가 음식을 먹는 것은 하늘이 하늘을 먹는 것이다. 이를 그는 '이
천식천(以天食天)'이라고 표현했다.

해월은 이 이천식천을 풀이하면서 하늘이 하늘 전체를 키우기 위한
원리라고 설명한다. 같은 바탕이 된 자는 서로 도움으로써 기운을 화하
게 하고, 다른 바탕이 된 자는 서로를 먹이는 관계를 통해서 기운을 화하
게 함으로써, 서로의 성장은 물론 우주전체의 성장을 도모하고 있다는
것이다.

생명은 결국 대사 작용을 통해서 번식, 성장, 활동, 변화하는 존재이
다. 대사 작용은 대부분 먹는 행위를 통해 이루어진다. 복잡한 먹이사슬
을 통해 생명이 유지되고 성장하고 있는 것이다. 나 하나가 살아가기 위
해서 얼마나 많은 생명의 도움과 희생이 필요한지를 생각하면 경이로운
생각마저 든다.

이천식천은 다시 동질적 기화와 이질적 기화로 나눠진다.

---

17 『해월신사법설』, 「이천식천」.

그러므로 하늘은 한쪽편에서 동질적기화로 종속을 기르게하고 한쪽편
에서 이질적기화로써 종속과 종속의 서로 연결된 성장발전을 도모하는
것이니,[18]

이는 강자는 약자를 마구 잡아먹어도 된다는 적자생존의 정당성을 의
미하는 것이 아니다. 우리도 하늘이지만, 우리가 먹는 식물과 동물도 모
두 하늘이다. 비록 살기 위해서 먹어야 하지만, 그 존재도 하늘처럼 소중
하고 귀한 존재라는 것이다. 그러므로 먹는 행위 자체를 신성하게 여겨
야 한다는 것이며, 먹더라도 독식을 하거나 함부로 먹어서는 안 된다는
말이다. 생명의 순환적인 상호 의존 관계를 알고, 그 질서를 깨뜨리지
않는 범위 내에서 먹는 행위가 이루어져야 하며, 그것은 결국 전체 생명
을 키우는 일이기도 하다는 것이다.

동질적 기화와 이질적 기화는 다른 측면에서 보면 성장과 진화는 경쟁
과 적자생존이라는 냉혹한 정글의 법칙으로만 이루어지는 것이 아니라
협동과 조화, 연대가 중요한 성장과 진화의 원리라는 것을 암시하는 표
현이기도 하다. 길희성은 "이천식천은 모든 생명체들이 다른 생명체들과
거미줄 같은 유기적 관계망 속에 살아가는 공동체라는 오늘날의 생태학
적 원리를 달리 표현한 것이다."[19]라고 하였다.

한편 장일순은 이천식천에 대해서 다음과 같은 해석을 남기고 있다.

하늘이 하늘을 기르는 거니까 뭐 기도 드리고 말고도 없이, 이미 하늘

---

18 『해월신사법설』, 「이천식천」, 365쪽.
19 길희성, 「Asian Naturalism : An Old Vision for a New World」, 『학술원논문집』(인문
     ·사회과학편) 제49집 1호, 별책, 2010, 21쪽.

이. 그런데, 우주가 존재하지 않으면 나락 하나가 안되잖아요. 나락이 작다고 해서 그게 결코 작은 게 아니지. 그러니 생명운동하는 사람에게 있어서는 대소개념이 문제가 되는 게 아니지. 크고 작은 것을 초월해야 하고, 선악을 초월해야 하겠지. 풀 하나도 우주 전체의 존재가 있음으로 해서 엄연히 존재하는 바에야 풀 하나에도 섬김이 가야 되잖아. 귀한 것은 생명이라는 거지. 나락 한알에 우주가 함께 하신다고, 이천식천이라고 그러셨지. 그러니 지금 우리가 다 한울이 한울을 먹고 있는 거란 말이지. 엄청난 영광의 행사를 하고 있는 거 아닐까? 우리가 식사할 때마다 거룩하고 영광된 제사를 지내는 거거든. 그렇다면 우리가 지금 이 자리에 앉아서 기쁨을 나누고 있는 이게 천국이 아니고 뭔가.[20]

나락 하나에도 우주가 들어 있으므로, 먹는다는 것이 거룩한 성사(聖事)이자 제사라고 해석하고 있다. 그러므로 진정으로 감사하는 마음으로 먹고, 그 생명을 내 안에서 다시 살려내야 하며, 나의 모든 실천을 통해서 더 큰 살림으로 화해내야 하는 것이다.

또한 이한영은 이천식천의 식을 '먹여 준다' 또는 더욱 확장하여 '먹여 살린다,' '먹여 키운다'는 뜻으로 새길 때 더 장점이 있다고도 한다.[21] 먹는 행위야말로 '살림'의 가장 중요한 행위인 것이다. 모든 사람들이, 모든 존재가 굶주리지 않게 하는 것이야말로 이천식천의 다른 의미가 아닌가 생각한다. 또 전희식은 이천식천을 "우리 모두는 이 우주 속에 다른 모습으로 살아있는 또 다른 나이며, 언젠가는 내 몸도 누군가의 먹이로 내놓을 수 있어야 한다."[22]는 뜻으로 해석하기도 한다. 언젠가는 내 몸도

20 장일순, 「한살림운동과 공생의 논리」, 『나락 한알 속의 우주』, 녹색평론사, 2016, 180~182쪽.
21 이한영, 「'불연기연'과 '이천식천'의 신학적 이해— 생명, 정의, 평화, 밥의 문제를 중심으로」, 『神學思想』 186집, 2019 가을. 414쪽.

누군가의 먹이로 내놓는다는 말이 섬뜩하기도 하지만, 그동안 얼마나 많은 생명체의 희생으로 나라는 생명이 유지되고 있는가를 생각한다면 당연히 그래야겠다는 생각도 든다. 이처럼 이천식천은 생명의 성장과 진화의 원리이면서 더 큰 나를 키우기 위한 자기희생, 공존공생의 생명 윤리적 의미도 담고 있다고 하겠다.

요컨대 이천식천은 생명의 순환이치와 상호 의존성을 알고 모든 존재를 소중하게 모시는 삶을 살아야 한다는 의미이다. 또한 먹는 것의 신성함과 공생의 삶을 내포하고 있다. 무엇보다도 이천식천은 적자생존의 논리가 아니라 오히려 자기의 몸을 언젠가는 기꺼이 내놓는 자기희생의 의미를 담고 있으며, 궁극적으로는 나라는 개체 생명에 한정된 의식을 벗고 우주의 전체 생명이라는 보다 초월적 시각에서 생과 사를 바라볼 것을 요구하고 있다. 우리 모두는 이 우주 속에 다른 모습으로 살아있는 또 다른 나이며, 그런 점에서 우리는 영원히 살아있다는 것이다.

4) 이심치심

살림을 논하면서 치유를 빠뜨릴 수 없다. 특히 동학에서 치유는 실천의 본질적인 부분이다. 수운 최제우의 동학은 당시 병든 세상을 근본적으로 치유하라는 메시지였다. 개인적 질병은 물론 수시로 엄습해 오던 전염병, 그리고 온갖 모순과 부조리, 사회적 병폐를 근본적으로 치유하고 사람들을, 세상을 살려내라는 메시지였다.

수운은 당시 질병의 근본적 원인을 각자위심(各自爲心)이라고 보았다. 즉 소통이 되지 않고 막히고 끊어진 것이 모든 병증의 근본적 원인이라고

---

22 전희식, 〈프레시안〉, "가축=고기? 적게 키우고 덜 먹어야 산다" 2011-03-14. 9.

보았다. 그것은 인간과 인간의 관계 뿐만 아니라, 인간과 하늘의 관계에서도 마찬가지였다. 그리고 그것에 대한 처방으로 제시한 것이 바로 '영부'였다. 이는 경신년 하늘로부터 받은 것이기도 하다.

> 나에게 영부 있으니 그 이름은 선약이요 그 형상은 태극이요 또 형상은 궁궁이니, 나의 영부를 받아 사람을 질병에서 건지라[23]

여기서 영부는 단순한 부적이 아니라, 하나의 상징이다. 우주의 약동불식하는 생명(력)의 상징이며, 우주의 마음, 우주적 영의 상징이다. 그래서 선약이라고 했으며, 그 형상을 궁궁, 또는 태극이라고 했다. 그 형상이 궁궁이라는 것은 마음 심(心)자를 의미한다. 그것은 우주의 활발발한 영이자 약동불식하는 근본적 생명력을 의미한다.

영부는 개인의 질병에서부터 사회적 질병, 나아가 문명 전체를 치유할 수 있는 근본적인 처방으로 제시된 것이다. 개인의 몸이 병드는 원인과 사회가 병들고, 문명이 병드는 원인이 근원적으로 하나이기 때문이다. 그리고 그 출발은 결국 '각자위심'에 사로잡혀 있는 개개인의 마음을 하늘님 마음으로 되돌리고, 하늘과 끊어진 기운을 다시 연결시켜 주는 것이다.

생명 살림의 이치는 먼저 내 몸과 마음을 살리는 데서부터 시작한다. 내 몸과 마음을 먼저 치유해서 평안하게 하지 않고서 세상의 평화와 화해, 치유를 말할 수 없기 때문이다. 이를 수운는 '심화기화(心和氣和)'라는 말로 표현하기도 했다. 해월은 이러한 수운의 문제의식을 이어받아 갈갈

---

23 『동경대전』, 「포덕문」.

이 찢겨진 당시 백성들의 마음을 회복시키려고 하였다.

그는 일찍이 마음과 기운의 관계를 논하면서, "마음으로써 마음을 다스리고, 기운으로써 기운을 다스리고, 기운으로써 기운을 먹고, 하늘로써 하늘을 먹고, 하늘로써 하늘을 받드는 것"이라고 하였다. 또한 "마음으로써 마음을 다스리는 이치를 알면 약을 복용하지 않아도 된다"고 하기도 하였다. 이는 반드시 약이 필요 없다는 이야기라기보다는 모든 치유에 앞서 마음을 다스리는 것이 근본이 된다는 이야기이다.

> 경에 말씀하시기를 「나에게 영부(靈符) 있으니 그 이름은 선약이요 그 형상은 태극이요 또 형상은 궁궁이니 나의 이 영부를 받아 사람을 질병에서 건지라」하셨으니, 궁을의 그 모양은 곧 마음 심 자이니라. 마음이 화하고 기운이 화하면 하늘과 더불어 같이 화하리라. 궁은 바로 천궁이요, 을은 바로 천을이니 궁을은 우리 도의 부도요 천지의 형체이니라. 그러므로 성인이 받으시어 천도를 행하시고 창생을 건지시니라. 태극은 현묘한 이치니 환하게 깨치면 이것이 만병통치의 영약이 되는 것이니라. 지금 사람들은 다만 약을 써서 병이 낫는 줄만 알고 마음을 다스리어 병이 낫는 것은 알지 못하니, 마음을 다스리지 아니하고 약을 쓰는 것이 어찌 병을 낫게 하는 이치이랴. 마음을 다스리지 아니하고 약을 먹는 것은 이는 하늘을 믿지 아니하고 약만 믿는 것이니라. 마음으로써 마음을 상하게 하면 마음으로써 병을 나게 하는 것이요, 마음으로써 마음을 다스리면 마음으로써 병을 낫게 하는 것이니라. 이 이치를 만약 밝게 분별치 못하면 후학들이 깨닫기 어렵겠으므로, 논하여 말하니 만약 마음을 다스리어 심화 기화가 되면 냉수라도 약으로써 복용하지 않느니라.[24]

---

24 『해월신사법설』, 「영부·주문」.

여기서 해월은 마음을 다스려서 병을 낫는 것이 근본임을 역설하고
있다. 여기서 마음을 다스린다는 것은 현재의 부정적이고 뒤틀리고 막히
고 닫혀 있는 마음을, 본래의 맑고 밝고 신령한 하늘 마음으로 회복하라
는 말이다. 이런 마음을 회복하게 되면 저절로 막힌 곳이 풀리고 기운이
화하게 되면서 치유가 일어나게 된다는 것이다.

요컨대 영부는 대우주, 대생명의 원천으로서 우주의 약동불식하는 기
운을 상징한 것이면서, 내 안에 들어와 있는 마음(心靈)을 의미한다. 따라
서 나에게 들어와 있는 신령한 마음을 돌이켜 회복하고 나의 기운을 우주
적 생명의 네트워크에 접속함으로써 스스로를 치유하라는 것이 영부의
의미이다. 이러한 살림이 사회적으로 발현되면 '사회적 치유의 살림운
동'이 되는 것이다. 동학농민혁명이나 삼일혁명은 바로 이러한 살림의
거룩한 사회적 발현이었다.

3. 오늘날의 살림운동

1) 한살림운동

오늘날에 와서 해월의 살림사상을 계승한 쪽은 원주의 무위당 장일순
이었다. 그를 중심으로 한 원주캠프는 1982년부터 유기농업을 시작하였
으며, 1984년 유기농산물 직거래를 위한 원주 소비자협동조합을 공식으
로 창립하였다. 이어 1986년 서울에 '한살림'이란 이름으로 간판을 내걸
면서 생명운동을 본격적으로 시작하였다. '한살림'에서 '한'은 전체이면
서 하나인 전일성(全一性, holisticity)을 의미하며, '살림'은 집안살림에서
지역살림, 나아가 지구살림에 이르는 뭇 생명의 협동적인 활동을 의미한

다. 따라서 '한살림'은 한마디로 '전일적인 생명의 이념이자 활동'이라고
할 수 있다.[25]

이러한 한살림운동의 비전과 방향은 1989년 10월 29일 한살림모임 창
립총회에서 발표된 '한살림선언'에 잘 명시되어 있다. 한살림모임은 유
기농산물의 직거래를 매개로 생활공동체운동을 펼치던 한살림소비자협
동조합(현재 한살림)과 함께 또 다른 축으로 생명문화운동을 펼치기 위해
발족했다. 당시 한살림모임에는 무위당 장일순, 시인 김지하, 최혜성,
박재일 등 주로 원주지역을 중심으로 활동하던 사회운동가들을 비롯해
약 60여명이 참여하였다. 이들은 1년여에 걸쳐 공동체운동과 세계의 협
동운동, 환경위기와 생태주의, 동학을 비롯한 전통사상 등 다양한 분야
에 걸친 공부모임을 진행하여 세계사의 흐름을 검토하고 그것을 '선언'에
담아내었다.[26]

'한살림선언'은 먼저 현재 산업문명의 위기를 깊이 절감하는 데서 출
발하고 있다. '선언'은 현 산업문명의 위기를, 핵위협의 공포, 자연환경
의 파괴, 자원고갈과 인구폭발, 문명병의 만연과 정신불열적 사회현상,
경제의 구조적 모순과 악순환, 중앙집권화된 기술관료체제에 의한 통제
와 지배, 낡은 기계론적 세계관의 위기의 일곱가지 측면에서 논하고 있
다. 이 중에서도 가장 근본적인 문제를 기계론적 세계관으로 보고, 이를
2장에서 다시 다루고 있다.

3장에서는 이에 대한 대안으로 '전일적 생명의 세계관'을 제시하면서,
그 사상적 기초를 당시 신과학운동, 유럽의 녹색운동을 참조하면서, 동

25 모심과살림연구소, 『죽임의 문명에서 살림의 문명으로 - 한살림선언·한살림선언 다
　　시읽기』, 도서출판한살림, 2014, 90쪽.
26 위의 책, 95~96쪽.

학을 비롯한 전통사상에서 가져오고 있다. 특히 4장에서 제시하고 있는 '인간 안에 모셔진 우주생명'은 동학의 '시천주'를 중심으로 동학사상을 전개하고 있는데, 4장 자체가 동학에 대한 탁월한 현대적 재해석이라고 할 수 있다.

5장에서는 이러한 새로운 세계관의 확립을 위해 '한살림'운동의 방향과 비전을 제시하고 있다. 한살림운동은 결국 '전일적 생명의 세계관 확립'을 목적으로 하고 있는데 이를 위해서는 단순히 사상운동만으론 안되고, 삶을 바꾸는 운동, 즉 '새로운 생활양식의 창조'가 병행되어야 한다고 강조한다. 그리고 이를 실현하기 위해서는 먼저 우리의 각성이 요구된다. 이는 생명에 대한 우주적 각성, 자연에 대한 생태적 각성, 사회에 대한 공동체적 각성의 세 가지 각성이다. 이러한 각성에 바탕해서 새로운 인식, 가치, 양식을 지향하는 '생활문화활동'. 생명의 질서를 실현하는 '사회실천활동', 그리고 자기실현을 위한 '생활수양활동'을 제시하고 있다. 이는 결국 새로운 세상을 창조하는 '생명의 통일활동'으로 다시 수렴된다.

따라서 '한살림' 운동은 단순히 좋은 먹거리를 위한 소비자운동에서 시작된 것이 아니라, 현재 산업문명을 죽임의 문명으로 보고 그에 대한 대안으로서 살림의 문명을 제시하고, 그것을 위한 전환운동, 생명운동, 살림운동을 선언한 야심찬 기획이었던 것이다. 이러한 '한살림선언'의 이론적 기초는 앞에서 언급했듯이, 당시의 신과학의 성과들과 유럽의 녹색운동을 참조하면서도 무엇보다도 동학의 생명사상에서 그 생태적·사회적·윤리적 기초를 두고 있다.

한살림은 가치관에 있어서는 한민족의 오랜 전통과 맥을 이어오고 있

는 동학의 생명사상에서 그 사회적, 윤리적, 생태적 기초를 발견하고 있
다. 동학은 물질과 사람이 다같이 우주생명인 한울을 그 안에 모시고 있
는 거룩한 생명임을 깨닫고 이들을 '님'으로 섬기면서(侍) 키우는(養) 사
회적, 윤리적 실천을 수행할 것을 우리들에게 촉구하고 있다. 자연과 인
간을 자기 안에 통일하면서 모든 생명과 공진화해 가는 한울을 이 세상에
체현시켜야 할 책임이 바로 시천과 양천의 주체인 인간에게 있음을 동학
은 오늘 우리에게 가르치고 있다.[27]

　이처럼 한살림운동은 원주캠프의 현장운동의 맥을 이으면서 동학사상
을 중심으로 서구의 녹색운동과 신과학운동의 성과를 한국적 맥락에서
수용하여 새로운 인간이해와 사회운동의 새로운 지평을 열었다. 이는
모든 생명의 유기적 연관을 강조하는 생태적 사유를 바탕에 깔고 동학의
'시천주(侍天主)' 사상을 현대화하여 '사람 안에 모셔진 우주 생명'이라는
표현으로 근대적 개인을 넘어서 인간의 몸과 이성, 감성, 그리고 영성을
포함한 전일적인 인간 이해와 생명에 대한 인식의 전환을 촉구한 것으로
이해할 수 있다.
　현재 한살림은 서울에서 제주까지 방방곡곡에 지역조직이 꾸려지고,
전국적으로 40만이 넘는 조합원이 참여한 대규모 생활협동조합이 되었
다. '밥상살림', '농업살림', '생명살림'을 표어로 유기농업운동, 생활협
동운동, 생명문화운동을 펼치고 있다. 규모나 양적으로는 엄청난 성장을
하였다. 그런데 아쉬운 점은 대다수의 조합원들은 '한살림선언'조차 읽
지 않은 경우가 많으며, 한살림의 이러한 이론적 기초에 대해서 별반 관
심이 없다는 점이다. 처음 한살림선언이 추구한 것과는 달리 단지 건강

---

27 주요섭, 「동학과 한살림」, 『근대한국 개벽사상을 실천하다』, 모시는사람들, 2019, 315쪽.

한 먹거리를 소비하는 중산층들의 소비자협동조합에 그치고 있는 느낌마저 든다. 하지만 본래 한살림운동은 생태계 파괴, 인간성 상실, 에너지 자원의 고갈, 문명병과 정신질환의 만연, 그리고 구조적인 경제위기 등 산업문명의 위기를 근원적으로 통찰하면서 죽임의 문명에서 살림의 새로운 문명을 모색한 근본적 전환운동이었다. 그리고 그 기초에 동학, 특히 해월의 살림사상이 있었다. '한살림선언'에 담긴 새로운 살림문명에 대한 큰 뜻이 더 많은 조합원들에게 전달되어 살림운동의 전위로서 다시 서기를, 그래서 이 땅에 살림문명을 이룩하려는 그 야심찬 꿈이 꼭 구현될 수 있기를 소망해 본다.

2) 한울연대와 구름달공동체

이런 한살림의 움직임과는 달리 정작 동학을 계승한 천도교 내에서는 이렇다 할 활동을 보여주지 못하였다. 그러다가 2010년 천도교한울연대가 "모심의 영성과 수련에 바탕한 사회적 실천을 목적"[28]으로 발족한 이후 본격적인 생명운동에 뛰어들었다. 한울연대는 기존의 환경단체와 연대하여 당시의 환경현안에 대해 공동대응하면서도, 보다 근본적인 생명 살림운동, 나아가 생명의 질서대로 오늘의 사회 경제구조, 문화와 생활양식을 변화시키는 문명적 개벽운동을 전개하고자 하였다.

환경 문제는 단순히 생태계의 문제가 아니라 산업과 지역개발, 국가 경제와 분리될 수 없는 총체적인 것이기 때문에 결국 사회경제체제를 전환하지 않고서는 환경문제를 풀 수 없다는 인식에 따른 것이다. 그래서 새로운 사회경제체제의 모색이 절실하다고 보았다. 천도교는 그 새로

---

28 다음 카페, 한울연대 참조. https://cafe.daum.net/hanwoolsalrim

운 체제를 역사적으로 한번 제시한 적이 있었다. 다름 아닌 해방공간에서 청우당의 정치이념이 그것이다.

> 첫째, 민족자주(民族自主)의 이상적 민주국가의 건설을 기함.
> 둘째, 동귀일체(同歸一體)의 신생활이념에 기(基)한 신경제 제도의 실현을 기함.
> 셋째, 사인여천(事人如天)의 정신에 맞는 새 윤리 수립을 기함[29]

여기서 동귀일체의 순환경제는 자본주의와 사회주의를 넘어서는 새로운 경제를 추구한 것이다. 인간사회를 유기체로 보고 사회조직을 유기화하여 인체의 생명 원리에 맞게 모든 개인과 기관과 조직이 잘 어우러지고 건강하게 순환하는 경제를 의미한다. 비록 구체성에서는 떨어지긴 하지만 그 이념적 지향은 '한살림선언'과도 맞닿아 있으며, 결국 산업문명에 대한 근본적 문제의식을 가지고 새로운 정치경제체제를 고민하고 있었다. 한울연대는 이러한 선배들의 뜻을 계승하여 통일한국의 경제모델에 대한 방안을 지속적으로 모색해 나가고 있다.

한울연대는 5주년이 되면서 그동안의 활동을 평가하고 새로운 방향을 모색하면서 보다 구체적인 활동영역의 확보를 위해, '모심' 사상에 바탕한 세 가지 살림운동을 전개하기로 선언하였다.

> 천도의 원리에 따라 생명살림을 크게 세 분야로 나누었습니다. 물론 다른 영역도 있지만 동학·천도교가 더 주력해야 할 영역을 땅을 비롯한 자연 생태계를 살리는 땅살림, 몸과 마음을 이분법적으로 보지 않고 몸,

---

29 김병제·이돈화 외 지음, 『천도교의 정치이념』, 모시는사람들, 2015, 75쪽.

마음, 영혼(성품)의 '통전적 몸'에 대한 살림운동, 그리고 어린이를 부족한 존재로 보지 않고 이미 가지고 있는 저마다의 씨앗이 잘 깨어날 수 있도록 기다리고 존중하는 아이살림, 이 세 영역에서 천도의 실천을 하고자 한 것입니다. (천도교한울연대, 2015)

한울연대는 해월의 삼경(三敬), 즉 경천·경인·경물을 현대적으로 해석함으로써 '몸살림, 아이살림, 땅살림'이라는 세 가지 살림운동으로 정리하고 그 구체성을 담보하려고 하였다. 해월의 경천(敬天)은 저 공중의 하늘을 공경하는 것이 아니라 마음을 공경하는 것을 의미한다. 그런데 마음은 몸과 분리될 수 없는 것이므로 이를 '몸살림'으로 표현했다. '몸살림'은 몸과 마음, 그리고 영혼까지 포함한 '통전적 몸'으로써 동학의 수련을 통해서 새로운 인격으로 거듭나는 것을 의미한다. 땅살림은 경물(敬物)을 표현한 것으로, 우리의 생명의 근원인 땅을 살리고 생태계를 살리는 환경운동, 귀농운동을 포괄하는 것이다. 아이살림은 경인(敬人)에 해당하는데, 가장 하대받는 아이를 공경함으로써 모든 사람에 대한 공경으로까지 나아가고자 한 것이다. '아이살림'의 차원에서 2014년 8월에 수운의 고향인 경주 가정리에 '방정환한울어린이집'을 개원하기도 하였다.

현재 한울연대는 5대종단 환경연합체인 '종교환경회의'와 연대하여 환경 현안에 같이 목소리를 내는 한편, 기후변화를 '기후폭동'으로 규정하여 그 심각성을 알리는 데 주력하고 있다. 기후변화를 대전환, 즉 개벽의 징후로 읽고 전환적 삶에 대한 모색과 각성을 촉구하고 있는 것이다.

한편, 방정환한울어린이집을 설립하고 2년이 지나면서 어린이집을 좀 더 체계적으로 지원하고 나아가 방정환의 정신에 바탕한 교육운동의 필요성이 본격 제기되어 2016년 12월 4일 '방정환한울학교'라는 교육운동단체가 결성되었다. 그 취지문을 보면 다음과 같다.

> 더 이상 아이들을 불완전한 존재로 여겨 가르치려 하지 않고, 본래의 씨앗이 잘 발현되도록 스스로 깨우치는 교육을 하고자 합니다. 부모와 교사는 아이들이 스스로 성장할 수 있도록 좋은 환경을 만들어 주는 조력 자의 역할에 그칠 것입니다. 또한 지식 위주의 성장만이 아니라 몸의 건 강과 생명력을 높이는 방법을 배우고, 마음을 가꾸고 잘 쓰는 방법을 터 득하게 될 것입니다. 나아가 영혼과의 교감을 잃지 않은 채 영적 성장과 의식의 진화, 그리고 더 좋은 세상을 위한 실천을 삶의 목적에 두고 삶 자체가 작은 나(小我, 에고)를 극복하고 큰나(大我, 참나, 한울)를 실현할 수 있는 도장이 되도록 할 것입니다. 이렇게 성장한 아이들은 먼저 자기 의 몸과 마음을 소중하게 대할 줄 알며, 주변의 동무들, 자연, 그리고 작 은 물건조차도 소중하게 아끼며 존중하는 따뜻한 가슴을 가지게 될 것입 니다. 또한 스스로의 재능과 소질이 온전히 싹을 틔움으로써 조화로운 인격형성은 물론 그 능력이 사회를 더 아름답게 만드는 데 활용될 것입니 다. 어릴 때부터 생명을 모시고 살리는 삶의 가치를 체득한 아이들이 펼 치는 나라를 우리는 이제 꿈꿉니다.

방정환의 정신과 뜻을 한국에 널리 알려서 서양 교육에 지배되고 있는 한국 교육 현실을 바꾸고, 무엇보다도 아이들이 한 인격체로 온전히 존 중받고 행복이 미래에 유보당하지 않고, 오늘 여기에서 기쁠 수 있는 아 이로 키우고자 한 것이다. 그리고 자기 내면에 간직한 저마다의 씨앗이 자기 색깔로 온전히 꽃피고 열매맺을 수 있도록 돕고자 한 것이다.

앞에서도 잠깐 언급했지만 방정환의 어린이운동은 해월의 '양천'의 살 림사상을 계승한 것이라 할 수 있다. 그래서 '어린이가 곧 하늘님'이라고 하였다. 여기서 '어린이가 하늘님'이라는 의미는 어떤 경우라도 업신여

기거나 무시하거나 억압하지 말고 하나의 온전한 인격체로서 존중하라
는 말이다. 어린이가 미숙하고 불완전하여 보호만 받아야 하는 존재가
아니라 이미 저마다의 독특한 개성을 가지고 자신의 하늘을 실현할 수
있는 존재라는 것이다. 그래서 방정환은 "그네는 훌륭한 한 사람으로 태
어나오는 것이고 저는 저대로 독특한 한 사람이 되어갈 것이다."[30]라고
하였다. 아직 완성되지 않았지만 저마다의 하늘꽃으로 피어날 발현을
기다리는 무궁한 가능성의 존재라는 말이다.

'방정환배움공동체 구름달(이하 구름달공동체)'은 '방정환한울학교'에서
올해 1월에 바꾼 이름이다. 구름달공동체는 현재 경주에 어린이집과 텃
밭책놀이터의 두 배움터를 운영하고 있다. 텃밭책놀이터는 텃밭형 어린
이도서관으로 초등방과후 프로그램을 위주로 운영하고 있다. 주말텃밭
도 열어서, 우리 삶에 직결된 '삶의 기술'을 배울 수 있도록 하고 있다.
작년엔 초등과정을 준비하는 학부모 모임인 '잔물결공부모임'이 시작되
었고, 올해는 부모들의 아지터이면서 공동육아를 실험하는 복합문화공
간 '잔물결카페'가 오픈을 했다.

이처럼 한울연대와 구름달 공동체는 해월의 살림사상을 오늘날 계승
하여 그것을 현실에 구현하기 위한 살림운동을 전개하고 있다. 비록 현재
활동은 그렇게 창대하지는 못하지만, 한살림과 더불어서 해월의 살림사
상을 실천하고 있는 몇 안되는 단체라는 점에서 의미가 있다고 생각한다.

---

30 방정환, 「소년의 지도에 관하여」, 『천도교회월보』 통권 제150호, 1923년 3월.

4. 맺음말 – 거룩한 마음과 살림운동

해월의 살림사상은 '생명'에 대한 새로운 인식으로부터 출발한다. 해월에게서 '생명'은 보이지 않지만 신령한 우주의 근원적 실재가 스스로를 드러낸 것이라고 볼 수 있다. 이는 유기물, 무기물, 생물, 무생물을 포괄한다. '자연'은 근원적 실재인 지기(至氣)가 생명으로 드러나고 다시 본래의 실재로 환원하는 생성변화의 그 모든 과정이자, 그것을 담고 있는 공간이며 모든 생명의 근원으로서 받들어 모셔야 하는 '님'이다. '생명'은 본래의 무형한 하늘이 유형한 하늘로 드러난 것이다. 그러므로 드러난 모든 만물은 모두 하늘의 표현이자, 그 자체로 하늘이다.

해월의 '양천주'는 자기 안의 하늘의 씨앗을 키우는 일일 뿐 아니라, 다른 존재들 안에 모신 하늘도 키워주는 일이다. 그래서 '양천주'는 "인간이 자기와 이웃과 자연 안에 내재해 있는 우주생명을 키움으로써 '자아'와 '공동체'와 '생태계'의 공진화를 도모하는 것"이다. 양천주의 가장 구체적인 모습은 바로 뱃속의 태아를 기르는 것이다. 또한 어린이를 키우는 보육이 가장 직접적인 양천주이다. 이런 해월의 사상에서 1920년대 어린이 운동이 일어날 수 있었다.

생명 살림의 이치는 먼저 내 몸과 마음을 살리는 데서부터 시작한다. 내 몸과 마음을 먼저 치유해서 평안하게 하지 않고서 세상의 평화와 화해, 치유를 말할 수 없기 때문이다. 해월은 일찍이 마음과 기운의 관계를 논하면서, "마음으로써 마음을 다스리고, 기운으로써 기운을 다스리고, 기운으로써 기운을 먹고, 하늘로써 하늘을 먹고, 하늘로써 하늘을 받드는 것"이라고 하였다. 모든 치유에 앞서 마음을 다스리는 것이 근본이 된다는 이야기이다. 마음은 본래 신령하고 거룩한 하늘인 것이다. 그것

을 회복하는 공부가 양천주이고 수심정기이다. 그렇다고 욕망을 다 다스
리고 나서 실천해야 한다는 의미는 아니다. 이 둘을 항상 병행되어야 할
것이다. 다만 청빈한 마음이 근본이 되어야 새로운 생명운동, 녹색운동
의 길이 열릴 수 있다.[31] 또한 생활습관을 조절하여 기운을 바르게 하는
것이 모든 치유와 살림의 기본이라고 하였다.

　이러한 살림이 사회적으로 발현되면 '사회적 치유의 살림운동'이 된
다. 동학농민혁명이나 삼일혁명은 물론, 오늘날의 한살림운동, 한울연
대와 방정환배움공동체의 운동은 바로 이러한 살림의 사회적 발현이라
고 할 수 있다. 그리고 그것은 결국 우리의 병든 마음에서부터, 병든 사
회, 죽임의 문명을 되살려서 살림의 문명으로 전환하는 문명적 개벽운동
이라고 할 수 있다. 이것이 오늘날 한살림을 비롯한 생명운동, 살림운동
에 주목해야 할 이유이다.

31　이병철 외 지음, 『녹색운동의 길찾기』, 환경과 생명, 2002 ; 바람과 물 연구소편, 『한국
　　에서의 녹색정치, 녹색국가』, 당대.

4장

한살림의 살림운동 역사와 전망

: 한살림협동조합을 중심으로

신진식

1. 한살림의 등장 배경

아마도 '사회적경제'라는 말은 대부분 적어도 한 번쯤은 들어봤을 것이다. 경영학도라면 말할 것도 없이 아마 전공 수업에서 이 용어를 접했을 가능성이 다분할 것이고, 각종 신문의 사회면 기사에도 자주 등장하는 경제 용어이니만큼 시사에 관심이 있다면 분명 접했을 용어일 것이다. 하지만 사회적경제가 무엇인지 물었을 때 명확히 대답할 수 있는 사람은 얼마나 될까? 아마 대부분은 대답을 얼버무릴 듯하다. 사전적 의미로는, 양극화 해소, 일자리 창출 등 공동이익과 사회적 가치의 실현을 위해 사회적 경제조직이 상호협력과 사회연대를 바탕으로 사업체를 통해 수행하는 모든 경제적 활동이라고 되어있다. 쉽게 말해 벌어서 나만 쓰는 게 아니라 남도 돕는다는 말이다. 그런데 여기서 의문점이 생긴다. 도대체 왜 사회적경제를 실천하는 걸까? 오로지 개인의 이윤을 얻기 위해 상품을 생산하고 소비하는 자본주의하에서 사회적경제의 중요성은 왜 나날이 커지는 걸까? 왜냐하면, 시장원리로는 해결될 수 없는 양극화와 취업난 등의 문제가 사회 구성원들의 참여와 협력을 통해서는 해결될 수 있기 때문이다.

사회적경제조직의 수가 해마다 증가하고 있는 추세인 만큼 시장 내 사회적경제의 중요도가 높아졌다 해석할 수 있다. 이전까지 소비자가 가격 측면에서의 합리적인 소비를 했다면, 이제는 사회 전반에 선한 영향력을 미치는 윤리적인 소비가 하나의 트렌드로 자리매김한 점이 사회적경제의 인지도에 한몫했을 듯하다. 사회적경제에서 사회적기업만큼 눈여겨보아야 할 조직은 협동조합이다. 협동조합은 사회적기업가가 태동하는 곳으로, 전형적인 사회적기업의 진입 통로라 한다. 최근 사회적기업의 수가 급증한 만큼 협동조합도 해마다 많은 곳이 설립되고 있다. 즉, 앞으로의 경제는 사회적경제를 중점으로 발전할 가능성이 농후하다고 볼 수 있다.

20세기 후반에 이르러 자본주의 시장경제의 영향력이 국가의 조절능력과 생태학적 수용 능력을 넘어 급속히 확대되자 대안으로 사회적경제의 역할에 새롭게 주목하기 시작했다. 소위 '새로운 사회적경제(new social economy)'로 불리는 것으로, 돌봄 노동·보건 및 의료·교육 및 문화·주택·환경 등 지역사회 구성원들의 지속가능한 생활과 관련한 문제들을 공동체적 경제활동을 통해 상향적이고 자조적으로 해결해 나가는 것이 특징이다. 여기서는 '지역'에 대해서도 인식을 새롭게 하는데, 지역이 더 이상 국가의 일방적인 통치 대상이거나 시장의 이윤추구 수단이 아니라 생산과 소비, 생활이 어우러지는 구체적인 '삶의 장소(life place)'이며, 따라서 자립과 자치의 원리로 지역사회를 공동체적으로 재구성할 필요

가 있음을 강조하고 있다. 이처럼 새로운 사회적경제의 원리를 지역적
실천양식으로 접목시키는데 있어 생활협동조합(이하 '생협')은 주목할 만
한 영역이다. 우리나라의 생협은 소비자들의 권익 실현을 우선으로 하고
있는 영미권의 소비자협동조합과는 달리, 생활인으로서 당면하는 공동
의 과제들을 지역사회에서 협동적으로 해결하는 것을 특징으로 한다.
따라서 먹을거리를 활동의 기본 소재로 삼지만 단순히 안전한 먹을거리
를 값싸고 편리하게 구입하는 차원을 넘어서 지역에서 협동적 가치와
공동체적 생활양식을 창조적으로 만들어나가기 위한 '운동'의 정체성을
상대적으로 강하게 가지고 등장했다.

　우리나라에서 생협 운동은 1980년대 중반부터 시작된 이래 외환위기
당시를 제외하고는 20여 년 동안 양적으로나 질적으로 지속적인 발전을
거듭해, 전체 조합원수가 40만 세대를 넘어섰다. 따라서 사업과 활동의
규모에 비례해서 생협이 가져야 할 사회적 책임도 상당히 커지고 있는
것도 사실이다. 하지만 아직까지는 사회적경제의 주요한 활동 영역이자
주체로서 생협이 가지는 대안적 의미와 가능성들을 사회적으로는 물론
생협 스스로도 충분히 인식하고 조명하지 못하고 있는 것이 현실이다.
하지만 여타 다른 사회적경제 활동 영역들과 비교해서 생협들 – 특히 먹
을거리를 기반으로 활동해 온 – 은 오랜 기간 시행착오 과정을 통해 스스
로의 힘으로 자립 기반들을 의미 있게 만들어 왔으며, 지속가능한 지역
사회를 위해 다양한 가능성의 영역들을 만들어오고 있다는 점에 주목할
필요가 있다.

　우리나라에서 유기농산물 직거래를 통한 생협 운동의 길을 연 한살림
은 1986년 12월 4일 서울 제기동에 '한살림 농산'이라는 작은 쌀가게를
열면서부터 시작되었다. 지금에 비하면 취급 품목이나 규모가 볼품없을

정도로 작았지만 농촌을 바꾸고 세상을 변화시키겠다는 꿈만큼은 원대했다. 당시 한살림 농산 설립 취지문을 보면 "갈수록 더해가는 분열, 불신과 공해가 만연하는 '죽임'의 삶을 협동과 화합, 믿음이 가득 차는 '살림'의 삶으로 자연과 인간, 인간과 인간의 올바른 관계를 이루려는 한살림운동을 펼쳐 나가고자 '한살림 농산'을 개설한다"라고 밝히고 있다.

한살림은 '생산자는 소비자의 생명을 책임지고, 소비자는 생산자의 생활을 책임진다'라는 말에서 보듯이, 책임생산과 책임소비를 통해 도농상생의 공동체 사회를 만들어 가는 것을 분명한 목표로 삼고 있다. 따라서 한살림의 유기농산물 직거래 활동에는 비료와 농약 사용으로 자연 생태계를 황폐화시키고 생산자와 소비자들의 건강까지 위협하는 관행농법의 한계를 극복하는 것은 물론, 생명의 먹을거리 나눔 활동을 통해 이웃 관계 회복과 지역사회의 공동체성을 강화 하겠다는 비전과 철학을 담고 있었다.

농촌과 도시, 생산과 소비의 경계를 뛰어넘어 '한집 살림' 하듯 상호 신뢰에 기반을 둔 협동의 사회와 경제 질서를 만드는 것을 목표로 노력해 온 한살림은 지난 24년 동안 조직적으로나 사업적으로 의미 있는 성과들을 일구어냈다. 1988년에 회원 수 1천5백 명에 공급액 4억 원 규모였던 한살림은 현재 24만이 넘는 회원 수와 1,800억이 넘는 공급액에, 전국의 한살림 조직에서 일하는 실무자가 3백 명이 넘고, 주부 활동가도 1천5백 명에 달하는 수준으로 발전했다.

이러한 성장 배경에는 돈보다는 생명을, 경쟁보다는 협동의 가치를 소중하게 여기면서 농사활동에 전념해 온 생산자들과 이들의 노력을 귀하게 여기고 함께 실천해 온 소비자들의 노력이 있었다. 여기에다 먹을거리 자체가 양과 질 모든 측면에서 위협받고 있는 사회적 환경도 중요하

게 작용했는데, 지난 수년 간 식품관련 각종 오염과 사고가 빈발해지면
서 먹을거리의 안전성에 대한 국민적 관심이 유기농산물 직거래를 통한
생협의 조합원 가입으로 이어졌다. 최근에는 배춧값 파동을 겪으면서
직거래를 통한 생협의 안정적인 가격 시스템이 크게 주목받고 있기도
하다.

한편, 이러한 사회적 관심을 생협 활동으로 연결시키기 위한 조직 차
원의 노력도 중요했는데, 그 몇 가지를 살펴보면 다음과 같다. 우선 보다
많은 소비자 조합원들이 효과적으로 물품을 이용할 수 있도록 물류체계
를 혁신하여 효율화 했고, 마을모임·소모임·각종 위원회 등을 통한 조
합원 참여 활동과 지속적인 교육 등을 통해 조합원들이 단순히 물품만
이용하는 수동적 소비자가 아니라 협동 조직체를 함께 이끌어가는 주체
로 역할을 할 수 있도록 도왔다. 여기에다 생산자와 소비자 간의 긴밀한
신뢰 관계 형성을 위한 도농 교류 활동에도 힘을 쏟아 왔다. 단오잔치와
가을걷이 한마당잔치와 같은 생산자와 소비자가 함께하는 연례행사는
물론이고, 도시와 농촌의 공동체 결연을 통해 일손 돕기와 생산지 방문
활동들을 지속해 오고 있다.

2. 「한살림선언」에 나타난 살림운동

「한살림선언」[1]은 물질중심의 현대산업문명과 기계론적 세계관을 비판

---

1 이 선언문은 한살림운동의 실천 방향을 확립하기 위해 가진 무위당을 중심으로한 공부
  모임과 토론회에서 합의된 내용을 정리하여 1989년 10월 29일 한살림모임 창립총회에
  서 채택한 것이다.

하고 전일적 생명의 창조적 진화라는 생명중심의 새로운 세계관을 제시
하며 이를 구현하는 길을 밝히고 있다는 점에서 매우 중요한 역사적 문건
이라고 할 수 있다 그런 점에 당시 이 선언을 두고 칼 마르크의 공산당선
언보다 더 중요한 역사적 의미를 지내고 있다는 이야기도 회자되었다.

> 그때 /「한살림선언」을 처음 세상에 발표했을 때 /공산당선언보다 더
> 의미 있는 선언이라고 설레었다 /둘 다 밥이 세상의 중심임을 천명하였으
> 되 공산당 / 선언은 밥 속의 땀방울을 보아 그 /밥을 고루 나누는 세상을
> 지향하였고 한살림 /「선언」은 밥 속에 하늘을 보아 /밥을 모시고 살리는
> 세상을 이루고자 하였다.[2]

이 선언문에서 '1848년 마르크스의 공산당선언의 한계를 비판하고 오
늘날 우리에게 필요한것은 빵만이 아니라 생명인 빵의 의미와 창조적으
로 진화하는 생명의 의미를 진정으로 깨닫는 시천(侍天)의 각성이라는
것과 인간 안에 모셔진 우주생명'이란 개념을 통하여 자기 안에 있 는
우주 안에 자기가 있음을 깨닫고 우주 속의 인간 인간 속의 우주라는
새로운 생명의 이념과 활동으로 한살림을 펼친다. '라고 선언하였다.
이 선언에서 내가 특히 주목하는 하나는 생명과 기계의 차이에 대한
설명 가운데 일곱 번째인 그 마지막에 "생명은 정신이다."라는 천명이다.

> 자기를 초월하는 인간 정신은 자기보다 큰 생명인 공동체와 생태계의
> 질서에 참여하고 지구의정신에 통합되며 종국에 가서는 거룩한 우주의

---

2 모심과살림연구소 편, 『죽임의 문명에서 살림의 문명으로』, 한살림, 2010년. 다시 한
   살림을 선언하며 부분.

마음과 합일하게 된다. 이처럼 생명은 단순히 환경에 적응하여 살아남는 그 이상의 것으로 자기 한계를 초극하여 진화함으로써 창조의 기쁨을 느끼는 거룩함이다. 거룩함은 우주를 포함한 모든 생명에 담겨 있고 바로 이 거룩한 생명이 바로 하늘님이다 하늘님은 결코 초월자나 절대자가 아니다 오. 히려 자기실현을 위해 온갖 위험을 무릅쓰고 끊임없이 창조적으로 진화하는 생명 그 자체이다 인간 정신은 자기 안에 거룩한 우주의 마음을 지니고 있다.[3]

『한살림선언』은 '한살림'은 "생명의 이념이자 활동"이라고 논술한다. 요컨대 한살림은 생명의 존재양식이라고 할 수 있다.[4] 그러므로 생명운동이란 곧 한살림운동인 것이다. 다시 말해『한살림선언』은 한살림의 문법으로 펼쳐놓은 생명운동의 이념과 이론이라고 할 수 있다.

『한살림선언』은 1981년과 1982년 원주보고서와 김지하시인의 연설문에서 태동한 생명담론의 진화과정과 1986년 도·농간 협동, 생산자·소비자간 협동운동의 새로운 실험을 위해 만들어진 한살림의 정신을 고스란히 담고 있다. 이후 전개될 한살림운동의 성격과 방향, 큰 틀을 제시하고 있다. 그 점은『한살림선언』이 밝히는『한살림선언』작성의 목적에서도 명확하게 드러난다. 아주 간명하다. 하나는 '전일적 생명의 세계관의 확립', 또 다른 하나는 '새로운 생활양식의 창조'가 그것이다. 이를 실현하기 위한 지속적이고 조직적인 사회적 활동이 다름 아닌 '한살림운동',

---

3 「한살림선언」, 전일적 생명의 창조적 진화 일곱째, 생명은 '정신'이다.
4 정확히 말하면 '한'이 살림(=생명활동)의 존재양식이라고 말해야 한다. 하나(一)이면서 여럿(多)이고 동시에 모두(全)이며, 또한 가운데(中)인 여러 의미를 동시에 지닌 '한'이라는 순 우리말 안에 생명의 존재양식이 담겨져 있는 셈이다. 한자말로는 전일(全一), 영어로는 holistic으로 옮겨진다.

혹은 '생명운동'인 것이다.[5]

바로 그 한살림운동의 전체상은 『한살림선언』 5장 '한살림'에 압축적으로 그려져 있다. 그 내용 역시 크게 두 가지로 나누어 살펴볼 수 있다. 첫째, 한살림(생명의 활동)에 대한 깨달음이다. 즉 삶과 세계에 대한 우주적·생태적·공동체적 각성이다. '생명의 세계관 확립'이 그것이다. 둘째, 한살림(생명의 이념)의 실천이다. 다시 그것은 내면의 실천, 생활의 실천, 그리고 사회적 실천으로 나누어 볼 수 있다. 이것이 곧 '새로운 생활양식의 창조'이다.

한살림에 대한 깨달음과 실천의 결과는 생명(가치)의 전일적 실현이다. 그것은 한살림 세상 그 자체, 혹은 '살림의 문명'이라고 말할 수도 있다. 『한살림선언』은 그것을 '생명의 통일활동'이라고 표현하고 있다.

요컨대 한살림운동, 즉 생명운동은 생명의 세계관을 바탕으로 새로운 삶의 양식과 문명을 창조하려는 사회적 운동이라고 할 수 있다.

---

5 『한살림선언』 작성 과정에 대해서 앞의 홍보자료는 이렇게 설명하고 있다. "죽임당하는 전 생명계를 되살리자는 〈한살림〉의 지속적이고도 폭넓은 전개를 위하여 1988년 6월 25일 결성된 〈(가칭)한살림연구회 준비모임〉은 다섯 차례의 준비모임을 통하여 오늘의 죽음의 상황을 철저히 진단 반성하고 대안을 찾으며 그 실천의 방도를 세우는 것이 한 살림의 우선과제임을 확인하고 1989년 1월 〈한살림모임 창립준비위원회〉로 그 이름을 바꾸어 한 살림을 본격적으로 펼치기 위한 〈한살림모임〉의 창립 준비를 시작하였습니다. 준비위원회는 모임의 창립에 앞서 다양한 시각과 행동양식에 대한 이해를 함께 할 것과 한살림의 내용 및 방향을 함께 찾기 위해 〈한살림공부모임〉을 열었으며 11회에 걸친 공부모임과 4차례에 걸친 자체 토론회를 통하여 지금 전 지구를 황폐하게 만들고 생명을 파괴해 가고 있는 산업문명의 모습과 분단 상황에 놓인 우리나라의 경우 이 산업주의의 횡포와 특히 심한 지역임을 알게 되어 이의 극복을 위해 1989년 10월 29일 〈한살림모임〉을 창립하였습니다."

1) 생명의 세계관 확립

『한살림선언』은 위기의 원인도 새로운 문명도 세계관의 전환에 있다고 강조한다. 오늘날 인류의 생존을 위협하는 생태계 파괴나 빈곤과 불평등도 근본적으로는 산업문명의 '낡은 기계론적 세계관'에서 비롯되었다고 본다. 그렇다면 새로운 문명으로의 전환은 세계관의 재정립에서 시작되어야 한다. 그 열쇠말이 바로 '생명' 혹은 '한살림'인 것이다.

『한살림선언』은 각성, 즉 깨달음의 내용은 세 가지이다. 우주적 각성과 생태적 각성, 그리고 공동체적 각성이 그것이다. 이는 각각 천, 지, 인 삼재에 해당한다고 할 수 있다. 이 세 가지가 '생명'의 앞머리에, '살림'의 앞머리에 늘상 붙어있는 '전일(全一)'과 '한'의 구체적인 내용인 셈이다.

첫째, 생명에 대한 '우주적 각성'이다. 『한살림선언』에 따르면, 인간은 무궁히 자라나는 우주라는 생명나무의 한 가지 끝에 맺힌 작은 열매에 지나지 않다. 하지만 거꾸로 새로운 가지가 뻗어나는 마디가 되기도 한다. 스스로 생명세계의 일부이면서 동시에 각각 모든 사람이 우주적 진화과정에 파장을 일으킬 수 있는 우주적 그물코이다. 『한살림선언』은 "우주생명은 인간의 마음 안에 잠재해 있고 진화하는 인류의 문화는 우주의 전 시공간을 포괄하고 있다"고 말한다. 우주적 각성이란 우주 진화사를 걸쳐 생성되어온 물질·생명·정신의 진화사를 인식하는 것이다. 내 몸 안에, 유전자 안와 세포 안에 숨겨진 우주의 시간적 축적을 깨닫는 것이다.

둘째, 자연에 대한 '생태적 각성'이다. 인간은 어머니 자연의 탯줄을 끊고 독립하였으나 여전히 자연의 일부이다. 그 깨우침이 곧 생태적 각성이다. 그런데 오늘날 산업문명의 물질적 탐욕은 자신의 삶의 터전이자 부모인 지구생태계를 개발의 이름으로 파괴한다. 우주적 각성이나 공동체적 각성도 마찬가지만 '생태적 각성'의 다른 이름은 '생태적 책임'이다. 서구의 녹색운동은 '지구적 책임'이라고 표현한다. 자유의 생명은 생명계 전체에 대한 책임을 통해 완성된다. 기후변화로 지구의 실존을 위협받고 있는 지금, 인류는 지구생명의 운명을 걸머지고 있는 것이다.

셋째, 사회에 대한 '공동체적 각성'이다. 인간이 자연을 떠나서 생존할 수 없듯이 사회를 떠나서 살 수도 없다. 인간은 사회라는 공동체의 울타리 안에서 태어나고 자라고 생을 마감한다. 그런데 산업·자본주의 문명은 인간에게 돈만 있으면 사회와 독립해 살 수 있다는 환상을 심어준다. 오늘날 우리는 돈 놓고 돈 먹기의 투전장, 상대를 쓰러뜨려야만 생존하는 무한경쟁의 격투기장에서 살고 있다. 적자생존보다 더한 강자생존의 시대이다. 그런데 새로운 진화론은 경쟁보다 공생과 협동이 진화의 동력이라고 말한다. 생명세계의 본래 모습을 복원하기 위해서도 현대 사회의 병적인 경쟁체제를 극복하기 위해서도 공동체성의 회복과 공동체의 재구성이 절실하다. "낭비보다는 검약, 경쟁보다는 협력, 물질적 성장보다는 정신적 성숙, 이기보다는 공생, 자기주장보다 사회정의, 분열보다는 통일을 지향하는 참다운 공동체적 각성"이 요청되고 있다고 『한살림선언』은 호소한다.

2) 새로운 생활양식의 창조

인지과학자 바렐라와 마투라는 인식의 나무라는 책에서 "생명과정은 '앎의 과정'이면서 '함의 과정'이다"라고 말한다. 각성은 곧 생명활동(생활)을 재창조하는 힘이다. 그런 점에서 각성과 창조는 동시적 과정이다. 그런데 여기서 생활 '양식'이라고 말한 것은 그것이 사회적이라는 의미이다. 나의 생활을 바꾸는 것으로 시작해 사회적 흐름을 형성해야 한다는 것이다. 생활양식의 사전적 의미도 "어떤 사회나 집단에서 공통적으로 볼 수 있는, 생활에 대한 인식이나 생활하는 방식"이다.

생활은 사람의 생명활동이다. 생활양식은 보통 '생산'양식과 비교되며 이때의 생활양식은 주로 '소비'양식으로 이해된다. 그런데 『한살림선언』의 이해는 다르다. 여기서 생활양식은 생산양식과 소비양식, 그리고 교환양식까지를 아우르는 넓은 개념으로 사용된다.[6]

생태계의 먹이연쇄, 즉 생산자(녹색식물) – 1차 소비자(초식동물) – 2차 소비자(육식동물) – 분해자(미생물) – 영양물(토양) – 생산자로 이어지는 생명활동의 순환과정에서 시사점을 얻을 수 있다. 사회경제적 순환과정을 보면 더욱 분명해진다. 생산 – 유통(교환) – 소비 – 폐기(재생). 이 과정에서 생활은 주로 소비로 받아들여지지만, 실제로는 생산에서 재생에 이르는 전 과정이 생명활동이고 생명과정이다. 그런데 산업·자본주의는 소비된 쓰레기를 '폐기'함으로써 순환의 연결고리가 끊어버렸다. 결국 자연파괴, 생명파괴가 일어나는 것이다.

'생활양식'이란 이런 의미에서 '삶의 양식'의 총체라 이해될 수 있다. 그것을 일러 문명이라 말해도 좋을 것이다. 대안문명에 천착해온 송희식은 "문명은 시공간적으로 구별되는 '삶의 양식'의 총체"라고 말한다.[7] 그렇다면 새로운 생활양식의 창조는 곧 새문명운동인 것이다. 그 과정 역시 세 가지로 나누어진다. 수양활동, 생활문화활동, 사회실천활동이 그것이다. 이는 각각 우주적 각성과 생태적 각성과 공동체적 각성에 대응

---

6 무크지『한살림(2000)』좌담회2의 박재일의 언급에서 구체적인 내용을 참고할 수 있다.
7 송희식, 『자본주의의 우물을 벗어난 문명사』, 1995.

한다.

첫째, 자기실현을 위한 '생활수양활동'. 일종의 수행 혹은 깨달음 활동이라고 할 수 있다. 사람이 전일적 생명을 모시고 있는 존재라면 자기실현이란 자기 안의 우주·생태·사회적 생명을 길러 꽃피워내는 것이라 할 수 있다. 내 안에 꿈틀거리는 '한살림'에 대한 열망으로 생명세계와 하나가 되는 것이다. 그런 점에서 자기실현은 "자아와 공동체와 생태계의 공진화를 도모"하는 것이라는 『한살림선언』의 논술은 적확하다. 물론 '공진화'는 숨을 쉬고 밥을 먹는 일상 속에서 이루어진다. 그러므로 종교인들이 밥을 먹을 때나 어떤 일을 행할 때 묵상하듯 우리는 일상 속에서 항상 깨어있어야 한다.

둘째, 새로운 인식, 가치, 양식을 지향하는 '생활문화활동'. 협동을 열쇠말로 하는 새로운 생활만들기 라고 할 수 있다. 『한살림선언』은 말한다. "그리하여 각성된 인간은 공동체 속에서 이웃과 협동하면서 공생하고 생태계와 균형되고 조화스러운 생활을 추구하게 될 것이다." 생명의 세계관과 가치관에 기초해 새로운 생활양식을 창조하기 위해서는 자기 스스로가 새로운 생활의 주인공이 되어야 한다. 해월 최시형의 말처럼 깨달은 사람의 얼굴엔 웃음꽃이 피어오르고 향기가 느껴진다. 경제가치 대신 생명가치를 중심에 놓으면 삶이 바뀐다. 그동안 행복의 잣대가 되었던 아파트 평수와 높은 지위로부터 자유로워진다. 이기심을 내려놓으면 너그러워지고 경쟁심을 버리면 마음이 편해진다.

셋째, 생명의 질서를 실현하는 '사회실천활동'. 『한살림선언』이 못 다 한 이야기이기도 하고 과제이기도 하다. 그렇지만 한살림운동의 궁극적인 지향이라고 말할 수도 있다. 새로운 생활양식의 창조는 대안적 체제의 전망 속에서 완성된다. 생명질서, 혹은 생명가치의 사회적 실현의 함

의는 여기에 있을 것이다. 『한살림선언』은 한살림의 사회실천활동을 다
음과 같이 규정한다. 짧지만 강력하다. "낡은 기존의 사회·정치·경제
구조와 질서를 생명 질서에 맞게 변화시키는 것이다." 이를 위해서는 싸
움도 필요하다. 사회적 분열과 경제적 불안을 조장하는 정치권력과, 실
업과 주기적 불황을 유발하고 생태적 균형을 파괴하는 반생명적 경제권
력에 맞서야 한다. 새로운 시스템과 문명의 창조를 위한 사랑의 투쟁,
평화의 투쟁이다.

3) 한살림 세상을 위하여

우주적 각성, 생태적 각성, 공동체적 각성을 바탕으로 생명의 세계관
을 확립한다. 이에 기초하여 첫째 한살림정신운동(수양활동), 둘째 한살
림생활운동(생활문화활동), 셋째 한살림사회운동(사회실천활동)을 벌여 새
로운 생활양식과 문명을 창조한다. 그리고 생명의 대통일을 이루는 새로
운 세상을 연다. 이것이 바로 '한살림'이다. 21세기의 후천개벽이다.

'한살림'은 우주와 생태계와 인류를 통찰하면서 민족통일을 이루는 것
이며, 민족통일을 염원하며 생태적 균형, 사회정의, 자기실현의 길을 모
색하는 것이다. 『한살림선언』에 따르면 진정한 통일운동은 "우리 민족의
통일만을 지향하는 것이 아니라 전인류, 전생태계, 전우주생명과의 통일
을 지향하는 생명운동"이기 때문이다.[8]

「한살림선언」은 생명 중심의 새로운 문명을 지향하면서 그 사상적 바

---

8 '통일(統一)'은 절실한 민족적 과제이기도 하지만 철학적 명제이기도 하다. 하지만 하
나가 '한'으로 재해석되어야 한다. 일즉다(一卽多), '一'로의 수렴만이 아니라 '多'로의
확산이 동시에 필요한 것이다. 김지하 시인의 최근 화두는 '화엄개벽'이다. 그것은 제
각각 생명의 꽃 한송이 아름답게 피우는 백화제방의 숲이 아닐까?

탕을 사람 안에 '모셔진 한울인 거룩한 생명과' '개벽(開闢)'은 창조적 진화이며 불연기연(不然其然)은 창조적 진화의 논리라는 수운(水雲)의 말씀을 그대로 옮겨 쓰고 있다는 점에서 시사되는 바가 크다. 그런 점에서 「한살림선언」은 후천개벽과 동학사상의 새로운 부활이라고 할 수 있기 때문이다.

「한살림선언」은 이처럼 그 사상적 토대를 동학에 두고 있다. 이것은 매우 중요하고 또 흥미로운 점인데 이 「한살림선언」의 마지막 문장을 '무궁한 그 이치를 무궁히 살펴내면 무궁한 이 울 속에 무궁한 내 아닌가'라는 수운의 말씀으로 마무리 짓고 있는 것에서 보듯 「한살림선언」에서 천명한 한살림정신과 사상은 동학이 그 토대임이 분명하다. 그런데 당시 한살림모임을 통해서 공부하며 이 선언을 이끈 이들 가운데는 내가 기억하는 바로는 이른바 동학교도는 없었다. 오히려 무위당과 인농 김, 지하 등 모임을 대표해서 집필을 주도한 구성원의 대부분은 종교로서 천주교를 믿었던 사람들이었기 때문이다. 그런 사람들이 모여서 동학을 중심으로 해석한 새로운 세계관 후천개벽의 문명담론을 시대정신의 좌표로 세상에 천명한 것이다. 이 점이 매우 놀랍고도 흥미롭다고 할 수 있다.

그렇게 된 것에는 무위당의 동학이 있었기 때문이다. 당시 대부분의 사람들, 특히 사회변혁을 지향하던 이들의 뇌리에서 거의 잊혀 있던 동학을 우리와 가장 가까운 거리에 있었지만 민족종교의 한 교주 정도로만 머물러 있던 수운과 해월을 다시 우리시대의 큰 스승으로 모셔온이가 무위당이었다 그래서 우리가 접한 동학은 무위당으로부터 전해진 이, 른바 무위당 버전의 새로운 동학이었고 그 동학은 종교가 아니라 물질주의와 기계론적 세계관과 이원론의 암초에 부딪혀 침몰하고 있는 반생명의 산업문명을 넘어서는 새로운 지도와 등불이었다 우리는 무위.당의 동학을 통해 죽임의 문명을 넘어 살림의 문명 그 다시 개벽의 전환을 꿈꿀 수 있게 되었다 그것을 담은 것이 「한살림선언」이었다.
한살림 선언문에서 밝힌 한살림의 자기 정체성으로 규정한 것은 다음의 일곱 가지이다.

> 첫째, 생명에 대한 우주적 각성.
> 둘째, 자연에 대한 생태적 각성.
> 셋째, 사회에 대한 공동체적 각성.
> 넷째, 새로운 인식 가치 양식을 지향하는 생활문화 활동.
> 다섯째, 생명의 질서를 실현하는 사회실천 활동.
> 여섯째, 자기실현을 위한 생활 수양 활동.
> 일곱째, 새로운 세상을 창조하는 생명의 통일 활동

이를 통해 보면 한살림, 또는 한살림하는 것은 가지의 각성과 우주적 생태적 공동체적 이를 토대로 한 가지 실천 활동을 하는 운동체이자 그 일이라고 할 수 있다. 이 선언에서 천명한 한살림에 대한 정체성을 그 뒤에 다시 간추려 정리한 것이 일종의 실천 강령이라고 할 수 있는 '한살림운동의 지향' 5개 항목이다.

> – 우리는 우리 안에 모셔진 거룩한 생명을 느끼고 그것을 실현하며,
> – 우리는 우리가 딛고 사는 땅을 내 몸처럼 생각하고,
> – 우리는 지역의 이웃과 생산자와 소비자를 가족으로 생각하며,
> – 우리는 우주 생명의 일원으로서 생태계에 책임지고자 하며,
> – 우리는 더불어 사는 삶을 위해 나부터 시작한다.

이러한 지향에 따라 일상에서 실천 활동을 위한 한살림인 살림꾼으로

의 다짐은 다음과 같다.

- 매 순간 감사와 공경의 마음을 간직하겠습니다.
- 생명의 질서에 맞게 살겠습니다.
- 생명을 모시고 살리는 일에 앞서겠습니다.
- 아낌을 바탕으로 단순하고 소박하게 살겠습니다.
- 생명의 밥상을 지켜나가겠습니다.
- 농업과 농촌의 가치를 소중하게 여기겠습니다.
- 생태계의 일원으로서 자연을 대하고 돌보겠습니다.
- 명상으로 하루를 시작하고 마무리 하겠습니다.
- 성찰과 대화로 평화롭게 문제를 풀겠습니다.
- 더불어 사는 삶을 실천하겠습니다.
- 내가 먼저 평화가 되겠습니다.

3. 한국형 생활협동조합의 탄생과 그 운동의 흐름

지금 우리 한국 사회에서 먹거리의 안전성 또는 건강한 먹거리에 대해 관심을 가진 사람 가운데 그리고 유기농업이나 생명운동 나아가 새로운 사회를 위한 전환운동에 뜻을 둔 사람 가운데 한살림에 대해 모르는 이들은 아마 없을 것이다 그만큼 한살림은 우리 사회에서 가장 오래(1987년 창립)되고 가장 큰 규모[9]의 생활협동조합으로 한국의 생협을 대표하는

---

9 2013년 기준으로 한살림과 생산약정을 맺은 유기농 농토는 1,164만평, 조합원 수는 41만 세대이다. 2016년 말 기준으로 전국 조합원 수는 59만 6천 세대, 생산자공동체는 114개, 생산농가는 2,150가구, 생산면적은 4317만3천㎡, 가공생산지는 173산지, 물품 공급액은 3,915억 원이다.[2] 2017년 말 기준으로 전국 조합원 수는 64만 4천 세대, 생산자공동체는 118개, 생산농가는 2,220가구, 생산면적은 4416만5천㎡, 가공생산지

조직이라 할 수 있기 때문이다.

그러나 한살림이 단순히 생활협동조합만이 아니라 그 본질 정신과 지향이 생명살림운동이며 생명공동체운동이라는 사실에 대해서는 그만큼 많이 알려져 있지 않다는 생각이 든다. 한살림은 생협이기 이전에 모심과 살림의 세상을 지향하며 이를 생활 속에서 구현하고자 하는 사회운동체이기 때문이다. 이는 한살림의 정체성을 스스로 대내외에 천명한 「한살림선언」에서 명확하게 밝히고 있다. 이에 따르면 한살림생협은 한살림운동의 지향인 모심과 살림의 한살림세상을 실현하기 위한 생활협동의 구체적 실천방안으로 만들어져 운영되고 있는 것이라 할 수 있다.

1) 한국형 생활협동운동의 탄생

우리나라 협동운동의 기원을 따라 올라가면 17~18세기 조선 후기의 '두레'나 그 이후에 발생된 '계'까지 연결할 수도 있고, 일제 강점기 시기의 협동조합 운동을 이야기 할 수도 있다. 여기에서는 현재까지도 활발하게 펼쳐지고 있는 '생활협동조합 운동'과 직접적인 연관을 갖는 직거래 운동과 60년대 이후의 협동운동이나 협동조합에서 연원을 찾아보고자 한다.

① 유기농업과 직거래 운동이라는 의미에서 1975년 창립된 정농회를 선각적인 실천의 사례로 들 수 있다. 1975년 정농회는 바른 농업을 실천

는 170산지, 물품공급액은 4,233억 원이다. 전국 회원생협은 23개, 매장은 217개이다.[3] 2018년 말 기준으로 전국 조합원 수는 66만 1천 세대, 생산자공동체는 121개, 생산농가는 2,230가구, 생산면적은 4499만1천㎡, 가공생산지는 166산지, 물품공급액은 4,246억 원이다. 전국 회원생협은 23개, 매장은 224개이다. 한살림 2013년도~2018년도 연차보고서와 한 살림 2019년도 소개책자 참조.

하는 소수의 농민으로부터 만들어졌다. 바른 농업, 양심적인 농업을 실천 했으며, 조직화 되지는 못했지만 직거래를 시도한 '직거래 운동'의 효시로 볼 수 있다. 농업에 대한 높은 기준과 높은 가격 등으로 많은 사람이 참여하는 운동으로 확장되지는 못했다.

② 1966년 결성된 가톨릭농민회는 농민의 권익보호 단체로서 자기 정체성을 가져 왔던 단체이다. 유신과 5공화국 독재 시절 오원춘 사건, 함평고구마 사건, 음성 소몰이 시위 등을 통하여 농업, 농민 문제의 해결과 비민주적 정치 체제와 잘못된 경제정책을 개선하기 위한 활동을 해왔다. 가톨릭농민회가 운동의 전환을 시작한 것은 1982년 무렵부터이다. 제도 및 정책 개선과 민주화 운동을 위한 활동의 방향을 '공동체적 삶과 사회의 민주화'의 방향으로 운동을 전환하게 된다. 1990년에는 "생명과 해방의 공동체를 건설하자"는 성명서를 발표하여, 생명운동으로서 조직의 정체성을 대내외에 명확하게 하였다. 가톨릭 교회를 중심으로 한 '우리농촌 살리기 운동'의 생산자 축을 담당하는 역할을 하고 있으며, 한살림 등 생협의 생산자로서 가톨릭 농민회 회원이 참여한다.

③ 천주교 원주교구와 강원도 소협운동 1964년에는 한국신용협동조합 중앙회가 창립되고, 1965년 6월에 원주교구의 초대 주교로 지학순 주교가 취임하면서 사목지침을 통하여 협동조합 사업을 전개하는 것을 대내외적으로 천명하게 된다. 1966년 11월 지학순 주교의 사목지침에 따라 원동성당에서 35명의 조합원으로 원주신협(이사장 장일순)을 조직하였으나 결국 실패로 끝나고 만다. 이후 문막신협, 단구신협, 주문진진협, 삼옥신협 등이 만들어지고, 1969년에는 진광학원 부설 협동교육 연구소(설립자: 지학순 주교, 소장: 장화순교장)를 설립한다. 그리고, 1972년에 발생한 남한강 대홍수는 협동운동이 크게 경험하고 발전하는 계기가 된

다. 독일 정부에서 지원한 구호자금을 활 – 33 – 용하여, 농촌 지역 등에서 생산협동, 신용협동, 기계 공동 이용, 구매협동 등의 사업을 만들어낸다.

④ 원주보고서와 협동운동의 해외 사례 연수 이른바 '원주보고서'(삶의 새로운 이해와 협동적 삶의 실천)를 정리하고, 원주 캠프가 생명운동으로 운동방향을 잡은 후 1984~5년에는 일본 방문을 진행하게 된다. 일본 방문을 통하여 생협, 직거래 단체, 야마기시회 등 다양한 실천을 하는 단체를 접하게 된다. 이 때 특히 일본의 두 그룹의 이론과 실천에 주목하게 되는데, 생활클럽 생협으로 부터는 공동구입 방법론, 반조직, 예약주문, 물품개발 방식 등을 제휴운동(산지 직거래)를 벌이고 있었던 '쓰고 버리는 시대를 생각하는 회(스테루카이)', 고베지역의 제휴운동 그룹 등으로 부터는 생산자, 소비자의 연대성이나 계약생산, 책임소비의 방식을 배워오게 된다.

⑤ 한국형 협동운동 '농산물 직거래를 중심으로 한 생협'의 구상. 한국형 협동운동의 모델이 탄생하는 데에는 협동운동의 다양한 경험이 그 밑바탕이 되었다. 특히, 원주캠프를 중심으로 한 협동운동의 경험을 통하여 운동을 구체화하고 운동을 지속적으로 넓혀나갈 수 있는 방법으로서 협동조합 방식을 선택하게 되었다. 반생명적인 생활양식에 대한 문제의식과 일본 협동운동, 직거래 운동의 사례가 접목되면서 생산자 – 소비자 간의 연대성과 협동조합의 공동구매 방식이 결합된 한국형 생협운동의 모델이 만들어지게 된다.

⑥ 1986년 '한살림 농산'을 문을 열고 직거래를 시작하다. 원주소협은 한살림농산에 앞서 창립된 소비자협동조합이다. 또한 같은 시기 안양에서도 안양소협이 창립되게 된다. 이어서 창립된 서울에 창립된 한살림농

산은 설립문에서부터 한국형 생협운동의 방향을 담고 있었다. "한살림은 생산자와 소비자를 만나게 하고 친한 사이가 되도록 하여, 생산자는 소비자의 생명을 보호하고 소비자는 생산자의 생활을 보장하는 사이가 되는 일을 하고자 합니다. 또한 농산물의 유통단계를 줄여서 과다한 유통 마진을 줄이는 직거래활동을 펼쳐서 농산물의 품질이나 수량을 믿을 수 있도록 하고 적절한 가격으로 생산자와 소비자 모두에게 이익이 되는 일을 하고자 합니다. 그래서 땅도 살리고 건강화고 안전한 농산물이 생산되고 서로가 믿고 돕는 관계가 되고 모두의 건강과 생명이 보호될 수 있는 일을 하고자 합니다."[10]

'한살림 농산'은 지금에 비하면 취급 품목이나 규모가 볼품없을 정도로 작았지만 농촌을 바꾸고 세상을 변화시키겠다는 꿈만큼은 원대했다. 당시 한살림 농산 설립 취지문을 보면 "갈수록 더해가는 분열, 불신과 공해가 만연하는 '죽임'의 삶을 협동과 화합, 믿음이 가득 차는 '살림'의 삶으로 자연과 인간, 인간과 인간의 올바른 관계를 이루려는 한살림운동을 펼쳐 나가고자 '한살림 농산'을 개설한다"라고 밝히고 있다.

한살림은 '생산자는 소비자의 생명을 책임지고, 소비자는 생산자의 생활을 책임진다'라는 말에서 보듯이, 책임생산과 책임소비를 통해 도농상생의 공동체 사회를 만들어 가는 것을 분명한 목표로 삼고 있다. 따라서 한살림의 유기농산물 직거래 활동에는 비료와 농약 사용으로 자연 생태계를 황폐화시키고 생산자와 소비자들의 건강까지 위협하는 관행농법의 한계를 극복하는 것은 물론, 생명의 먹을거리 나눔 활동을 통해 이웃 관계 회복과 지역사회의 공동체성을 강화 하겠다는 비전과 철학을 담고

---

10 한살림을 시작하면서 중에서, 1986년.

있었다.

농촌과 도시, 생산과 소비의 경계를 뛰어넘어 '한집 살림' 하듯 상호 신뢰에 기반을 둔 협동의 사회와 경제 질서를 만드는 것을 목표로 노력해 온 한살림은 지난 24년 동안 조직적으로나 사업적으로 의미 있는 성과들을 일구어냈다. 1988년에 회원 수 1천5백 명에 공급액 4억 원 규모였던 한살림은 현재 24만이 넘는 회원 수와 1,800억이 넘는 공급액에, 전국의 한살림 조직에서 일하는 실무자가 3백 명이 넘고, 주부 활동가도 1천5백 명에 달하는 수준으로 발전했다.

이러한 성장 배경에는 돈보다는 생명을, 경쟁보다는 협동의 가치를 소중하게 여기면서 농사활동에 전념해 온 생산자들과 이들의 노력을 귀하게 여기고 함께 실천해 온 소비자들의 노력이 있었다. 여기에다 먹을거리 자체가 양과 질 모든 측면에서 위협받고 있는 사회적 환경도 중요하게 작용했는데, 지난 수년 간 식품관련 각종 오염과 사고가 빈발해지면서 먹을거리의 안전성에 대한 국민적 관심이 유기농산물 직거래를 통한 생협의 조합원 가입으로 이어졌다. 최근에는 배춧값 파동을 겪으면서 직거래를 통한 생협의 안정적인 가격 시스템이 크게 주목받고 있기도 하다.

한편, 이러한 사회적 관심을 생협 활동으로 연결시키기 위한 조직 차원의 노력도 중요했는데, 그 몇 가지를 살펴보면 다음과 같다. 우선 보다 많은 소비자 조합원들이 효과적으로 물품을 이용할 수 있도록 물류체계를 혁신하여 효율화 했고, 마을모임·소모임·각종 위원회 등을 통한 조합원 참여 활동과 지속적인 교육 등을 통해 조합원들이 단순히 물품만 이용하는 수동적 소비자가 아니라 협동 조직체를 함께 이끌어가는 주체로 역할을 할 수 있도록 도왔다. 여기에다 생산자와 소비자 간의 긴밀한 신뢰 관계 형성을 위한 도농 교류 활동에도 힘을 쏟아 왔다. 단오잔치와 가을걷이 한마당잔치와 같은 생산자와 소비자가 함께하는 연례행사는 물론이고, 도시와 농촌의 공동체 결연을 통해 일손 돕기와 생산지 방문 활동들을 지속해 오고 있다.

"한살림은 생산자와 소비자를 만나게 하고 친한 사이가 되도록 하여, 생산자는 소비자의 생명을 보호하고 소비자는 생산자의 생활을 보장하는 사이가 되는 일을 하고자 합니다. 또한 농산물의 유통단계를 줄여서 과다한 유통마진을 줄이는 직거래활동을 펼쳐서 농산물의 품질이나 수량을 믿을 수 있도록 하고 적절한 가격으로 생산자와 소비자 모두에게 이익이 되는 일을 하고자 합니다. 그래서 땅도 살리고 건강화고 안전한 농산물이 생산되고 서로가 믿고 돕는 관계가 되고 모두의 건강과 생명이 보호될 수 있는 일을 하고자 합니다."[11]

2) 생활협동조합 운동의 흐름

① 소비자협동조합의 태동: 강원도 평창의 신리협동조합(1978년 창립)을 소비자협동조합의 효시로 본다. 생필품을 싸고 원활하게 공급하는 것을 목적으로 설립되었으며, 신리협동조합을 출발로 강원도 지역을 중심으로 24개 소비자협동조합이 생겨났다. 소수의 선진적인 운영 주체에 의해 조합이 운영되었으며, 구판장형 매장 형태로 운영되었다. 89~95년 사이에 대부분의 소비자협동조합이 문을 닫게 된다.

② 소비자협동조합중앙회: 도시에서 지역 생협을 회원으로 하는 연합 조직인 소비자협동조합중앙회(현재의 생협전국연합회)가 설립된 것은 농촌

---

11 한살림을 시작하면서 중에서, 1986년.

의 경우보다 4, 5년 늦은 1983년이다. 1970년대에 지역의 신용협동조합 가운데 일부 신협은 지역에 조합원과 주민들을 위해 구판장 성격의 소비자조합 매장을 개설한다. 이후, 신협 속의 소비자조합 등을 모아서 소비자협동조합 중앙회를 만든다.

③ 안양생협: 안양생협 (현재의 바른생협)은 구판장형 생협이 가지고 있던 매장 중심의 공급방식에서 배송공급 방식으로 사업형태를 전환한다. 농산물을 생산자와 계약생산 하기도 하고, 조합원들과 산지 방문을 하는 등 직거래를 시행했다. 조합원에 의한 출자, 이용, 참여가 이루어졌다는 의미에서 이전의 소비자협동조합과는 다른 특성을 갖게 된다.(1985년 5월 준비회 출범)

④ 원주생협: 원주 캠프가 1980년대 새로운 운동 방향을 설정하고 그 실천으로서 유기농업운동과 도농 직거래를 시작한다. 1985년 6월 원주 소비자협동조합(현재의 원주한살림)을 창립하여 농촌지역에서 생산한 무농약, 저농약 농산물을 취급하고 생산자와 직거래하는 등의 활동을 하게 된다.

⑤ 1986년 8월에는 경남소비자협동조합(이후 1991년에 경남한살림협동조합으로 명칭 변경), 1989년에는 한국여성민우회생협이 만들어진다. 한밭생협은 1988년에 창립을 하였다.

⑥ 한살림: 1986년 한살림농산을 창립하고 1987년 한살림 가족들의 만남, 생산지 방문, 소비자 지역별 간담회를 거쳐서 1988년 한살림공동체소비자협동조합을 창립한다. 그리고 1988년 11월에는 한살림생산자협의회가 창립됨으로써 도농 직거래 확산을 통하여 도시의 생활협동운동, 농촌의 생산공동체 활동을 일으켜 세우고 생산자와 소비자가 연대하는 틀에 대한 구상을 구체화하게 된다.

또한, 한살림 모임을 창립하고 1989년에는 『한살림선언』을 발표함으로써 생활협동운동과 생명문화운동을 양축으로 하는 생명운동에 대한 종합적 구상을 마련하게 된다.

한살림이 공동체소비자협동조합, 생산자협의회의 형태로 결성된 것은 몇 가지 의미를 갖는다. 첫째, 농촌과 광산의 신협을 비롯한 협동운동의 경험이 공동구입의 한국형 전형이라고 할 수 있는 공동체 공급, 3일전 주문, 계획 생산 책임 소비 등과 만나면서 영리기업의 형태가 아닌 협동조합을 선택하게 되었다.

둘째, 가톨릭 농민회의 방향전환과도 깊은 연관성을 갖는다. 유기농업, 직거래 활동을 펼쳐왔던 농민들 중 최성미마을, 한마음공동체 등이 생산자로서 한살림에 참여하게 되고 생산공동체만들기가 운동의 중심의제가 된다.

셋째, 『한살림선언』을 발표하고 '밥상살림, 농업살림, 생명살림'의 모토를 제시하는 등을 통하여 생명운동임을 명확히 표명하여 새로운 차원의 운동기획임을 밝혔다.

우리나라 생협은 생산자와 소비자가 손을 맞잡고 안전한 먹을거리를 개발, 취급함으로서 사회적으로 신뢰성과 차별성을 확보할 수 있었다. 단순한 안전한 먹을거리를 개발 취급한다는 관점을 넘어서 도농간 삶을 연대하는 폭을 넓히고 시장경제를 넘어서는 협의에 의한 생산과 공급의 관점을 가지고 출발하였다.

사회적으로는 농약에 의한 생산농민의 피해가 이어지는 상황에서 잔류농약문제 특히, 다이옥신 잔류 위험이 인식되기 시작하였다. 또한 환경호르몬, 유전자조작식품, 광우병, 멜라민 파동 등 식품사고는 시민들의 먹을거리에 대한 불안감으로 이어지게 되고, 대안을 찾는 시민들이 생협의 조합원의 조합원으로 가입하게 된다.

2000년대에 들어서면서는 이른바 웰빙붐이 일어나게 된다. 이미 우리나라가 대량 소비사회로 들어선 결과이기도 하면서 물품의 구매에서도 양보다는 질을 추구하는 쪽으로 이동하고 있었던 것으로 볼 수 있다. 결과적으로 생협은 유기농업, 식품안전에 대한 관심에 집중하게 되었고, 2002년 이후에는 전년대비 30~40%의 고성장기에 들어서서 사업적 성장과 안정을 이루게 된다.

2008년에는 광우병문제, 멜라민파동 등이 전 사회를 뒤흔들었다. 대형식품사고가 발생하고 세계식품분업 체계 안에서 필연적으로 발생할 수밖에 없는 문제를 만나면서 생협은 안전한 '먹을거리 공급체계'로서 시민사회에 인식하고 된다. 2010년에는 배추값 파동을 겪게 된다. 기후변화에 의한 농업환경의 변화는 '식량위기'를 예고하는 것이면서, 농산물의 시장가격이 요동치는 결과를 낳았다. 생협 농산물의 가격은 안정적이지만 시장가격은 등락의 폭이 과거에 비해 훨씬 넓은 것이어서 농산물 가격이 안정되어 있는 체계가 부각되기도 하였고 야채 등 특정물품의 과부족을 겪게 되었다.

식품안전에 대한 소비자들의 관심은 생협 조합원이 급격하게 증가하는 계기가 되었지만 한편으로는 식품, 유통자본이 유기농산물을 취급하는 계기가 된다. 유통자본의 유기농산물의 취급은 수입유기농산, 가공품의 급증과 맞물려서 유기농산물 시장의 급속한 확대를 불러일으킨다. 2010년 생협의 총공급고는 5,358억원 이상이고(한살림, 아이쿱, 두레, 민우회 합계), 조합원은 481,920세대를 넘어섰다. 3인 가족을 기준으로 할 때, 약 120만명 이상의 시민들이 생협운동에 참여하고 있는 셈이다. 이는 총 가구 수 대비 2.4%에 해당하는 숫자이다.

4. 한살림의 전망과 과제

한살림 사람들은 평균적인 한국인들과 다른가? 아마 좀 다를 것이다. 나는 한살림 사람들은 건강에 대한 관심이 많고, 탈물질주의 가치관이[12] 강하고, 민주주의에 대한 지지도 높을 것이라는 가설을 갖고 있다. 한살림의 리더 한 사람과 인터뷰를 한 경험에 의하면, 한살림 사람들은 돈이 지배하는 세상에서 사람들끼리 서로 도우면서 돈이 좀 적어도 그 안에서 행복하게 살 수 있는 공동체를 꿈꾸는 것 같다.

이런 꿈은 누구나 꾼다. 아프지 않고, 먹고 사는 걱정 별로 하지 않으면서 가족과 친구들과 수다 떨면서 일 잘하고 잘 쉴 수 있는 세상. 차별받지 않고 무시당하지 않으면서 친구들과 이야기하며 살 수 있는 세상. 문제는 이런 세상을 마을, 지역, 국가 차원에서 찾기가 쉽지 않다는 점이다. 강력한 국가와 자본의 영향력을 벗어나서 살기 어려운 우리나라에서 이런 세상을 한살림 사람들이 만들 수 있을까? 한살림 안에서 이런 사랑과 호혜와 자립의 네트워크를 만들 수 있을까?[13]

적어도 지금 현재로서는 전혀 불가능하다. 한살림 조합원이 할 수 있는 것은 유기농산물을 생산하거나 소비하기, 혹은 이와는 별도로 알뜰장터를 열고, 공부모임, 취미모임을 만들거나 드물게 시민참여운동을 벌이는 일이다.

---

12 경제성장이나 안보보다 삶의 질, 환경, 표현의 자유 등을 중시하는 가치관.
13 한살림 사람들은 보이지 않는 울타리 안에 자기들만의 공동체를 만들고 있지는 않는가? 대면적 상호작용에 바탕을 둔 조직일수록 '우리 집단' 의식이 강하고 그들 사이의 이타주의가 '그들 집단'에 대한 배타성으로 발전할 가능성이 크다. 한살림에서 그런 경향이 그렇게 강한 것 같지는 않다. 그러나 한살림이 조직의 틀을 뛰어넘는 거시적 리더십의 모범을 보이지도 못하고 있다.

한살림 사람들 중 대다수는 지금 여기에서 유기농직거래운동을 잘하는 것이 우리가 꿈꾸는 세상으로 가는 느리지만 빠른 길이라고 생각하고 있는 것 같다. 우리에게 시간이 많다면 아마 이 생각이 맞을 것이다. 그런데 내가 보기에 생태위기와 경제위기, 사회위기의 시계는 점점 빨리 움직이고 있다. 한살림 밖에서 한살림을 보고 공동체 밖에서 공동체를 내려다 보지 않으면 대응할 수 없는 위기와 전환의 시대가 오고 있는 것 같다. 가라타니 고진(柄谷行人)은 국가 안에서 국가를 넘어서는 전략이 아니라 국가 밖에서 국가를 넘어서는 전략을 제시하면서 세계공화국과 평화정치를 주장했다.[14]

우리가 꿈꾸는 세상을 한살림 안에서 만드는 것은 불가능하지는 않지만 매우 어렵다. 왜냐하면 공동체를 파괴하는 국가와 자본이 너무 세기 때문이다. 특히 한국의 국가와 자본은 이 도시국가가 같은 한반도의 남쪽을 한 순간에 거덜낼 수 있는 경제적, 정치적, 군사적, 문화적 권력을 갖고 있다. 그래서 나는 한살림이 한살림 안의 공동체 세우기, 만들기 전략과 함께 한살림 밖에서 개발국가 힘빼기, 세계평화체제 만들기에도 힘을 쏟아야 한다고 본다.

그러면 무엇을 어떻게 할 것인가? 나는 앞에서 한살림운동이 협동조합운동, 가치전환운동, 정치/자치운동, 지역운동이라고 정리했다. 이 네 가지 운동 가운데 협동조합운동은 비교적 성공한 것으로 보인다. 한살림은 먹거리를 중심으로 협동조합이라는 방식을 통해 농촌과 농민, 소비자를 살리는 운동을 빠르게 확산시키고 경제적으로 지속가능한 기초 위에

---

14 가라타니 고진(柄谷行人), 「平和の実現こそが世界革命」, 岩波書店, 『世界』, 2010년 10월호, 114~126쪽.

올려놓는데 성공했다. 그러나 이 운동이 재벌이 지배하는 시장을 대체하거나 그 시스템을 변형하는 데 성공한 것은 아니다. 비판적으로 평가하면 중간층의 소득 증대라는 조건 속에서 그들의 건강욕구를 충족시키는 틈새 시장의 우연적 확장 덕분에 한살림이 성장했다고 볼 수도 있다. 이러한 평가는 한살림이 쌓아온 생산자와 소비자 모두의 신뢰라는 자산을 폄하할 우려가 있지만, 경청해야 할 비판이다.

전환의 시대에 한살림은 협동조합운동 혹은 협동운동을 어떻게 발전시켜야 할 것인가? 지금까지 소비자협동조합으로서 한살림의 성장은 먹을 거리 위험의 시대에 신뢰를 축적했기 때문에 가능했다. 공급 방식의 변화, 새로운 물품의 개발 등 변화의 고비마다 조합원들과 활동가들이 헌신적으로 노력한 덕분이다. 이제 한살림은 사회적 신뢰라는 자산과 조합원과 활동가들의 힘을 바탕으로 새로운 전환을 기획해야 할 것이다.

근대산업문명의 위기는 생태적 재난과 경제적, 사회적 재난의 형태로 나타나 사회경제적, 생태적 약자들의 삶을 점점 더 위태롭게 만들 것이다. 재벌과 국가라는 시스템 안에 있는 강자들은 이러한 재난을 피할 자원들을 갖고 있지만 시스템 밖의 민중과 자연은 생존의 위기를 경험할 수 밖에 없다. 한살림은 이러한 위기의 시대에 호혜의 그물망을 만드는 작업을 더욱 강화해야 한다. 협동조합의 성공 모델을 통해 시스템 안의 기업과 국가에 영향을 주고 협동의 모델을 확산시키는 것이 필요하다. 그러기 위해서는 한살림 안에서 생태적, 경제적, 사회적 지속가능성을 높여 나가는 것이 필요하다.

국내외 다양한 협동조합과 사회적 기업의 성공과 실패의 경험을 바탕으로 협동노동을 통한 새로운 사회적경제 모델을 만드는 일을 준비할 필요가 있다. 먹을거리를 중심으로 하되 돌봄, 대안 에너지, 대안 금융,

의료, 교육 등 다양한 삶의 영역에 걸쳐 협동의 연대망을 어떻게 만들지 연구하고 실험하는 것이 필요하다. 조합원들의 삶의 불안과 소망이 무엇인지 경청하고 그 요구를 새로운 전환의 에너지로 삼는 것이 필요하다. 과거의 경험을 교훈으로 삼으면서 불확실한 미래에 대응할 수 있는 창의적인 아이디어를 모으는 것이 중요할 것이다. 이를 위해서는 모심과 살림 연구소의 연구 기능을 강화해야 할 것이다. 스페인, 이탈리아, 프랑스, 일본, 쿠바 등 다양한 국가의 협동조합, 공동체 등 대안 모델을 연구하고 한살림의 강점을 살릴 수 있는 창의적이면서 실천적인 중장기 계획을 세워야 할 것이다.

둘째, 한살림의 가치전환운동은 우리 사회에 적지 않은 영향을 미쳤다. 생명과 평화의 가치가 1990년대 초에 비해서는 크게 확산되고 심화된 것으로 볼 수 있다. 이러한 변화에 한살림이 적지 않은 기여를 한 것으로 평가된다. 그러나 한살림이 먹거리 직거래운동에 자원을 집중하면서 불교, 천주교 등 종교계나 『녹색평론』이 생명의 가치관을 확산하는 데 더 큰 기여를 했다.33) 한살림은 먹을거리를 매개로 수십만의 조합원을 모으는 데 성공했지만, '한살림선언'이라는 선언에 걸맞은 가치전환을 실현하는 데에는 성공하지 못한 것으로 보인다.

전환의 시대에 한살림은 새로운 가치전환운동을 시작해야 할 것이다. 기존의 성공에 얽매여 있기만 하면 협동과 생명이라는 신뢰 자산은 점차 줄어들지도 모른다. 한살림이라는 가치를 변화된 시대에 새롭게 재구성하고 이를 조합원, 활동가는 물론 사회 전체로 확산시키는 운동을 벌여야 한다.

이를 위해서는 교육 프로그램이 매우 중요하다. 특히 조합원의 중심인 여성과 미래를 이끌어갈 청년 리더십을 위한 교육 프로그램을 개발하고 상설화하는 것이 중요하다. 이론과 실천 방법, 대화와 소통 능력, 현장에서의 문제해결 능력 등 여러 부분에 걸친 체계적이고 포괄적인 참여형 교육 프로그램을 개발하는 것이 필요하다.

이러한 교육 프로그램을 통해 활동가와 조합원이 자신과 공동체의 자긍심과 창의력을 높일 수 있을 것이다. 장기적으로는 '한살림 학교'를 만들어 대안적 평생교육 학교로 발전시키는 것도 필요하다.

셋째, 정치/자치운동은 거의 이루어지지 않았다. 한살림운동은 자본주의와 사회주의를 모두 넘어서는 대안적인 문명을 지향하는 운동으로 시작했다. 이러한 문명전환운동은 개인과 문화의 변화 뿐만 아니라 정치의 변화를 필요로 한다. 그러나 한살림은 정치로부터 거리를 두는 전략을 유지해 왔다. 부분적으로 사회운동에 참여했지만 적극적으로 사회운동에 참여하지는 않았다. 이러한 전략 때문에 온건한 중간층의 부드러운 운동으로 자리 잡았다. 정치/자치운동이 없는 한살림은 기업과 별 다른 점이 없는 하나의 협동조합로 변할 가능성이 많다. 변화와 혁신을 좋아하지 않는 조합원과 활동가가 늘어날수록 제도화와 관료화의 경향은 강화될 것이다. 협동의 담론은 있지만 기업과 별다름 없이 기능하는 협동조합을 선진국에서 쉽게 찾아볼 수 있다. 전환의 시대에 이러한 협동조합은 호혜의 망 속에서 생명을 살리기 어려울 것이다. 체제를 전환하는 프로그램 없이는 한살림의 기반인 자연 그리고 농민과 도시의 중간층의 생존이 위협받을 것이다.

따라서 생태적이고 민주적인 정치체제, 스스로 협동하고 서로를 살리는 자치체를 만드는 훈련과 프로그램을 개발해야 한다. 소비자 생활협동조합으로 자리를 잡은 한살림이 이러한 일을 하기는 매우 어려울 것이다. 그러나 한살림선언이 그저 말로만 한 선언이 아니라면 처음을 돌아보며 녹색 정치를 위해 한살림이 무엇을 해야하고 할 수 있을지 심각한 토론을 해야 할 것이다. 여성과 청년들을 중심으로 생태 민주적 리더십을 키우는 참여적인 프로그램을 운영하는 것도 필요하다. 내부의 민주적 리더십을 키워나갈 때 지역을 변화시키는 리더십이 생길 수 있을 것이다.

넷째, 지역운동은 부분적으로 성공한 것으로 보인다. 한살림운동의 직간접적인 영향으로 원주, 아산 등 여러 지역 공동체가 발전했고 대안적인 교육, 문화, 의료, 농촌 등 다양한 실험들이 이루어지고 있다. 그러나 생태적, 경제적, 사회적으로 지속가능한 지역 공동체의 모범 사례를 찾기는 쉽지 않다. 전북 진안에서는 지자체가 중심이 되는 마을 만들기 모델이 오랫동안 진행되어 왔고, 박원순 시장 취임이후 서울시도 새로운 실험들을 하고 있다. 이러한 변화는 위험성도 있지만 기회임에 틀림없다.

지역에서 협동과 생명의 대안 공동체, 대안 지자체 모델을 만들어 내고 이를 바탕으로 중앙정부와 지자체의 억압적 속성을 없애고 개발 동맹의 힘을 약화시 – 71 – 키는 것이 필요하다. 다만 위로부터의 졸속 참여 모델로 인한 문제가 생기지 않도록 사람의 참여와 전환을 차분히 진행해 나가는 것이 중요할 것이다.

협동조합, 가치전환, 녹색정치, 지역운동, 이 네 가지 운동은 떨어져 있으면서 연결되어 있다. 가치전환 없는 협동조합운동은 기업처럼 변할 수 있다. 녹색 정치 없는 협동조합은 폭력적 국가 앞에서 바람 앞의 등불이다. 지역 없는 협동조합은 주춧돌 없는 집이다.

나는 이제 스무살이 넘은 한살림이 보다 큰 기획을 갖고 이 네 가지 운동을 창조적으로 결합하는 리더십을 발휘하기를 소망한다. 현대 산업 문명이 경제위기와 생태적 재난 앞에서 전환의 고통을 겪고 있다. 이 위기 앞에서 부자들은 인종주의, 민족주의, 국가주의를 무기로 전쟁을 일상화할 것이고 가난한 이들은 거기에 휩쓸리면서 더 큰 고통을 겪을 것이다. 일상적 전쟁이 더욱 격화될지도 모르는 미래에 한살림은 이전 산업 근대 시대의 모델로 위기에 대응할 수 없을 지도 모른다. 산업근대를 넘어서는 담론은 있으나 이를 변형하고 실천할 창의적 리더십이 부족한 것이 오늘 한살림 그리고 한국의 문제이다.

과학기술, 성장, 개발, 민주 등의 기호가 의심 받기 시작할 때 사람들은 무엇을 믿고 오늘과 내일을 살아갈 수 있을까? 어떤 이들은 그럴수록 더 많은 과학기술, 개발, 민주 혹은 독재를 열망하고 그 힘으로 위기를 넘어서려고 할 것이다. 그러나 다른 한편에서는 패러다임의 전환을 통해 다른 기초 위에서 새로운 삶을 설계하는 사람들이 나오기 마련이다. 나는 성찰적 불신을 넘어 새로운 협동과 우애의 신뢰 공동체를 만들어야 한다고 본다. 산업 근대와 다른 새로운 체계 속에서 생태적이고 민주적인 공동체의 공동체, 어소시에이션의 어소시에이션을 만들어가야 한다고 본다.

한살림에는 전환시대에 새로운 삶의 전환, 사회의 전환을 이끌어낼 보석 같은 존재들이 있다. 1970년대부터 협동운동을 이끌어 온 사람들, 수십년간 한살림과 함께 청춘을 꽃피운 사람들, 젊은 조합원들, 동양사상에 정통한 이론가들, 30만에 가까운 조합원들이 그들이다. 이들은 모두 다르다. 그러나 이들은 한살림이라는 큰 공동체 안에서 협력하면서 살아가고 있다.

덩치가 커져서 잽싸게 움직이기 힘든 한살림이지만 이런 존재들이 어떤 힘을 발휘할 수 있을지 생각해보면 여러 가지 답이 나올 것이다. 큰 중심은 무겁게 가되, 작은 실험적 조직들을 만들거나 외부의 지원조직을 만들어 이런저런 실험을 할 수도 있을 것이다. 운동성을 살리기 위해 별도의 정치/자치 조직을 만들고 이를 간접적으로 지원하는 방법도 생각해 볼 수 있다. 조합원들을 위한 자치 학교, 리더십 훈련 프로그램을 만들어서 조직과 사람의 혁신을 꾀하는 것도 필요하다. 생태적, 사회적, 경제적 지속가능성을 함께 만들어가는 한살림 지역 모델을 장기적으로 추구하는 것은 어떨까? 이 모든 일은 사람들이 모여서 하는 일이다. 서로 믿고 의지하며 사랑하는 공동체가 튼튼할 때 이런 일들이 가능할 것이다.

5장

마을을 만들어가는 공동육아운동

이경란

1. 공동육아와 마을공동체

1) 공동육아마을을 둘러싼 환경의 변화

고립된 사람들의 시대라 말한다. 근대화과정에서 가족은 해체되었으나, 그를 대체할만한 공동체적 관계망은 만들어지지 않은 채, 사람들은 신자유주의적 사회질서에 내동댕이쳐졌다. 사람이 태어나고 자라고 사회생활을 하고 늙고 병들고 죽어가는 삶의 과정을 한 개인의 능력으로만 감당해야 하는 능력주의 사회이다. 살아가는 모든 순간에서 필요한 것들을 상품이나 서비스로 구매해야 하는 시장주의 사회이다. 그 속에서 사람들은 고립되어 고군분투한다. 그러다 혼자 힘으로는 버거워 뜻이 맞는 사람들과 힘을 합쳐 해결하고자 본능적으로 움직이기도 한다. 어떤 이는 의도적으로 기획하여 고립된 사회 속에서 작은 공동체를 만들고, 그 공동체들을 연결하여 더불어 살아가는 사회로 바꾸어 가고자 한다.

이글에서 다루는 공동육아운동은 이 사회가 아이를 낳고 기르고 사는 일이 더 이상 한 가정의 힘만으로 할 수 없게 되었다는 현실을 자각하면서 시작되었다. 1970년대 말 해송보육운동의 주체들은 가난한 아이들이 살아갈 삶에 주목했다. 그들은 아이들이 가난의 재생산에서 벗어나 평등하게 살아갈 수 있으려면 유아시기부터 출발선이 같아야 한다는 평등교육을 제안했다. 나아가 서구 중산층의 삶을 정형화한 유아교육을 반대하면서, 아이들에게는 가족이나 이웃과 함께 살아가는 일상적 생활문화교육이 더 중요하다고 보았다. 1990년대 들어서 보육의 필요성이 보편적인 상황이 되었다. 더 많은 여성들이 직장을 가졌고 영유아돌봄의 필요가 사회적인 요구로 등장하였다. 육아의 사회성이 보편적으로 제기되는 현실이었다. 이 무렵 해송보육운동·어린이문화운동·여성운동의 활동가들과 여러 분야의 연구자들이 아이를 함께 키우자는 '공동육아'운동을 제안하였다. 그리고 이들과 교사와 부모들이 공동육아협동조합이란 공동체육아운동의 문을 열었다.[1]

공동육아협동조합이 운영하는 공동육아어린이집과 초등방과후는 참여보육의 새로운 장을 마련하였다. 부모와 교사는 아이들이 함께 커가는 터전을 공동으로 설립하고 함께 운영했다. 함께 아이를 키우고, 아이들은 함께 크는 육아공동체였다. 어른들은 아이들이 친구들과 자연 속에서 마음껏 뛰어놀 수 있는 환경을 만들었고, 민주적 의사결정구조로 운영하는 협동조합에서 민주적 공동체의 삶을 익혀갈 수 있었다. 그 속에서 사람들은 일상적인 삶을 함께 영위하고 서로 돕는 친밀공동체가 되어갔다.

---

1 공동육아운동단체인 (사)공동육아와공동체교육은 2019년 『공동육아, 더불어 삶』을 발간하였다. 여기서 공동육아운동의 시작부터 교육적 실천과 공동체적인 삶의 문화를 실천해가는 과정과 과제를 살펴볼 수 있다.

시장에서 주어진 서비스를 구매하는 것이 아니라, 자신들에게 꼭 필요한 서비스와 활동을 함께 만들어가는 문화가 생겨난 것이다.[2]

아이들이 공동육아어린이집과 초등방과후에서 생활하며 커가는 동안 가족들은 그 주변으로 모여 살게 되었다. 아이들을 함께 키우면서 안정적으로 살아갈 방안을 모색하다가 아이와 어른이 함께 살아가는 터전인 마을을 형성해갔다. 그런 마을들이 전국적으로 생겨났다. 약 30년의 시간 동안 공동육아를 하는 공동체에서 생성된 마을공동체가 공동체운동의 한 흐름으로 인정받고 있다. 여기서는 이를 '공동육아마을'이라 부르고자 한다. 그 첫 시작은 1994년 공동육아협동조합 우리어린이집과 날으는어린이집이 자리 잡은 서울 마포구의 서부지역에 있는 성미산마을이다. 이 경험을 모델로 삼아 공동육아운동은 어린이집 – 방과후어린이집 – 대안학교 또는 마을학교에 기반한 마을생활공동체를 만들자는 지향을 공유하고 있다.

서울에서는 성미산마을[3]을 비롯해 강북구 삼각산재미난마을, 강서구 이을공동체 외에도 공동육아어린이집과 초등방과후가 있는 지역에서 다양한 커뮤니티를 만드는 움직임들이 활발하다. 전국적으로도 부산 대천마을, 수원 칠보산마을, 안산 일동마을, 인천 좋은시민협동조합네트워크, 대전 함지박마을공동체, 대구안심마을공동체, 전주 평화마을, 원주 서곡마을, 광주 광산돌봄공동체, 과천 교육문화네트워크, 고양파주공동

---

2 이경란, 「공동육아협동조합과 마을공동체운동」, 『한국협동조합운동100년사 II』, 가을의아침, 2019 참고.

3 성미산마을에 대해서는 연구가 많이 진행되고 있다. 성미산마을에 관한 사실들은 내부 보고서인 유창복, 『우린 마을에서 논다』, 또하나의 문화, 2010 ; 김영선·이경란 편, 『마을로 간 인문학』, 당대, 2014 ; 위성남, 『마을은 처음이라서』, 책숲, 2018 ; 사람과 마을, 『성미산마을 아카이브북 마을 상상하다 1994-2020』, 2020을 참고하였다.

육아대안교육네트워크 등 각지에서 다양한 마을공동체나 지역네트워크
가 움직이고 있다. 공동체 속에서 아이를 함께 키우고 서로를 살리는 교
육을 하고 싶다는 필요와 열망을 실천하는 부모와 교사, 그리고 공동육
아 운동가들의 자주적이고 자율적인 운동이었다. 그렇기 때문에 공동육
아마을은 아동돌봄과 교육을 축으로 가족들이 어우러지는 '마을'과 '지
역'를 만들어가는 의도적인 노력의 산물이다. 당연하게 여러 연구자들이
새로운 대안사회의 방향으로 공동육아마을에 주목하였다.[4]

4   각 지역의 공동육아마을에 대한 사례연구들이 진행중이다. (과천) 장수정, 「과천지역
공동체에 관한 연구」, 한국여성연구소, 『페미니즘 연구』 Vol.12 No.2, 2012 ; 남궁은,
공동육아 참여 부모들의 무형식 학습과 성장에 대한 연구, 한국방송통신대학교 대학원
석사논문, 2018 ; (대구) 김문정, 「여성정체성의 정치에서 아고니즘 정치로 정치학-대구
안심마을공동체 여성들을 중심으로」, 『한국여성학』 제31권 제4호, 2015 ; (대전) 이주욱
(발표), 김재운(토론), 유솔아(토론), 「바짓바람이 불어야 마을이 산다」 : 2014 한국홀리
스틱융합교육학회 학술발표대회논문집 Vol.2014 No.1, 2014 ; 공동육아뿌리와새싹,
『마을을 품은 뿌리와새싹』, 공동육아와공동체교육, 2018 ; (부산) 이귀원(마을밥상협동
조합 이사장), 「대천마을공동체운동의 흐름」, 주민리더워크숍 발표자료, 2018 ; 양재평,
「마을공동체 회의 참여가 시민덕성에 미치는 영향 : 부산광역시 북구 대천마을공동체
사례를 중심으로」, 부산대학교 석사논문, 2018 ; (수원) 양영균, 「한국 도시의 지역공동
체 형성과 확산 가능성 탐색-수원 칠보산공동체의 사례를 중심으로」, 『정신문화연구』
Vol.36 No.4, 2013 ; 서종민, 「마을공동체 기반 사회적경제 조직의 설립과 확장 요인
분석 : 경기도 수원시 칠보산 공동체를 중심으로」, 성공회대학교 사회적경제대학원
석사논문, 2019 ; (서울서대문구) 이은지, 「지역사회개발을 위한 상향식 커뮤니티개발
모델에 관한 연구 : 서대문구 마을만들기 사례를 중심으로」, 명지대학교 석사논문,
2014 ; 강학, 「퍼포먼스 연구의 관점으로 보는 커뮤니티연극 : '마을공동체 하.나.의.'를
중심으로」, 중앙대학교 석사논문, 2021 ; (서울 강북구) 정승훈, 「도시형 마을의 공동육
아어린이집과 대안학교에서의 언어문화 연구 : 삼각산재미난마을 사례를 중심으로」,
성균관대학교 석사논문, 2016 ; (서울 종로구) 조은형, 「마을공동체미디어 활동에 대한
학습생애사적 분석 : 창신동라디오덤을 중심으로」, 한국방송통신대학교 석사논문,
2019 ; (안산) 김기영, 「마을공동체 운동에서 공동육아의 실천사례」, 『교육비평』 37,
2016 ; (원주) 김규필, 「생태마을의 사회적 성격과 공동체적 의미」, 안동대학교 석사논
문, 2016 ; (인천) 조미라, 「성찰적 공동체형 복지실천과 여건에 대한 질적연구: 인천
계산동의 공동육아 마을교육공동체를 중심으로」, 『미래사회복지연구』 Vol.11 No.2,

공동육아마을은 사람들의 필요와 역량에 따라 자생적으로 그리고 가능한 수준의 활동을 할 수밖에 없었다. 그런데 마을공동체를 둘러싼 사회 환경이 크게 바뀌고 있다. 그동안 시민사회가 주장해오던 아동의 놀 권리와 마을공동체, 돌봄의 국가책임을 정부와 지자체가 법과 제도로 구현해가고 있다. 2010년대 들어 지자체들이 마을공동체운동을 지원하는 중간지원조직을 만들고 시정 핵심사업으로 삼았다. 이때 마을공동체 사업을 이끌어가는 가치체계와 운영원리 또는 의사결정방식 등 사업을 특징화하는 것은 공동육아 마을공동체운동에서 가져갔다.[5] 교육계도 '마을교육공동체'라는 개념으로 학교와 지역사회를 연결하는 확장된 교육 생태계를 재구성하려고 시도하고 있다. 혁신교육지구나 마을학교 또는 경기 꿈의학교 등은 민·관·학의 협력체계를 만들어 생활권 안에서 학교와 마을을 연계하는 사업이다. 최근 국정사업으로 추진하는 '온종일돌봄체계'는 정부 – 지자체 – 교육청이 연계하여 학교와 지역사회에서 초등기 아이들의 방과후돌봄을 책임지는 사회적 지원체계를 만드는 정책이다. 각지에서 방과후 아동을 돌보는 다함께돌봄센터들이 설립되고 있다. 이와 더불어 아동돌봄과 교육과 노인돌봄, 그리고 사회적경제 영역에서 커뮤니티를 기반으로 한 지역협력체계를 구축하는 논의와 사업이 여러 방면에서 제안되고 있다. 돌봄의 영역은 커뮤니티케어론이 등장하면서 담론이 시장 중심형 돌봄체계를 지역사회 중심의 협동적 커뮤니티케어로 재구축하려는 방향으로 전환되어가고 있다.

이런 환경 변화 속에서 사회적경제, 협동조합, 돌봄, 고용복지, 여성,

2020.

5 유창복, 『도시에서 행복한 마을은 가능한가』, Humanist, 2014.

미디어 등 다양한 시민운동 영역에서 '협동적 지역사회'를 논의하고 다채로운 활동들이 연결되는 양상이 나타나고 있다. 이들의 네트워킹과 공동사업이 진행될수록 지역주민들의 삶과 문화가 통합적으로 재구성되어갈 것이다. '마을'과 '지역'을 중심으로 생애과정을 지역생태계로 재구성하려는 움직임이 가속화되고 있음은 분명하다. 물론 시장과 자본 중심의 사회구조를 공동체적인 사람중심의 운영원리로 바꾸어가려는 이런 시도들이 쉽게 자리 잡기는 어려울 수 있다. 하지만 초기 공동육아마을이 태동했을 때에 비한다면 공동육아를 둘러싼 사회환경은 더 좋아지고 있다. 이런 변화 속에서 공동육아운동과 마을은 새롭게 재구성되는 지역사회에서 어떻게 자리 잡아야 할까, 공동체적 생애과정을 엮는 지역공동체운동에 공동육아운동은 어떻게 기여할 수 있을까 라는 새로운 과제가 제기되는 시점이다.

2) 공동육아마을의 진화 가능성

처음 공동육아협동조합을 만들 때, 구성원들은 "국가와 시장이 하지 않는다면 우리가 스스로 한다"라는 마음가짐을 가졌다. 우리에게 필요한 일이 있으면 스스로 한다는 마음을 먹어야 했기 때문에 내부의 결속력이 강조되고 결심도 강했다. 스스로 이뤄낸 성취를 바라보며 뿌듯하고 자부심을 느끼기도 했다. 그동안 없었던 공동체문화를 하나하나 일궈가면서 공동육아로 아이를 키우는 것 자체가 세상을 더불어 살아가는 관계로 재구성해간다는 긍정적 분위기와 기쁨도 있었다. 그런데 놀이 중심의 유아교육과정이 당연시되고, '공동육아'가 육아정책의 방향이 되고, 초등아이들의 방과후 돌봄을 국가가 책임지겠다고 나서고 있다. 그동안 모든 아이들의 삶이 개선되기 위해서 요구해왔던 것이 현실이 되어가는

과정에서 공동육아운동은 갈림길에 섰다. 그동안에 실천해 온 공동육아
운동은 제도로 그 역할을 넘겨야 하는가, 아니면 제도를 활용해서 공동
체운동을 더 심화시켜야 할까. 희망은 아이들과 함께 살아가는 사람들의
삶이 더 공동체적이고 민주적인 삶의 질서로 풍성해지는 또 다른 운동으
로 진화하는 것이다. 그건 어떻게 진행해야 할까. 이런 질문에 해법을
찾는 과정에서 공동육아마을은 더 주목을 받고 있다. 자연스레 일상을
살아가는 삶이 사회적 공공성을 담고, 아이들과 가족들 그리고 이웃들이
서로를 돕는 따뜻한 만남을 이어가는 지속가능한 공동체가 더 눈에 들어
왔다. 새로운 과제가 제안되고 있다.

그런데 조합원인 어린이집 부모나 교사들은 아이를 키우고 직장생활
도 하면서 하루하루를 바쁘게 살아간다. 어린이집을 유지하는 것만으로
도 버거운 현실이다. 이들은 공동육아마을을 꿈꾸지만 어떻게 추진할지,
어떤 점들을 고려해야 할지 갑갑하기만 하다. 특히 성미산마을과 같이
상당한 수준으로 진화가 이루어진 곳을 볼 때 막막함은 더 커지는 듯하
다. 한편 공동육아에 참여하는 다수는 어린이집이라는 작은 공동체에
만족하기도 한다. 막상 아이가 크고 어린이집이라는 작은 공동체를 벗어
나야 하는 상황에 닥쳤을 때 비로소 그 다음을 걱정하기 시작한다. 하지
만 미리 생각하고 논의하고 준비하지 않고서는 그 다음의 과정에 함께
하기는 어렵다. 그래서 어린이집이나 초등방과후라는 작은 육아/돌봄공
동체의 단계를 벗어나 '마을'의 삶을 이야기하려면 많은 것을 새롭게 상
상하고 계획해야만 가능하다.

공동육아마을들을 살펴보면, 조합중심으로 이루어지는 작은공동체에
서 지역사회와 연결하는 마을공동체로 성장하는 과정이 쉽지 않았음을
알 수 있다. 그렇기에 여전히 어린이집만을 운영하는 조합이 더 많다.

초등방과후가 있더라도 그 공동체가 마을로 연결되거나 확장하기 위한 다른 계기나 활동이 필요했다.

이 글은 공동육아마을이 확산되려면 무엇이 필요한가를 살펴보려는 목적을 갖고 있다. 공동육아마을들이 성장하는 과정에 특성을 부여하고, 그것을 이뤄가는 과정에서 고려했던 점들을 찾아낸다면 마을을 일궈가는 과정에 도움이 되리라고 본다. 여기서는 공동육아마을의 특성을 교육돌봄공동체, 살림공동체, 협동적 지역사회로 구분해서 접근하고자 한다. 공동육아마을인 성미산마을, 대천마을, 안심마을, 함지박공동체의 사례를 중심으로 각 공동육아마을의 특징과 성격을 살핀다. 마을의 단초가 나타나고, 안정화되고, 연결되어 확장되는 과정에서 일어나는 관점의 변화, 확장의 계기, 새로운 조직적 관계가 어떻게 마련되었는가 검토한다. 이 연구가 공동육아마을의 진화 방향과 가능성을 찾는 데 도움이 되길 바란다.

2. 교육돌봄공동체

1) 공동육아마을의 탄생

성미산마을이나 대천마을처럼 대부분의 공동육아마을은 공동육아에 동의하는 부모들이 협동조합을 결성하여 어린이집을 설립하고, 교사를 초빙하여 공동육아어린이집을 운영하는 과정을 거쳤다. 하지만 다른 경로를 거치는 사례들도 있다. 대구 안심마을은 사회복지법인이 운영하는 장애전담어린이집이 설립하고 자리 잡는 과정에서 구성원들이 행한 다양한 자구적 노력의 산물이었다. 그 곳에 공동육아어린이집과 초등 생활

방과후(공동육아조합형방과후의 일반적 모습인 하교 후 돌봄과 교육활동을 하는
공간 운영)가 결합하였다. 대전 함지박교육공동체는 (사)공동육아와공동
체교육이 위탁운영하는 뿌리와새싹커뮤니티의 공동육아 공동직장어린
이집과 노인정이 기초가 되었다.

〈표 1〉 공동육아마을의 교육활동은 공동육아마을이 어떤 아동 돌봄과
교육 활동을 해왔는지를 정리한 것이다. 어린이집과 생활형 초등방과후
가 자리를 잡은 후에 모두 초등 고학년 이후 아동들부터 성인까지 참여하
는 마을방과후 또는 마을학교를 설립하였다.

함지박마을공동체는 초등 고학년들을 위한 은하수 방과후를 마을 방
과후로 전환하였다. 그들은 아이들이 타의적 경쟁의 바람에 꺾이지 않고
자신의 결대로 성장하며, 공동체 안에서 배려와 배우면서 함께 사는 즐
거움을 느낄 수 있는 곳이 되기를 희망하였다.[6] 대천마을학교는 마을 아
이들 누구나 자신의 기호와 취향을 고려한 다양한 프로그램을 자유롭게
선택하여 활동할 수 있는 방과후 문화센터 같은 것, 그리고 중고등 학생
들을 위한 청소년 교육문화기관과 성인들을 위한 평생교육기관이 필요
하다는 논의 끝에 설립되었다. 성미산마을은 마포두레생협이 초등 고학
년 계절학교를 시작으로 마을 안에서 마을 어른들에게 배운다는 개념을
가지고 우리마을꿈터를 설립했다. 이것이 발전하여 마을 내에 있는 여러
교육활동을 하는 기관들과 교사들을 연계하여 네트워크형 성미산마을배
움터로 확장시켰다.

마을학교의 개념은 아이들에게는 자신이 관심있고 몰입하고 싶은 프

---

6 함지박마을공동체, 「함지박 마을공동체'에 대하여」, 함지박마을공동체 홈페이지
    (https://blog.naver.com/hamjibak2019/221706021048)

로그램을 선택하여 활동할 수 있는 확장성이 있었다. 여기서 아이들은 마을에 있는 여러 어른들을 이 자리에서 만날 수 있었다. 이는 마을 어른들에게도 새로운 경험이었다.

"마을에 선생님이 되어줄 수 있는 사람, 취미와 앎을 나누고자 하는 사람이 많았습니다. 배우고자 하는 사람과 가르칠 수 있는 사람, 취미와 앎을 나누고자 하는 사람들을 서로 이어 동아리와 프로그램을 구성하고, 그것을 할 수 있는 공간과 시설, 장비를 마련하기만 하면 자연히 배움의 공동체를 만들 수 있을 것이라는 생각이 들었습니다. 앞서 만들어진 맨발동무도서관처럼 마을 사람 누구나 쉽게 이용하고 참여할 수 있다는 점에서 마을공동체 형성으로 나아가는 주요한 계기가 될 수도 있으리라는 기대도 있었습니다."[7]

어린이집과 초등방과후의 아이들만이 아니라, 마을의 모든 아이들을 담은 새로운 그릇이 마련된 것이다. 이때 마을 수준에서 아이들의 생애과정을 고려하는 교육 활동부터 어른들의 평생교육을 담는 '마을학교'가 마을공동체로 나가는 징검다리가 되었다. 이때 마을의 아이들과 어른들은 모두 배움의 공동체 일원으로서 배우기도 하고 가르칠 수도 있는 새로운 존재인 '마을교사'가 되었다. 그리고 마을교사들은 '마을 어른'이 되었다. 마을의 아이들, 마을의 어른들로서 자임하면서 스스로 마을공동체에서 살아간다는 자각을 하는 사람들이 모였을 때 비로소 '마을공동체'라는 이름을 얻었다. 모두 10년 이상의 시간이 걸렸다.

7 이귀원, 앞의 글, 2018.

한 개의 어린이집과 한 개의 초등 저학년 생활방과후로 구성되어 있을 때는 마을의 모습을 상상하기 어려웠다. 거기에 고학년 방과후(또는 초등 고학년을 포함한 방과후나 지역아동센터)나 대안학교, 그리고 마을학교가 결합했을 때 마을이라는 말이 등장했다. 서로 오고 갈 수 있는 거리(생활권)에 함께 크는 영유아부터 초등고학년 과정 아이들의 수가 늘고, 마을 활동에 관심을 갖고 활동하려는 어른들이 10년 이상 관계를 맺으며 함께 활동하는 관계망이 형성되는 때였다. 이들은 아이와 어른의 성장을 위해 마을 거점이 되는 마을(작은)도서관을 열거나 카페나 식당과 같은 사업체를 만들었다. 이 마을에서는 서로의 유대와 공동체성을 강화하는 공동교육이나 마을축제 또는 단오축제들이 정기적으로 열린다.

〈표 1〉 공동육아마을의 교육 활동

마을 이름	성미산(서울)	대천(부산)	안심(대구)	함지박(대전)
첫 시작	1994	1999	2003	2008
어린이집	1994 우리 1995~2005 날으는 2005 성미산 2005 또바기 2002 참나무 2009 성미(구립)	1999 쿵쿵	2003 한사랑어린이집 (사회복지법인) 2014 동동(조합)	2008 뿌리와새싹(직장) (뿌리경로당-뿌리와 새싹커뮤니티)
아동 청소년 돌봄	1998~2017 도토리방과후(조합) 1999~2010 풀잎새방과후(조합) 2015~2017 성미산마을방과후 (조합) 2009 토끼똥방과후 오방놀이터(거점) 2011	2004 징검다리놓는아이들 방 과후(조합)	2013 둥지방과후학교 (조합)	2011 계수나무방과후 (저학년/조합) 2013 은하수방과후 (고학년)

	개똥이네책놀이터 (거점) 2017 (통합)도토리마을방과후(조합)			
대안 학교	2004 성미산학교	2011 참빛학교		
마을 교육	1998 지역학교 2001 참나무체험단 2002 마을학교 우리마을꿈터 2005 성미산마을배움터 2011 와글와글도서관 2015~2019 또보자마을학교	2005 마을도서관 맨발동무 2008 대천마을학교 도예공방 갤러리 '도랑' 인문학공간 '개똥이서원'	2008 어린이도서관 아띠 2014 마을애 (상담치료/조합) 2015 공터 (장애청년직업재활 교육) 마을학교 행복한 아 이들	2016 은하수 방과후가 함지 박교육공동체협동조 합으로 전환 2017 공동육아뿌리와새싹 (단체) 2019 함지막마을공동체로 전환
지역(구) 교육	2013~2014 마포마을배움네트워 크 판 2020~ 또보자마을학교(마 포구 전역으로 지역 확대) 주민센터와 청소년. 청년활동 협력	2004 대천천네트워크 참여 / 금정산 고속철도 사갱 공사 반대투쟁 부산하천살리기시민운 동본부 참여 2009 대천천문화환경센터 대천천 여름계절학교 주민자치센터와 함께 빛 그림 상영 / 마을역사실	반반 지역문화공동체	2014 주민발의 민간원자력 환경안전감시기구조 례제정청구운동본부 참여
축제 / 잔치	전래놀이한마당 성미산마을축제 정월대보름 지신밟기 단오잔치	북구어린이날 한마당 마을 단오잔치 정월대보름 달맞이 한마 당 대천천문화환경축전, 북구거리문화축제 참여	반야월마을축제	마을축제 단오잔치 한끼나눔

2) 교육돌봄공동체의 지속가능성

하나의 공동육아마을이 탄생하는 데는 10여 년의 시간이 걸렸다. 하지
만 어린이집과 초등방과후를 운영한다고 해서 자연스럽게 마을이 탄생
하지는 않았다. 마을별로 공동육아마을이 탄생하는 경로를 정리해 보자.

가) 성미산마을은 1994년 처음 열린 공동육아협동조합형 어린이집 때
부터 '섬으로서의 공동육아'에 대한 문제의식을 갖고 지역과 만나기 위해
노력했다. 초기 초등방과후를 '마을방과후'모델로 만들고자 시도하고 지
역의 아이들과 만나는 장을 만들어갔다. 그리고 생협활동을 하면서 공동
육아 조합원이 주축이 되고 지역 주민들과 더불어 마을학교 우리마을꿈
터를 만들고, 지역주민들과 성미산을 지켰으며, 여러 지역의 시민활동과
교류도 있었다. 마을로 유입하는 사람들이 늘고, 안정적으로 아이를 키울
수 있는 마을관계가 형성되고 있다는 소문이 나면서 공동육아어린이집과
방과후가 여럿 생겨났다. 현재 성미산마을에는 네 곳의 조합형 어린이집
과 (사)공동육아와공동체교육이 위탁 운영하는 국공립어린이집 한 곳,
초등아이들을 위한 조합형 '생활형 방과후', '거점형 방과후' 등 세 곳의
협동조합형 생활방과후와 두 곳의 거점형 방과후, 한 곳의 지역아동센터
형 생활방과후가 운영되고 있다. 개별 조직이 관계를 맺고 있지만, 독립
성이 강하다. 이런 여러 흐름들이 하나로 엮이면서 성미산마을을 만들어
갔다. 다중심의 성미산마을의 특성을 반영하여 네트워크형 교육공동체가
일찍 자리 잡았다.

나) 대천마을은 한 개의 어린이집과 초등방과후를 운영하는 공동육아
협동조합이 기반이다. 공동육아협동조합 조합원들이 마을학교의 설립주
체가 되고, 방과후 교사들은 화명초등학교와 협력하면서 지역의 아이들
과 교육활동으로 만났다. 그리고 공동육아마을공동체와 아파트 주거생활

문화공동체가 대천천네트워크를 구성하여 지역 현안을 해결하면서 대천 마을을 이루었다. 특히 지역 현안을 해결하는 성과로 대천천문화환경센터 공간을 마련했고, 이 공간을 활용하여 마을학교와 작은도서관 등 대천천네트워크를 축으로 하는 마을교육이 안정화될 수 있었다.

다) 안심마을은 사회복지법인이 운영하는 장애아 전담 어린이집이 출발점이다. 어린이집과 부모들은 주민들이 기피하고 반대하는 시설의 이미지를 바꾸고, 주민들에게 장애인의 삶을 이해시키기 위한 활동을 절박한 마음으로 꾸준하게 진행했다. 이 과정을 거치면서 마을주민들의 장애인식은 높아지고 서로를 이해하는 관계가 생겨났다. 이런 마을의 중심이 잡히면서 조합형 방과후와 공동육아협동조합 어린이집, 그리고 마을도서관과 마을학교가 터를 잡았다. 마을의 특성상 장애와 비장애의 통합활동과 공존과 인권인식이 강하다. 상담센터나 장애청년재활, 주거 등 장애청년들이 생활할 수 있는 길을 마련하는 과정 자체가 마을 확장의 밑바탕이 되었다.

라) 함지박공동체는 관들마을의 아파트 단지 속에서 경로당과 어린이집의 긴밀한 협력으로 이루어진 공동체를 기반으로 한다. 노인을 말하는 '뿌리'와 아이들을 말하는 '새싹'이 함께 하는 나들이와 놀이, 음식만들기, 둥구미짜기 등 다양한 활동이 이루어진다. 어린이집 졸업 후 초등생활방과후 조합과 고학년 방과후가 만들어졌다. 그중 고학년 방과후를 운영하던 조합이 마을방과후와 마을사업을 추진하는 함지박마을공동체로 확장해갔다. 관들마을에서는 이들 노인정과 어린이집, 초등생활방과후, 고학년 마을방과후와 마을주민들이 함께 어우러진다.

네 마을이 탄생하는 과정을 보면, 아이를 함께 키우는 공동체가 다른 결의 흐름과 만나 질적 전환을 일으킬 때 마을이 탄생하는 것을 알 수 있다. 구성원들은 현재 맺고 있는 공동체의 관계를 넘어 의도적으로 다른 누구와 협력한다는 방향으로 '관점'을 전환했다. 차이를 넘어 평등하게 공존하는 관계망을 만들려는 의도적 노력이 마을로 나가는 첫 걸음이었다.

두 번째는 교육공동체가 재정과 운영면에서 지속가능한 구조를 만드는 일이었다. 조합형 어린이집과 초등방과후나 대안학교는 부모들의 출자금과 기금으로 재원을 마련하고, 운영비용도 충당한다. 그것을 가지고는 해당 기관을 운영하기에도 벅차다. 그래서 그동안 많은 공동육아 구성원들은 조합이라는 공동체를 떠날 때 '기금'으로 출자금의 일부를 남겨 놓았다. 그 결과 해당 공동육아협동조합은 '터전'이라 부르는 어린이집이나 초등방과후 공간을 자가 소유로 마련할 자금을 축적했고, 터전은 지역의 공유공간이 되어갔다. 이미 그 자체로서 공유문화의 기반을 조성하는 길을 밟고 있었다.

그런데 마을학교나 지역교육네트워크를 구성하는 것은 또 다른 차원의 사안이었다. 처음에는 조합원이나 관심있는 주민들이 갹출해서 재원을 마련하여 마을학교를 출범하였다. 하지만 그 마을학교를 유지하려면 운영비와 인건비를 지속적으로 충당하는 구조를 마련해야 했다.

성미산마을에서는 새로운 시도들이 이어졌다. 마을학교 우리마을꿈터, 성미산마을배움터, 마을배움네트워크 판, 또보자 마을학교 라는 이름으로 활동의 범위와 내용은 다르지만 마을과 지역에서 배움의 공동체를 만들려는 맥이 꾸준히 이어졌다.[8] 그런데 여러 모습으로 마을교육이

---

8 성미산마을의 교육네트워크 활동을 연차별로 보면 다음과 같다.
① 마포두레생협의 '우리마을꿈터'(2002-2008)는 조합형 방과후에서 마을방과후로 확장하고 했던 생협조합원들의 열망을 담은 마을학교였다. 마을학교와 마을도서관을 운영하면서 마을교육과 마을학교의 정체성을 논의하고 아이들과 어른들이 함께 하는

이어진 것은 그 조직이 지속가능하지 못했다는 반증이기도 했다. 안정적인 교육활동가와 운영조직를 확보하고, 마을의 교육관계망을 유지하는 일은 상당한 노력과 에너지를 요했다. 운영비를 참가자들의 참가비로 충당하지 못할 때 조직의 존폐에 관한 논의가 일어났다. 특히 네트워크 사업은 안정적인 기관이 운영을 할 때는 지속가능성이 높아지지만 그때는 그 기관중심으로 운영되어 네트워크성이 떨어지기도 했다. 또는 외부

다양한 교육활동을 시도하였다. 지역에 대안학교가 설립되고 운영주체가 불안정해지면서 운영이 축소되어 해산하였다.

② 하나의 마을학교 안에 모든 교육활동을 담을 수 없게 되었던 시점에 마을 안에 생겨난 다양한 교육활동을 네트워킹하는 '성미산마을배움터'(2004~2011)가 제안되었다. 성미산마을배움터(2004~2011)는 초등생활방과후, 우리마을꿈터, 생협, 대안학교인 성미산학교, 공동체라디오 마포FM를 비롯해서 20여개에 가까운 교육활동을 하는 기관과 개인들의 교육활동을 연계하였다. 이 과정에서 사람들이 생활하는 마을에서 언제든지 자신들이 하고 싶은 학습을 할 수 있는 관계망을 만들자, 즉 마을에서 평생교육을 해보자는 마을교육의 전망이 생겼다. 독자적인 네트워크에서 사람과마을의 교육분과, 성미산학교로 운영주체가 바뀌어갔다.

③ 마을배움네트워크 판(2011~2014)은 연세대가 추진한 마을인문학 프로젝트로 출발하였고, 서울마을공동체지원센터의 공모사업으로 본격화했다. 마포지역 전역에 걸쳐 교육활동을 하는 단체와 기관들의 교육내용과 활동들은 각 동별로 분류하여 소식지로 사람들에게 배포하였다. 2년에 걸쳐 지역의 교육자원들을 꾸준히 모아 40여 개의 교육주체들이 모였고, 사회적협동조합 설립을 비롯한 다양한 운영체계에 대한 전망을 논의했다. 플랫폼이라는 새로운 방식을 실험하면서 그 유용성을 확인했으나 프로젝트사업이 끝나면서 운영의 어려움에 부딪혀 독자적인 운영을 중단하고 마을공동체사업으로 넘겨졌다.

④ 2015년 서울교육청과 서울시마을공동체종합지원센터가 함께 진행한 [마을과 학교의 상생프로젝트] '또보자마을학교'이다. 또보자마을학교는 서울시교육청과 서울시마을공동체종합지원센터가 함께 진행한 "마을과 학교의 상생프로젝트"의 하나로 지원받아 2015년부터 2017년까지 3년간 운영되었다. 지역의 중학교와 함께 자유학기제수업으로 마을직업인과 만나는 진로교육을 '사람책(리빙 라이브러리)'으로 구축하고, 초등학교 학교축제를 학생들과 함께 준비하는 등 학교 속으로 들어가 마을교사로 활동하였다. 프로젝트사업이 가진 한계를 넘기 위해서는 지속가능한 구조와 사람, 재정에 대한 재논의를 할 수밖에 없었다.

프로젝트로 진행할 경우는 프로젝트 유지 여부가 조직의 운영을 좌우하기도 했다.[9]

함지박공동체도 마을 수준에서 벌어지는 다양한 교육문화활동을 위해서 초기에는 자체 역량으로 유지할 수 있었다. 구성원들이 자발적으로 참여하는 흥성거리는 문화가 가득했다. 그런데 최근 지자체의 마을공동체 지원사업을 받으면서 사업수행중심으로 운영되고 내부의 공동체성이 떨어지는 양상이 두드러졌다. 거기에 코로나19 팬데믹의 영향으로 활동의 동력이 줄어드는 문제가 발생하고 있다.[10]

상대적으로 대천마을은 교육활동기관이 한번 만들어지면 꾸준하게 운영하고 탄탄하게 지역사회관계망을 구축해가 양상이 보인다. 한 개의 공동육아협동조합을 중심으로 지역사회에 뿌리내린 부모와 교사들이 새로운 영역으로 활동을 확장해 나갔다. 그래서 마을의 교육문화기관들 사이의 관계도 긴밀하다. 더불어 지역 연대활동의 성과를 안정적인 교육센터를 마련하는 데 집중하여 마을교육을 지속할 수 있는 공유공간을 마련하였다. 안정적 공유공간 덕분에 주민들이 수월하게 이용할 수 있고, 외부 프로젝트를 지속가능한 구조를 만드는 데 활용할 수 있었다.

마을학교로의 전망은 모든 공동육아마을의 전망이다. 그런데 지속가능한 운영과 확장의 문제는 여전히 남아있다. 육아공동체 내부의 구성원들이 재원과 인력의 기초를 마련하는 것은 필수적이다. 이는 비전을 공유하고 아이들을 함께 키우는 문화를 만들어나간다는 측면에서 중심을 구성하는 일이다. 그런데 그것이 마을 단위에서 지속가능하기 위해서는

---

9   김영선, 이경란 엮음, 앞의 책.
10 함지박마을공동체 조약돌님과 인터뷰(2021.6.8.)

마을을 기준으로 한 재원과 운영비를 안정화하는 방안을 마련해야 한다. 이를 위해서는 교육을 지역의 공동의제로 삼아 함께 뜻을 모으는 과정이 선행되어야 할 것이다. 그리고 지역주민들의 노력과 힘을 집중하고 외부 재원과 역량도 적극적으로 활용하여 안정적인 마을교육공간을 만드는 다각적인 노력이 필요하다. 동시에 그것을 수행해가는 마을교육을 자기 일로 자임하는 활동가가 활동할 수 있는 분위기와 조건을 만들어가는 일 또한 마을교육공동체가 지속가능할 수 있는 핵심요소이다.

3. 살림공동체 : 아동돌봄과 교육을 넘어 생활 전반으로

1) 서로 연결되는 마을경제

마을공동체운동에서 삶의 여러 영역을 협동하는 생활공동체를 만들어 가야 한다는 문제의식은 커지고 있다. 공동육아마을은 교육공동체만이 아니라 경제공동체를 만들고자 다양하고 꾸준한 시도를 하는 모습이 보인다. 보육과 초등아동돌봄 서비스 자체도 경제사업이다. 1년에 1억을 넘나드는 규모의 재정과 교사의 처우와 일자리를 안정화시키기 위한 다각적 노력이 전제가 된다.

이런 어린이집과 초등방과후가 맺고 있는 마을과 지역의 관계망이 지역내 사회적경제 또는 마을경제가 커갈 수 있는 토대가 된다. 생태적 삶을 지향하는 공동육아에서는 친환경 먹거리를 아이들에게 제공한다. 어린이집과 가정의 생활을 일치하는 문화가 자리를 잡고 있어 가정에서도 친환경먹거리를 먹는다. 그러다 보니 경제공동체를 구상할 때 친환경 먹거리를 안정적으로 공급하고 활용하는 협동사업체가 가장 먼저 등장하였다.

가) 성미산마을에서는 초등방과후 조합원들이 중심이 되고 공동육아
협동조합들이 협력해서 설립한 100여 명의 조합원으로 마포두레생활협
동조합(2001)이 출범했다. 이후 생협과 더불어 반찬가게인 동네부엌
(2002)과 성미산밥상(2010)이 경제공동체의 중심축에 자리 잡았다.

<표 2> 성미산마을의 경제공동체

범주	경제공동체
마포두레소비자생활협동조합과 두레공동체	생협(2001~), 떡두레(2004), 비누두레(2008~), 한땀두레(2008 ~), 되살림두레(2008~)
협동조합형 마을기업	동네부엌(2002~2018), 성미산차병원(2003~2009), 그늘나무/작은나무(2004~2017/2018재개업), 성미산밥상(2010~2017), 마을가게 풀방구리(2011~2012)
일반 기업	소통이있어행복한주택
금융/지역통화/품앗이	성미산대동계(2005~), 성미산동네금고(2011~), 지역통화모임 '마포품앗이', 되살림가게 지역통화 '두루'(2008~)
청년 기업	소풍가는 고양이(+하자센터/2011~2019), 다정한 마켓(2017~2019),[11] 청년유니온 명왕성(2018~)[12]

나) 대천마을의 첫 번째 경제공동체 시도는 2013년에 설립한 친환경
밥집 마을밥상협동조합이었다. 100명의 조합원이 5천만 원 가량의 출자
금을 모아 설립했다. 하지만 2년 남짓 운영하면서 적자를 감당하지 못하

---

11 권희중, 이호찬, 신승철 지음, 『우리의 욕망을 공유합니다』, 한살림, 2020.
12 성미산학교 졸업생 3명이 청년유니온 '명왕성'커뮤니티를 만들어 "같이 벌고, 필요한
    만큼 나눈다"라는 원칙으로 청년들이 좋은 일을 할 수 있는 다양한 방안을 모색하고
    있다. (남연우 인터뷰, 마포마을활력소·성미산마을회관·사람과마을, 『마을, 상상하
    다, 성미산마을아카이브북 1994-2020』, 2020, 40쪽)

고 문을 닫았다. 2016년부터 인연이 닿는 농부들의 친환경 농산물과 마을 장금이들이 만든 반찬을 판매하는 매장이 점차 안정화되고 있다. 그리고 마을주민들이 개인적으로 운영하는 카페와 공방이 어우러지며, 최근 마을에서 성장한 청년들이 리사이클·업사이클 협동조합을 설립중이다.

다) 안심마을도 도시락, 뷔페사업을 하는 사회적기업인 협동조합인 동구행복네트워크(2010), 2012년에는 친환경먹거리 매장인 안심생활협동조합의 땅이야기와 마을카페 사람이야기, 친환경 반찬 배달 마을기업협동조합인 달콤한 밥상(2014)이 설립되었다.

〈표 3〉 안심마을의 경제공동체

범주	경제공동체
친환경 먹거리	2010 동구행복네트워크(도시락, 뷔페), 2012 안심생활협동조합 땅이야기와 마을카페 사람이야기, 2014 달콤한 밥상
장애관련	2014 (비)장애아동 상담치료 협동조합인 마을애, 2015년 장애청년 주택협동조합
금융	2012 대동계(소액신용대출)
문화	2014 문화공작소 와글

공동육아마을은 생활 필수재라 볼 수 있는 육아와 교육 그리고 친환경 먹거리를 기본에 두고, 그와 연결되는 생활의 필요들을 해결하는 다양한 협동사업체로 확장해갔다. 안심마을과 성미산마을의 사례를 보자.

안심마을은 장애인 인권운동을 기반에 두고 있다. 발달장애인들의 생활과 자립, 장애/비장애가 함께 살아가는 마을이라는 비전을 실현하는 집약적인 경제공동체운동이 진행되고 있다. (비)장애아동 상담치료 협동조합인 마을애, 장애청년의 주택협동조합, 소액신용대출을 담당하는 대동계, 마을문화행사를 기획하는 문화공작소 와글이 계속 생겨났다. 안심

마을에서 발달장애인들의 일자리 만들기는 핵심사업이다. 아띠도서관
에서는 주3회 발달장애 청년들이 직업체험을 하고 있으며, 안심협동조
합 땅이야기나 카페 사람이야기에서는 발달장애 청년들이 교대로 근무
한다. 그리고 이들은 퇴근 후에 그룹홈에서 거주한다. 발달장애 공동체
를 중심에 두고 마을경제공동체가 만들어졌다.

성미산마을이 경제공동체로 자리 잡을 수 있던 바탕에는 생활협동조
합이 있었다. 공동육아에서 출발한 마포두레생활협동조합은 일반적인
생활재 공동구매사업을 넘어 마을을 만들어가려는 방향을 세웠다.

"우리는 사람들끼리 협동하고, 사람과 자연이 협력하여 자신의 삶을
안전하고 건강하게 일궈내자는 오늘의 희망과, 후손들에게 안전하고 건
강한 삶의 터를 물려주겠다는 미래의 꿈을 마포생활협동조합에 담아보
려고 합니다. 마포생활협동조합은 먹거리, 교육, 환경 등 여러 분야에서
생명의 문화를 꽃피우기 위해 노력할 것입니다. 그리하여 우리가 사는
이곳을 살만한, 그리고 살고 싶은 지역으로 가꾸는 일에 하나의 노둣돌
이 되겠습니다." (「마포두레생협(현 울림두레생협) 설립취지문」, 2001)

이들은 친환경먹거리와 생활재를 안정적으로 공급하는 생협활동을
'성미산 반경 2km' 라는 주민생활권 안에서 조합원들을 밀도있게 조직
해서 마을살이를 하는 관계를 맺고자 했다. 육아와 교육에서 먹거리와
환경 문화를 연결하는, 살고 싶은 지역으로 가꾸는 생협의 역할을 제안
한 것이다.

그리고 사람들은 생활하면서 필요하다고 생각하는 일을 협동공동체로
만들어 실현하려 하였다. 친환경먹거리를 생협에서 구입하기는 하지만

맞벌이를 하고 있는 처지라 제대로 반찬을 만들어 먹기 어려운 형편에 있거나, 믿을 수 있는 자동차 정비업소를 찾거나, 안전하고 건강한 생활문화를 영위하고 싶거나, 아이들이 영유아기를 지나더라도 지속적인 관계를 유지하고 싶거나, 장애를 가져도 성인이 되어 자기 삶을 잘 유지하고 싶은 사람들의 필요를 충족하는 사업체들을 만들었다.

그런데 여기서 마을경제라는 범주가 실질적으로 가능한가 라는 질문이 등장했다. 대천마을이나 안심마을이나 성미산마을을 보더라도 마을경제가 독자적으로 구성되기는 어려웠다. 마을 수준에서 규모의 경제를 유지하고, 일하는 사람들의 생활을 보장하고, 서비스와 물품의 품질을 안정적으로 보장하는 시스템을 갖춘 기업을 유지하는 일은 쉽지 않았다. 성미산마을을 사례로 마을기업이 지속가능하고 마을공동체경제로 기능하기 위해서 어떤 조건이 마련되어야 하는가 살펴보자.

협동조합형 마을기업으로 운영했던 반찬가게 동네부엌, 자동차정비소 성미산차병원, 마을카페 작은나무, 마을밥상 성미산밥상 등은 한동안 마을의 구심점이었다. 협동조합으로서 마을경제의 가능성을 점치게 하기도 했다. 하지만 지속기간은 10년을 넘지 못했다. 상대적으로 마포두레생협에서 만든 일공동체인 비누두레는 생협 매장에 물품을 납품하고 나아가 두레생협연합의 생산자가 되었다. 마을 단위 안에서 기업을 유지하기는 쉽지 않으며, 광역 관계망 속에서 규모화되어야 경영을 유지할 수 있었다. 경제규모화의 어려움을 해결하기 위한 방안은 이용의 필요성이 명확한 사업체를 꾸리거나, 더 큰 공동체경제망과 연계해서 규모화를 꾀하는 길이 있었다. 이 두 방향은 서로 유기적으로 연결되어 있다. 마을사업체와 마을경제는 마을 – 지역 – 협동사회라는 더 큰 그물망 속에서 연결되었을 때 스스로를 유지할 수 있는 지속가능한 자생력을 가질 수 있다는 점이다.

2) 서로를 돌보는 마을돌봄

공동육아마을은 육아부터 서로 돌보는 마을돌봄 관계망을 만들어간다. 그런데 돌봄의 관계망이 육아와 아동돌봄에 머물지 않고 청소년부터 노인에 이르는 모든 세대와 지역에서 살아가는 존재들을 돌보는 마을을 전망하는 것은 가능할까?

안심마을은 영유아부터 장애청년까지의 돌봄을 함께 해결하는 노력에서 출발했다. 그 과정에서 장애/비장애 모두가 공존하며 살아가는 마을을 일구게 된 것이다. 이 흐름이라면 점차 생애에 걸친 돌봄체계를 만들어갈 것이라 전망할 수 있다.

〈표 4〉 성미산마을과 관계 깊은 돌봄사업체를 보면, 성미산마을은 마을의 핵심 가치 중 하나가 함께 돌봄에 있음을 알 수 있다. 가장 먼저 돌봄을 제안한 곳은 지역의 독거노인과 경제적으로 어려운 아이들을 지원하는 자원봉사단체 마포희망나눔이었다. 그리고 마포두레생협은 '돌봄'을 생협 운영의 핵심방향으로 설정했다. 그 이후 영유아돌봄에서 나아가 모든 조합원들의 상호돌봄, 더 나아가 장기요양사업체와 데이케어센터 설립까지 삶의 모든 부분에 걸친 지역돌봄체계를 만들어가고 있다. 그리고 장애를 가진 청년들이 성인으로 자립할 수 있는 방법을 모색하고, 주민이 주체가 되는 의료, 반려동물과 더불어 살아가는 돌봄까지 다방면으로 확장되었다.

〈표 4〉 성미산마을과 관계 깊은 돌봄사업체

범주	기관
독거노인 지원과 아동청소년멘토링	2005 마포희망나눔
장기요양과 돌봄사업	2009 생협 부설 돌봄두레 어깨동무(재가 장기요양 기관) 2019 올림두레돌봄사회적협동조합 창립(돌봄센터/생활응원사업)
장애	2009 성미산학교 장애-비장애 통합 카페 겸 쿠키작업장 개설 2012 성미산공방 독립(수공예 작업장) 2013 발달장애청년 성미산좋은날협동조합 (유기농커피) 2017 발달장애청년허브 사부작
의료	2012 마포의료협동조합 창립 2013 마포의료생협의원 개업
반려동물	2013 우리동물병원생명사회적협동조합 '우리동생' 창립 2015 우리동생동물병원 개업

이런 돌봄의 확장과정을 성미산마을에서는 "우리는 일상에서 혼자만
의 힘으로, 가족만의 힘으로는 해결하기 어려운 순간을 만나게 된다. 이
웃의 관심과 도움이, 지역사회의 다양한 서비스와 지원이 개인과 가족을
세심하게 배려하고 보살필 때 일상도 행복해진다. 성미산마을에서는 서
로 돕고 보살피는 돌봄의 관계망을 형성하고 그 관계망 속에서 서로가
서로를 돌보고자 한다"라고 그 성과를 해석하고 있다.[13]

돌봄사업체들은 성미산마을에서 필요를 함께 해결하고자 시작한 것들
과 지역사회단체들이 협력하면서 구성된 것들로 나눌 수 있다. 마포희망
나눔과 의료생협과 동물병원을 설립할 때 지역의 민중정당과 시민운동
세력이 주도적인 역할을 하였다. 이들은 성미산마을을 넘어 마포지역으
로 사업과 활동을 펼치고자 했고, 성미산마을의 단체들과 주민들이 그것

---

13 사람과마을, 성미산마을 아카이브북(2020).

을 탄생시키고 키우는데 기여했다. 이런 사업체들 덕에 성미산마을 사람들은 생활공동체로서 삶을 함께 영위할 수 있는 생애에 걸친 공동체적 관계망 속에서 살 수 있게 되었다.

이런 돌봄사업체들은 돌봄민주주의를 내적 원리로 삼는다. 시혜 – 수혜의 관계가 아닌 수혜자도 주체로 참여하고, 돌보는 자와 돌봄을 받는 자 모두가 돌봄을 받을 수 있도록 상호돌봄의 운영원리와 민주적 운영구조를 만들어가고 있다. 모든 이들이 서로를 돌보는 문화와 기풍이 지역사회에 스며들게 하는 역할도 크다.

"마을에서 생활한다"라는 표현은 마을이 베드타운이 아니라 낮 시간에 그 안에 머물러 돌아다니는 사람들이 많아질 때 가능해진다. 거리를 다니는 사람들이 인사하며 안부를 묻거나 수다를 떨며 길거리에 머물러 있는 풍경이 생긴다. 동네 곳곳에 마을기업이 있어 그곳에 가면 아는 얼굴들이 있다. 그저 물건만 사는 게 아니라 게시판에서 좋은 정보가 있나 두리번거리고, 아는 이를 만나 이야기꽃이 피기도 한다. 물건만 사고 떠나는 게 아니라, 사람들과 만나느라 머무는 시간이 길어진다. 이곳은 익명의 공간에 흘러와 욕망을 해결하는 공간이 아니다. 내가 알고 믿을 수 있는 사람들이 운영하는 가게에서 믿을 수 있는 관계에서 검증된 물품과 서비스를, 그리고 때로는 내가 직접 참여하여 운영내역을 다 파악하고 있는 곳을 이용한다. 그 공간들이 늘어나면, 밖에 나와 머무는 시간이 늘고, 그 공간들과 사람들 덕분에 아이들이나 노인, 장애인, 성소수자를 비롯한 사회적 약자들이 마을 안을 휘젓고 돌아다녀도 안전하다. 안심할 수 있는 관계에서 살아갈 수 있게 된다.

여기서는 일을 찾는 이들과 자신의 필요를 해결하고자 하는 이들이 서로 돕는다. 어린이집과 초등방과후, 대안학교, 병원 등에는 언제나 상주하는 교사들이 있다. 가장 큰 사업체들이다. 공동육아마을이 상대적으로 안정적인 기반을 가지게 된 이유이기도 하다. 교사들은 일자리를 찾아 오기도 했지만, 공동육아 교사로서 대안학교 교사로서 민주적인 공동체의 가치와 생활을 일상적으로 실천하면서 인간적인 삶, 뭇 생명과 공존하는 삶, 돌봄의 가치, 민주적 공동체의 가치를 마을로 세상으로 확산시키는 사람들이다. 또 친환경물품을 파는 매장이나 의료사협의 병원이나 반려동물병원에서 일하는 이들이 있다. 이들은 그 분야의 전문가들과 지역 주민들에게 그 가치와 의미를 알려나가는 활동가들이다. 이런 곳들 덕에 새로 일하고 싶어하는 이들이 수월하게 마을에서 일자리를 찾을 수도 있다. 생협의 매장과 마을위원회는 마을에서 일을 찾거나 활동하고자 하는 이들이 진입하는 주요 통로이다. 이런 일은 노동과 개인의 삶과 사회적인 공익 활동을 함께 하는 일이라서 인기가 높다. 그러다 그 일을 자기 업으로 삼는 이들도 생겼다.

내게 절실하게 필요한 물품과 서비스 속에 서로를 살리는 돌봄의 가치와 원리가 잘 녹아 있을 때, 나는 마을의 공동체적 관계 속에서 돌봄을 받으며 살아간다고 할 수 있다. 경제활동이든 돌봄활동이든 환경을 살리는 활동이든 모두 경제활동이며, 돌봄활동이며, 생명을 살리는 활동이 될 수 있다. 그럴 때 만드는 사람도 파는 사람도 이용하는 사람도 조직하는 사람도 물품과 서비스를 통해 서로를 살리는 관계로 연결된다. 서로를 살리는 살림공동체는 협동경제의 바탕과 돌봄관계망이 어우러질 때 실현될 수 있었다.

4. 협동적 지역사회 : 겹겹으로 마을을 감싸는 지역네트워크

1) 다양하게 얽힌 지역네트워크

마을공동체운동과 사회적경제운동이 활발하게 일어나면서 공동육아 마을은 더욱 주목을 받았다. 두 운동이 통합되어 주민들의 생활 속에 녹아 들어간 곳으로서 지역사회가 지향해야 할 좋은 사례나 삶의 양식으로 인정받고 있다. 마을에서는 협동조합과 사회적기업과 마을기업과 일공동체와 일반 기업과 시민단체가 함께 어우러진다. 사회적경제 영역으로만으로도 마을공동체운동으로 추진하는 작은 공동체들만으로도 어려운 일이다. 다양한 활동을 하는 이들이 얽혀 새로운 관계를 형성해 다른 운동을 일으킬 때 마을이 안정되고 마을을 둘러싼 지역사회가 재구성되는 운동으로 진화해나갈 수 있었다.

대천마을은 공동육아마을과 아파트생활공동체가 대천천네트워크로 연결되었을 때 비로소 새로운 단계로 진화했다. 이 두 공동체는 서로 상보작용을 하며 마을과 지역의 방향과 내용을 채웠다. 1990년대 후반에 형성된 아파트 공동체가 주변에서 진행하는 아파트 건설 지구 내에 고등학교 설립을 성공시킨 경험이 큰 디딤돌이 되었다. 이를 계기로 아파트 공동체는 화명2동 지역발전협의회를 구성하였고, 동네 토박이들이 주도하는 하천주민운동단체인 화명포럼으로 발전했다. 대천천 보호 활동과 생태자료집 발간, 환경문화축전 등이 이어졌다. 2004년 화명포럼과 지역발전협의회를 중심으로 대천천네트워크가 발족되었다. 네트워크는 출범과 동시에 금정산 고속철도 사갱공사 반대투쟁의 주체가 되었다. 싸움은 공사를 허용하되 주민 피해보상을 얻어내는 것으로 마감했다. 도시개발공사 소유의 공공용 부지(313평)을 건설사들이 매입하여 3층 규모의 마을회관(이후 대천천문화환경센터)을 신축한 후 마을에 기부한다는 성과를 거뒀다.

대천천네트워크는 여러 방면으로 관계망을 확장했다. 첫째 2009년에 신축하는 대천천문화환경센터를 기부받기 위해 사단법인으로 등록했다. 이 센터에 공동육아마을에서 만든 맨발동무도서관과 대천마을학교가 입주했다. 두 공동체가 안정되면서 대천마을이 제 모습을 갖게 되는 사건이었다. 둘째 지역사회 내에서 위상이 높아졌다. 네트워크 회의에 주민센터 사무장이나 구의원이 배석하기도 하고 구청은 협치의 주요 파트너로 인정한다. 셋째 하천주민운동단체로서 부산하천시민연대, 부산하천살리기시민운동본부에 참여하여 대천천 정화와 환경 파괴 감시, 수생식물 심기, 환경캠페인을 전개한다. 넷째 정원대보름 달맞이 한마당, 대천천환경문화축전, 주민강좌, 찾아가는 작은 음악회, 독거노인이나 결식아동 돕기 등 마을공동체의 문화를 전승하고 주민들의 통합을 이루는 주민자치공동체를 만들어가고 있다.

공동육아마을이 대천천네트워크를 만나고, 공동육아 구성원들이 대천천네트워크의 활동에 참여해서 이루어진 결과였다. 대천천네트워크가 주민의 삶의 터전이 살기 좋게 만드는 하드웨어를 마련했다면, 공동육아마을은 그 속에서 아이를 함께 키우며 오랫동안 살아갈 수 있는 마을의 소프트웨어를 챙겼다.

이런 양상은 성미산마을에서도 그대로 나타났다. 2000년대 초반 성미산마을이 확장할 수 있었던 배경에는 공동육아협동조합의 관계를 넘어 지역에 대한 관심을 넓혔기 때문이었다. '섬으로서의 공동육아'를 벗어나려는 다양한 노력들이 있었다. 2001년 공동육아협동조합과 생협이 함께 마포협동조합협의회를 구성하여 정기적인 마을교육, 마을축제, 마을

운동회, 마을송년회를 함께 열면서 마을의 정체성을 형성해갔다.

결정적으로 성미산마을이라는 정체성을 갖게 된 계기는 동네 뒷산인 성미산을 지키는 운동이었다. 초기에는 공동육아어린이집과 초등방과후 그리고 생협이 모여 아이들이 매일 나들이를 가는 산을 지키는 활동으로 시작되었다. 그러다가 성미산을 지킬 다양한 이유를 가진 사람들이 결합했다. 마을 토박이들이 모인 성미산향우회, 성미산에서 운동을 하는 역도부, 지역의 유일한 녹지인 성미산에 새벽부터 저녁까지 오르내리는 동네 어르신들, 지역의 생태환경을 지켜야 한다는 데 동의하는 지역단체과 정당 그리고 환경운동단체가 결합했다. 성미산대책위원회는 공동육아마을이 지역과 만나는 자리였다. 성미산지키기는 성공했고, 이 과정에서 마을을 이루는 새로운 주체가 등장했다. 기존의 공동육아협동조합 관계자만이 아니라 성미산지키기에 함께 했던 시민단체들이 속속 마을의 활동에 참여하거나 마을로 이주해 함께 활동을 펼쳤다. 성미산마을을 대표하는 단체인 (사)사람과마을은 관계의 확장 덕에 만들어질 수 있었다.

동시에 내적으로도 공동육아에서 마을로 관계를 확장하려는 노력들이 이어졌다. 초기 생협에서는 공동육아 사람들이 당연하게 사용하는 별명을 쓰지 않기로 결정하기도 했다. 지역 주민들이 느끼는 소외감을 없애기 위한 조치였다. 정서적인 연결이 필요했던 시점이었다. 성미산을 지키는 활동을 성공한 후에는 생태마을만들기사업을 벌였다. 녹색사회연구소가 제안한 도시 지역의 생태마을만들기운동으로 진행되었다. 지역 전체를 생태적인 관점에서 돌아보기, 자전거 타기와 자전거도로 만들기, 지렁이를 이용한 음식물 퇴비화 활동, 골목길 안전을 위한 골목길 축제 등이 이어졌다. 참여자들이 마을을 보는 눈이 더 섬세해졌고 동네 곳곳에서 마을의 보석들을 발견하고 바꿔야 할 것이 무엇인지를 인식해갔다.

마을 활동가들의 생태적 인식이 확장됨에 따라 마을교육과 대안학교인 성미산학교 교육과정이 재구성되었다. 특히 성미산학교는 생태마을이라는 관점을 지속적으로 교육활동 속에 녹여내어, 현재는 기후위기에 대응하는 생태적 전환마을운동과 에너지운동의 중심이 되고 있다.[14] 그리고 마을의 여러 기관과 사업체들이 함께 하는 장으로 성미산마을배움터와 성미산마을축제가 정례화되었다. 그 연장선에 2018년 마포마을활력소 성미산마을회관이 문을 열었다. 마을회관은 마을의 다양한 네트워크 허브로서의 역할을 수행하면서, 공간을 기반으로 청년들의 공동 활동을 지원하고 주민 교육을 진행한다.

또한 마포를 하나의 단위로 놓고 연결하는 다양한 활동들이 등장했다. 풀뿌리시민단체 마포연대, 마포희망나눔, 민중의 집, 홈플러스노동자 지원 활동, 망원시장 살리기, 구제역 투쟁, 지자체 선거 시기 후보 내기, 마을넷 다정한 사무소, 지역정당 마포파티 조직, 두리반과 작은나무 살리기(둥지내몰림투쟁) 등 꾸준한 연대활동이 이루어졌다. 마을 구성원들은 거기서 활동 주체로 움직였다. 2012년 무렵부터 마포지역에는 여성, 돌봄, 교육, 마을 등 여러 분야의 네트워크 조직이 구성되었다. 이 네트워크들은 기관이나 단체별로 활동하던 활동가들이 서로의 사업과 활동을 공유하고, 공동으로 지역 현안과 의제를 발굴하는 성과를 거두었다. 그렇지만 각 기관의 열악한 형편 때문에 특별한 이슈가 사라지면 네트워크 활동이 중단되어 버리곤 했다. 그런데 최근 공동사업을 수행하면서 협력의 질을 올리고 지역사회를 바꿔가려는 새로운 네트워킹이 이루어지고

---

14 성미산학교는 마을과 생태를 핵심으로 교육과정을 재구성하였다. 그 성과의 하나로 정선미 오윤정 외, 『성미산학교 에너지교실』, 북센스, 2014가 발간되었다.

있다. 또보자마을학교의 전환, 돌봄넷의 공동사업과 새봄회의, 마을공
동체경제네트워크 모아, 다정한 사무소의 로컬리스트 컨퍼런스와[15] 마
포시민협력플랫폼은 지역을 재구성하려는 목적의식을 갖고 네트워크를
구축하고 있다.

대천마을학교 교장인 이귀원은 대천마을의 진화과정을 공공성의 확장
과 상호 뒷받침으로 설명한다.

"대천마을은 공익(共益) 단체를 기반으로 공익(公益) 단체를 구성해간
사례. 아파트 주민 조직, 혹은 공동육아 조직이 싸움과 자기 성장 과정을
거쳐 마을 전체의 공익(公益)으로 인식과 실천을 확장하고, 이를 통해
공익단체를 만들어갔다. 또한 공익(公益)단체는 그 이후에도 공익(共益)
단체의 성장을 지속적으로 뒷받침해주고 있다."

작은 공동체의 공동체적인 공익(共益)이 마을 전체 또는 사회적 공익
(公益)으로 확장했을 때, 공동체와 마을 또는 사회 전체가 서로 뒷받침하
는 관계로 전환한다는 의미로 들린다.

2) 공동사업으로 만들어가는 호혜적 지역사회

그럼 작은 공동체와 공동육아마을과 호혜적 지역사회가 서로 뒷받침
하는 관계가 깊어지고 힘이 생기려면 어떤 활동이 이루어져야 할까?

---

15 마포지역 주민, 마을활동가 및 민간단체는 마포구 지원으로 마포지역 공동의 비전을
   모색하고, 마을 활동가들과의 네트워크 형성 및 마을발전 아이디어 공유를 위해 '마포
   로컬리스트 컨퍼런스'를 매년 개최. 2015년 시작으로 현재까지 마을에 대한 자유로운
   상상과 열린 토론의 장이 열린다.

성미산마을의 예로 살펴보자. 공동육아 관계망에서 마을관계망으로 확장될 때 마포두레생협의 역할이 컸다. 생협은 마포지역 전역을 조합구역으로 삼으면서 지역주민들을 연결해갔다. 2018년도 현재 울림두레생협은 마포 서부지역 총 9만여 세대의 5.5%인 5천 세대가 조합원으로 가입해있다.[16] 상당히 높은 조직율이다. 이 지역의 조직기반이 성미산마을이기 때문에 가능한 일이기도 했다. 생협에 가입한 조합원들이 늘어나면서 생협은 지역의 여러 단체들과 연대하여 식생활교육을 진행하며, 지역주민들이 주도하는 마을공동체운동을 마을마다 전개하고, 매장을 지역의 활동거점으로 삼고, 지역의 협동조합들이 연대하여 경제활동을 펼치고, 여성들을 교육하고 사업에 참여하게 하여 지역의 리더로 키우고, 어린이·청소년·청년·독립생활자들의 활동 지원하며, 지역의 돌봄문화를 확산해가고, 생태마을을 만드는 활동을 하는 등 전방위에 걸쳐 연대활동과 재정지원을 펼쳐갔다.

생협의 지역조합원이 확대되면서 전반적인 지역의 사회적경제 활동도 활성화되었다. 여기서는 공동사업에 주목해보려 한다. 마포사회적경제네트워크(마포사경넷)는 기존의 회의 중심 네트워크에서 2018년 공동의 사업과 사회적 활동을 진행하기 위해 사단법인으로 재창립되었다.[17] 마포사경넷은 마케팅 트랜드보고서, 사회적경제 조직 소개, 지역의제를 발굴하기 위한 세미나 개최, 공동구매와 상호거래를 활성화하기 위한 공동

---

16 생협 조합원 지역 비율은 울림두레생협 제공하였다.
17 마포사경넷 회원으로 주식회사 민트랩, (사)여성이만드는일과미래, 마케팅커뮤니케이션살림협동조합, 울림두레생협, 우리동네나무그늘협동조합, 마포구고용복지지원센터, 맛을만드는사람들, 괜찮아요협동조합, 홍우주사회적협동조합, 와우책문화예술센터, 주식회사 동물의 집, 마포공동체라디오, 36.6℃의료생협, 공기핸디크래프트 등 마포지역의 핵심적인 협동조합과 사회적기업이 참여하고 있다.

사업에 중점을 두었다. 특히 생협과 의료사협 그리고 반려동물협동조합의 협력구조 만들기와 지역자산화를 위한 활동이 핵심사업이었다. 그 결과 지역자산화사업으로 공동의 공간을 마련하는 성과를 거뒀다.

한편으로는 지역화폐를 매개로 한 경제공동체망인 마포공동체경제네트워크 모아(이하 모아)가 결성되었다.

"우리는 경제를 이제 개인과 집단주체들이 상호의존적인 관계를 맺고, 자립과 연대를 통해 정치적이며 윤리적인 활동을 하는 공간으로 만들고자 한다. 우리의 일상적 결정과 행위에 변화를 주어 경제를 우리의 것으로 만들어, 함께 살아가는 지속가능한 세상을 만들려는 것이다. 이를 두고 우리는 '공동체경제'라 명명한다. 공동체경제는 그동안 소비의 대상으로 전락한 주체들이 상호의존적 관계라는 인식 아래 관계를 맺고, 관계 형성의 힘으로 자립과 연대를 만들어가는 것이다." (모아 창립선언문)

모아는 ① 소비 운동 : 공동체가게를 통해 관계를 맺고 기금을 만드는 소비 운동 ② 공동체은행 운동 : 개별적으로 은행에 예치해 둔 자금을 모아 공동체 구성원이 이용하게 하는 공동체은행 운동 ③ 필요생산운동 : 꼭 필요하지만 시장이 공급하지 않는 제품과 서비스를 직접 생산하는 필요생산 운동 ④ 공유재 확대 운동 : 공동의 것을 늘이는 공유재 확대 운동 등을 전개하여 지역경제를 자립과 연대의 공동체경제로 전환하려는 운동을 추진하고 있다.

참여 단체는 협동조합, 민중단체, 지역부문단체, 마을공동체, 상인회, 문화예술인, 지역 정당, 노동조합 등 다양한 지역단체와 기관이 포함되었다. 특히 마을공동체와 더불어 지역상인회와 중소자영업자와 노동조합의 참여가 주목된다. 의료생협을 만들 당시 망원시장상인회가 참여한 것과 같은 흐름이다. 지역단체들이 협력해서 망원시장살리기를 성공으로 이끌면서 시장상인회와 지역단체와 마을공동체가 긴밀하게 협력하는 바탕이 마련되었기 때문이었다.

모아는 2016년부터 '공동체가게' 프로젝트를 진행했다. 공동체가게는 이용권(지역화폐 모아)을 사용하는 사람들에게 서비스와 상품을 제공하며 수익의 일부를 지역공동체 기금으로 낸다. 공동체가게 이용권으로 지역 내 소비를 촉진하고 수익이 지역에서 순환하도록 하는 구조이다. 2016년부터 2020년까지 지역화폐 모아의 총발행액은 총 7억 5천만 모아였다. 그 가운데 2020년 1년 동안 1억 5천4백만 모아가 발행되어 해가 갈수록 발행액이 커지고 있다.[18] 그런데 모아 사용금액의 상당액은 생협을 통해 유통되었다. 2016년 생협은 마포지역 3개의 매장이 공동체가게로 참여했다. 생협 조합원은 모아에서 공동체 이용권을 구입하여 생협에서 사용하고, 생협은 조합원이 결재한 공동체이용권을 현금으로 태환하는 순환방식이다. 생협 조합원들의 총 이용금액은 2016년 약 1,650만 원에서 2018년 약 1억1900만 원으로 급상승하였다. 생협이 모아에 후원한 금액은 약 1,200만원이었다. 생협도 모아를 활용하여 고질적인 과제였던 카드수수료를 2016년 약 8만원에서 2018년 약 170만원으로 절감하는 효과를 보았다.[19] 외부로 빠져나가던 돈이 지역사회 속에 순환되기 시작했다.

돌봄의 영역에서도 돌봄네트워크의 활동이 긴밀해지고 있다. 2015년

---

18 마포공동체경제네트워크, 『2021년 모아 정기총회 자료집』, 2021.
19 『2019년도 울림두레생협 총회자료집』.

마포지역의 돌봄관련 단체들이 영유아부터 노인까지 살고싶은 마을(지역)을 만드는 돌봄사업을 전개 – 공유 – 연대 – 제안하기 위한 네트워크를 구성하였다. (사)공동육아와공동체교육, 도토리방과후, 동네책방개똥이네책놀이터, 마포구보육반장대표, 마포구고용복지지원센터, 마포사회적경제생태계조성지원사업단, 마포 의료사회적협동조합, 마포장애인부모회, 마포희망나눔, 성산종합복지관, 시소와그네, 마포영유아통합지원센터, 여성이만드는일과미래, 오방놀이터, 와글와글작은도서관, 우리동네나무그늘협동조 합, 울림두레생협, 일상예술창작센터 등 여러 방면의 돌봄에 관련된 단체와 기관이 망라되었다. 2018년을 지나면서 마포지역 16개 단체로 재구성되었으며, 사회적경제 분야 활동가, 복지기관 사회복지사, 마을활동가, 관심을 가진 주민 등이 돌봄포럼에서 만나 지역 내 돌봄의제와 현재 진행되고 있는 돌봄정책(커뮤니티케어, 돌봄SOS센터)을 살펴보는 작업을 진행했다.

특히 2019년부터 울림두레사회적협동조합과 마포희망나눔, 그리고 마포의료복지사회적협동조합은 공동사업을 시작하였다. 돌봄강좌 〈치매라도 괜찮아〉를 공동기획하면서 공동사업의 기초를 닦았다. 이들은 '새봄회의'를 구성하여 통합사례관리가 필요한 고립된 주민들을 3개 기관이 공동으로 지원하는 상호협력관계를 긴밀하게 짜고 있다.

마포지역은 공동육아마을에서 지역사회의 협동사업체들과 단체 그리고 주민들이 참여하는 협동적 지역사회를 만들어가는 지역운동으로 전환되고 있다. 육아와 교육을 중심으로 한 작은 공동체들이 엮어가는 공동육아마을은 여기까지 진화하였다. 마을교육공동체를 경제공동체로 이어가 사람들이 기대어 살 수 있는 생활경제의 기반을 만들고, 지역의 공동체경제와 사회적경제의 연결망을 만들어 마을경제와 협동적 지역경제를 구축

해나가고, 생애에 걸친 돌봄 활동을 통해 모두가 서로를 돌보는 지역의 돌봄체계를 전망하는 데까지 왔다. 이는 공동육아만으로는 불가능했다. 하나의 어린이집이나 조합의 틀을 넘어 아이들의 성장을 따라 새로운 관계를 열고 다른 운동의 흐름과 연대할 때 가능했던 일이다.

5. 맺음말

공동육아에서 출발한 마을공동체인 공동육아마을은 새로운 마을공동체운동의 모델로 인정받고 있다. 공동육아어린이집과 초등방과후들은 공동비전을 공동육아마을에 둔다. 그렇지만 공동육아로 아이를 키우는 조합들이 마을을 만들어가는 일을 사업계획을 잡고 추진하는 경우는 흔치 않다. 아이를 키우면서 조합과 어린이집을 운영하는 현실적인 어려움도 있고, 공동육아마을의 실체와 마을을 만들어가는 과정을 잘 알지 못한 까닭이기도 하다. 그렇다면 공동육아마을을 일구고자 하는 주체들이 무엇에 관심을 기울여야 어린이집에서 마을로 나아갈 수 있을까. 이 연구는 여기서 출발했다. 동시에 한국 사회가 마을공동체와 사회적경제와 돌봄의 국가책임을 강조하게 된 현실에 주목할 필요가 있었다. 이런 변화는 공동육아운동과 사회적경제운동을 비롯한 시민운동의 성과이기도 하다. 그렇지만 변화하는 환경 속에서 공동육아마을은 어떤 새로운 전망을 잡고 나아가야 하는지에 대한 고민도 크다.

그래서 이글은 조합 또는 어린이집이 마을을 지향할 때 무엇에 주목해야 하는가에 초점을 두었다. 서울 성미산마을, 부산 대천마을, 대구 안심마을, 대전 함지박공동체에서 전개된 공동육아마을의 활동사례를 검토하였다. 30여 년의 시간을 거치면서 공동육아마을은 공동육아어린이집에서 마을로 성장하여 마을교육돌봄공동체와 생활공동체 그리고 협동적 지역사회로 진화하고 있음을 확인하였다.

이 진화가 이루어지려면 가장 큰 전제조건은 주체들이 목적의식을 가지고 방향을 잡고 그것을 실현하기 위해 행동하는 것임을 발견하였다. 아이들이 지역에서 살아간다는 사실을 발견하고 '섬'을 벗어나 지역의 아이들을 공동육아하려는 의도, 장애아이들을 키우면서 지역주민들과 더불어 살고 장애를 가져도 행복하게 살 수 있는 세상을 만들려는 노력, 지역의 다른 생활공동체와 협력해서 지역 현안을 풀어가고 그 성과를 지역아이들의 공간으로 만들어가는 연대, 아이들과 노인이 더불어 사는 방법을 찾아 같이 사는 활동을 차근차근 넓혀가는 공존의 연습이 이곳에서는 이루어지고 있었다. 즉 의도적으로 방향을 세우고 그것을 학습하고 실천에 옮기는 과정에서 공동육아어린이집이나 초등방과후라는 울타리를 넘어 아이들이 지역에서 살아갈 수 있는 환경을 만들 수 있었다. 그렇게 마을교육공동체가 이루어질 때 아이들이나 어른들 모두 자신의 관심과 욕구를 자연스럽게 확인하고 더 몰입해서 성취를 얻을 수 있는 또 다른 살림의 기반이 마련되었다.

살림공동체는 협동적 경제사업체들이 생활에 필요한 기본적인 재화와 서비스를 안정적으로 공급하고 마을에서 일하는 사람들이 늘어나고, 생활에 필요한 돌봄을 마을에서 주고받는 관계망이 만들어질 때를 말한다. 안심마을은 장애공동체로 출발해서 장애인들이 나이가 들어서도 살 수 있는 마을을 만들어가는 과정에서 장애/비장애인이 함께 운영하는 경제사업체를 만들어갔다. 절실하게 필요한 돌봄을 내포한 경제공동체였다. 성미산마을은 생협을 중심으로 마을경제의 기초를 닦고 협동사업체들이 생활의 필요를 채워가는 구조를 가졌다. 이때 마을경제가 지속가능한 구조로 확장해가기 위해서는 더 큰 공동체경제의 그물망과 연계가 필요했다. 마을경제가 고립적으로 존재하는 것이 아니라, 생협의 물류체계와 전국적으로 연결된 생협생산자들의 연대구조 속에 마을의 경제사업체가 안정화될 수 있었다. 동시에 성미산마을은 어린이부터 노인까지, 의료와 반려동물 기르기까지 다방면의 돌봄사업체가 공존하면서 돌봄의 사회문화를 확산해가고 있다. 살림공동체는 돌봄의 문화와 협동적 경제사업체가 호혜적 관계망 속에서 자리 잡을 때 이루어질 수 있었다.

공동육아마을은 협동적 지역사회를 만들어가는 기초가 되기도 한다. 협동적 지역사회는 살아가는 데 꼭 필요한 영역에서 대안적인 물품과 서비스를 제공하는 사업체로 만들고, 그들 간에 호혜적 시장과 서로 돌보는 관계망이 있는 지역사회를 의미한다. 성미산마을이 있는 마포지역은 교육과 돌봄과 공동체경제 등 여러 분야의 지역네트워크들이 공동사업을 통해 주민의 삶을 재구성하고 있다. 아직 완성 단계라 할 수 없지만 협동적 지역사회를 위한 공동실천의 단초들이 드러나고 있다. 낮은 수준의 네트워크의 관계성이 깊어져 지역의 순환경제구조를 만들고, 한 사람 한 사람을 여러 기관이 함께 돌보는 돌봄의 짜임이 긴밀해지고 있다.

공동육아마을의 진화를 일으키는 요소는 작은 공동체 바깥에서 같은 방향을 바라보는 많은 조직과 사람들이 있음을 확인하는 일이었다. 조금 힘을 내어 다른 이들과 손을 내밀어 협력하면 그것이 거꾸로 작은 공동체의 삶을 더 풍성하고 윤택하게 만든다는 사실을 발견할 수 있었다. 공동육아마을을 만들고 마을이 살림공동체로 자리 잡고 협동적 지역사회로 세상을 바꿔간다는 꿈은 결국 공동육아 조직과 사람들의 공공성과 시민성이 높아질 때 현실이 될 수 있다. 그리고 그 현실은 다시 공동육아하는

이들의 삶을 안정적이고 풍부하게 뒷받침할 것이다. 개인의 이익(私益)과
공동체의 이익(共益), 그리고 모두의 이익(公益)이 연결되는 그 지점이 공
동육아마을이다.

6장

공동육아협동조합과 사회적 돌봄

정성훈

1. 서론

공동육아협동조합은 공동체성이 약화되고 있는 현대 한국의 도시 속에서 친밀관계를 기초로 한 돌봄공동체를 구축하고 있다. 그리고 이 돌봄공동체는 소비자생활협동조합을 비롯한 여러 살림공동체의 형성에 기여하고 있다. 이 글은 공동육아협동조합이 사회적 돌봄의 모범적인 모델임을 밝히기 위한 것이다.

기획재정부와 공동육아사회적협동조합연합회가 2020년 10월에 발간한 안내서에서 나는 '공동육아'를 "아이가 건강하고 행복하게 자라기 위해서는 그 아이의 가족은 물론이고 국가, 사회, 지역공동체가 함께 키워야 한다는 문제의식과 모든 아이는 모두의 아이라는 보편적 돌봄의 지향을 함축하는 개념"[1]으로 정의했다. 공동육아는 돌봄을 개별 가족에게 전

---

1 기획재정부·공동육아사회적협동조합연합회, 「공동육아사회적협동조합 설립·운영

담시키는 것이 아니라 가족, 국가, 지역사회, 시장경제 등이 함께 책임져야 한다는 '사회적 돌봄(social care)'의 문제의식을 공유한다. 그래서 공동육아는 '사회적 육아(social childcare)'라고도 불릴 수 있다.

지금까지 한국의 공동육아 운동은 주로 협동조합의 형식으로 이루어졌으며 보육시설의 일종인 협동어린이집을 운영해왔다. 협동조합기본법의 시행 이후 공동육아협동조합 어린이집의 상당수는 사회적협동조합으로 전환하여 법인격을 획득했다. 그런데 공동육아는 지역아동센터, 민간어린이집, 국공립어린이집 등 협동조합이 아닌 다른 형식들로도 이루어질 수 있으며, 보육시설을 갖추지 않고 품앗이 방식으로 이루어질 수도 있다. 이 글에서 '공동육아협동조합'은 사회적협동조합뿐 아니라 법인격을 갖추지 않은 조합이나 여러 방식의 공동육아 운동을 포괄하는 의미로 사용한다. 그 형식이 어떠하건 사회적 돌봄의 문제의식에 따라 여러 돌봄 주체들이 아이 돌봄에 함께 참여하고 책임을 지는 것을 뜻한다.

2. 사회적 돌봄의 개념과 상황

지난 2~30년간 한국에서 돌봄(care)은 급격하게 탈가족화(de-familisation)[2] 되었다. 맞벌이 부부가 늘어나 영아기부터 아이들을 보육시설에 맡기거

안내서」, 2020, 14쪽.

2 G. Esping-Andersen은 탈가족화는 '반(反) 가족'을 함축하지 않으며, "가족의 복지 및 보호 책임이 - 복지국가의 급부에 의해서 혹은 시장의 급부에 의해서 - 완화되는 정도"라고 말한다. 그리고 탈가족화를 지향하는 복지체제를 "가족의 부담을 덜어주고 친족에 대한 개인들의 복지 의존을 완화하려고 노력하는 체제"라고 정의한다. G. 에스핑앤더슨, 박시종 옮김, 『복지체제의 위기와 대응 - 포스트 산업경제의 사회적 토대』, 성균관대학교 출판부, 2006, 115~116쪽.

나 돌보미 서비스를 이용하는 경우가 늘어났을 뿐 아니라 전업주부들의
경우에도 만2~3세부터 어린이집이나 유치원에 보내는 경우가 많아졌
다. 그리고 그에 따라 증가한 돌봄 비용의 문제, 돌봄 서비스의 질 문제,
돌봄 노동의 처우 문제 등이 사회적 문제로 다루어지고 있다. 이 과정에
서 최근 널리 쓰이고 있는 표현이 '사회적 돌봄'과 '돌봄의 사회화'이다.
이 개념들은 돌봄이 더 이상 가족, 특히 가족 내 여성의 전담으로 이루어
지는 것이 아니라 여러 사회적 담당자들의 참여로 이루어진다는 것을
뜻한다. 나는 후자의 표현에서 '사회화(socialization)'가 상당히 큰 오해를
낳을 수 있는 용어라고 본다. 사회학의 전통에서는 개인이 사회와 관계
맺는 범위가 확장되는 과정을 '사회화'로 불러왔기 때문이다. 그래서 이
글에서는 영어권 사회복지학에서 널리 쓰이는 개념인 '사회적 돌봄'을
사용할 것이다.

사회적 돌봄 개념의 등장은 돌봄을 돌보는 가족의 여성이 치러야 할
당연한 자기희생으로 간주해왔던 전통적 사고방식이 극복되고 있음을
뜻한다. M. Daly와 J. Lewis에 따르면, 오랫동안 "여성에 특화된 개념
(woman-specific concept)"[3]이었던 돌봄에 '사회적'이라는 수식어가 붙은
사회적 돌봄 개념은 세 차원의 접근을 가능하게 했다.

첫째, 돌봄은 노동(labour)이라는 차원을 갖게 되었고 이를 통해 돌보
는 자를 다른 노동하는 자들과 비교 가능한 행위자로 고찰할 수 있게
되었다. 그리고 이를 통해 돌봄 노동을 유급과 무급으로 분류하거나 공
식적인 것과 비공식적인 것으로 분류하는 것이 가능해졌다. 둘째, 돌봄

---

3 M. Daly & J. Lewis, "The concept of social care and the analysis of contemporary
   welfare states", *British Journal of Sociology Vol. No 51 Isuue No. 2*, London
   School of Economics and Political Science, 2000, p.283.

은 의무와 책임의 규범적 틀 속에 놓이게 되었고, 그에 따라 국가를 비롯한 비가족적 담당자들의 역할에 관해 논할 수 있게 되었다. 셋째, 돌봄은 재정적이고 감정적인 비용을 동반하는 행위로 간주되었고, 그에 따라 이 비용을 어떻게 분담할지를 논할 수 있게 되었다.[4]

이러한 사회적 돌봄 개념에 따르면 돌봄의 행위자, 돌봄의 책임자, 돌봄 비용 부담자 등의 역할은 서로 구별된다. 그리고 구별되는 각 역할 또한 단수가 아니게 된다. M. Daly와 J. Lewis에 따르면, 사회적 돌봄에서 노동, 책임, 비용은 가족, 시장, 국가, 그리고 자발적 영역 혹은 커뮤니티 영역이라는 네 가지 종류의 담당자가 나누어 맡게 된다. 한국의 아이 돌봄은 국공립 보육시설의 부족으로 인해 시장화 경향이 컸다고 볼 수 있지만, 최근에 들어 국가와 지방자치단체의 재정 비용 분담이 급격하게 커지고 있다. 그리고 노인 돌봄이나 환자 돌봄과 달리 아이 돌봄에서는 자발적 영역 혹은 커뮤니티 영역의 비중은 미미한 편이다. 그럼에도 사회적 돌봄 개념에 가까운 상황, 즉 다중적 담당자들에 의한 돌봄이 어느 정도 이루어지고 있다고 볼 수 있다.

그런데 사회적 돌봄 개념에 가까운 상황이 실현되었다고 해서 여성의 사회 진출이 활발해지고 여성의 돌봄 부담이 줄어들었다고 단언할 수 있을까? 가족 내 남성의 돌봄 참여가 높아졌다고 볼 수 있을까? 정부의 보육예산이 커졌다고 해서 시장화 경향이 억제되었다고 볼 수 있을까? 무엇보다 돌봄의 질이 높아졌다고 평가할 수 있을까? 즉, 사회적 돌봄의 상황에서 과연 아이들은 행복하게 자라는 걸까?

이 글은 이러한 의문들에 대해 다소 부정적인 답변을 할 수밖에 없는

---

4 *Ibid.*, p.285.

상황을 진단한 후, 공동육아협동조합의 사례를 통해 사회적 돌봄의 의미를 되짚어보고자 한다. 공동육아협동조합은 가족 내 여성과 남성, 시장, 국가, 그리고 이웃이라는 이름의 자발적 영역 및 커뮤니티 영역이 모두 참여할 뿐 아니라 그들 간에 신뢰와 친밀성에 기초한 네트워크를 형성해 가고 있기 때문이다.

3. 한국에서 아이 돌봄의 네 가지 문제

한국에서 지금까지 아이 돌봄을 중심으로 한 사회적 돌봄의 현 상황에 대한 비판 방향은 크게 세 가지 정도인 것으로 보인다. 첫째는 국공립 시설의 부족으로 인해 시장의존성이 크고 그로 인해 서비스 공급주체의 공공성이 확보되지 않는다는 것, 둘째는 돌봄 여성 노동자들의 노동권이 보장되지 못하고 그 부수효과로서 돌봄의 질이 떨어진다는 것, 셋째는 국가의 재정 지원 방식이 가족 내 여성 중심 돌봄 경향을 완화시키지 못하고 있다는 것이다.[5]

첫째의 문제와 관련해, 현재 많은 지방자치단체들이 국공립 보육시설 확충을 주요한 보육정책 목표로 설정하고 있다. 하지만 인구밀집지역인 수도권에서의 확충은 재원 부족과 공간 확보의 어려움으로 인해 매우 더디게 이루어지고 있다. 그리고 첫째의 문제로 인해 둘째 문제가 일어나는 경향이 있다. 공공성 없는 보육기관들에서 돌봄 여성 노동자들은

---

5 이러한 진단은 여러 대중매체와 학술 논문을 통해 확인할 수 있다. 대표적인 학술 논문으로는 류연규, 「가족의 돌봄 공백에 대응하는 돌봄의 사회화 정책의 성격 규명」, 『상황과복지』 37호, 2012. 장지연, 「돌봄노동의 사회화 유형과 여성노동권」, 『페미니즘 연구』 제11권 2호, 2011.

저임금 노동, 과도한 감정노동, 잦은 해고 등에 시달리고 있다. 이로 인해 자신의 일에 대한 자부심이 떨어지기 쉬우며, 따라서 돌봄의 질도 떨어지기 쉽다.

그런데 많은 학자들과 많은 지자체 관계자들이 생각하듯이 보육시설을 모두 국공립화하면 이 문제들이 자연스럽게 해결되는 것일까? 물론 평균적으로 볼 때 민간어린이집보다는 국공립어린이집이 시설도 더 좋고 보육교사 처우도 더 좋은 경향이 있다. 하지만 공립초등학교 병설 유치원과 달리 대부분의 국공립 어린이집은 국공'립'일 뿐 국공'영'이 아니다. 민간 위탁으로 운영되고 있기 때문이다. 그래서 보육교사의 임금 수준이나 고용 안정성은 민간어린이집보다 조금 높은 수준일 뿐이다. 그래서 국공립 어린이집의 공공성 확보와 보육교사 처우 개선을 위해 경상남도 창원시에서 일부 이루어진 바 있는 지자체의 직영 체제를 확립해야 한다는 주장, 보육교사가 공무원이 되어야 한다는 주장 등이 제기되고 있다. 하지만 상당한 재정 부담을 동반하는 것이기 때문에 그 실현까지는 꽤 오랜 세월이 걸릴 것으로 보인다.

셋째의 문제는 현재의 보육료 및 양육비 지원 중심의 국가 재정 부담 방식과 사회전반적인 여남간 임금격차가 빚어낸 결과이다. 2012년 누리과정 지원으로 시작된 무상보육은 초기에는 보육기관을 이용하는 경우에만 혜택을 볼 수 있었다. 그런데 그 결과로 수많은 전업주부들이 아이들을 어린이집에 보내게 되었고 민간 보육시설장들은 장시간 보육이 필요한 아이들보다 점심만 먹고 엄마가 집에 데려가는 아이들을 우선 선발하게 된다. 그래서 오히려 맞벌이 부부가 보육시설을 이용하는 데 어려움을 겪는 사태가 벌어졌다. 이에 대한 보완 방안으로 정부는 지자체별로 상이하게 지급하는 출산보조금 외에도 연령별로 월 10~20만원의 양

육수당을 지급하게 된다. 그런데 기존의 연구 결과들이 보여주듯이 양육
수당을 비롯한 현금성 지원은 여성의 돌봄 부담을 전제로 하는 제도이
며,[6] 특히 저임금 노동을 하는 여성들이 직장생활을 포기하게 할 수도
있다. 즉 돌봄노동을 재가족화할 수 있는 것이다. 그래서 보육시설이나
보육교사에 대한 지원과 비교해 볼 때 가정에 직접 지원하는 방식은 오히
려 가족 내부의 성별 분업을 고착시킬 수 있다.

　이러한 세 가지 문제를 극복하기 위한 정책들은 이미 제시된 것들도
있고 앞으로도 정책의 역효과까지 고려한 세심한 대안 제시가 필요하다.
그런데 나는 이 문제들 이외에 지금까지 별로 주목받지 못해왔던 문제를
제기하고자 한다. 그것은 바로 돌봄, 특히 아이 돌봄이 갖는 특수성으로
인해 제기되는 것이다. 그리고 이 문제는 한국에서 커뮤니티의 영역이
사회적 돌봄의 담당자 중 매우 미약한 담당자라는 문제와도 관련되어
있다.

　먼저 아이 돌봄의 특수성을 짚어보겠다. 사회적 돌봄에 관한 기존의
연구와 논의에서 간과되고 있는 것은 여러 돌봄 담당자들 간의 관계, 특
히 돌봄 노동을 분담하는 사람들 사이의 관계이다. 그중에서도 핵심은
보육시설 돌봄 노동자와 부모 사이의 관계이며, 여기에 더하여 보육시설
장, 아이 친구의 부모, 파트타임 돌보미[7] 등도 이 관계에 직간접적으로

6　류연규, 「가족의 돌봄 공백에 대응하는 돌봄의 사회화 정책의 성격 규명」, 『상황과복
　지』 37호, 2012, 138~142쪽.
7　보육시설에 아이를 보내는 경우에도 영아이며 맞벌이 부부인 경우 오후 4, 5시 이후의
　돌봄이나 등하원 돌봄을 위해 별도의 돌봄 노동자를 고용하는 경우가 제법 많다. 이것
　은 상당수 보육시설이 공식적으로는 10~12시간 운영을 표방하면서도 인건비 절약을
　위해 대부분의 교사들이 오후 중에 퇴근하고 극소수 교사만이 영상매체 등을 활용해
　다수의 아이들을 돌보는 경우가 많기 때문에 맞벌이 부부의 입장에서는 불가피한 선택

포함된다.

영아전담이 아닌 경우 아이들이 어린이집에 처음 등원하는 연령은 대개 만 2~3세이다. 이 연령대의 아이들은 어른들 개개인의 차이를 정확히 지각할 수 있다. 그래서 이 아이들은 부모와 교사의 차이를 크게 인지하며, 부모와 함께 있는 세계와 교사와 함께 있는 세계의 차이에 대해 민감하게 반응한다. 그래서 처음 등원하는 아이의 부적응 문제는 경우에 따라 매우 심각하기도 하다. 보육시설장과 보육교사들 사이에 갈등이나 불신이 있는 경우, 그리고 어린이집에서 아이들 사이의 다툼이 부모들 사이의 다툼으로 이어지는 경우, 갈등하는 세계들의 수는 더욱 늘어난다. 특히 그 여러 세계들 사이의 문화적 차이가 크고 그 세계들 사이에 원활한 소통이 이루어지지 않고 심지어 서로 매우 불신하는 경우 아이는 심각한 불안정 상태에 빠진다. 시설 생활에 잘 적응한 아이들의 경우에도 어린이집에서는 순종적 태도를 보이다가 집에 오면 공격적으로 돌변하는 등 이중삼중의 역할 수행을 일찍이 터득해버리곤 한다. 아이들은 자신이 감당하기 어려운 복잡하고 분화된 삶의 규칙들을 너무 일찍 익혀야 하는 시련에 처하게 되는 것이다.

이 지점에서 우리는 한국의 전통적 마을에서 혹은 도시화 초기의 동네에서 아이 돌봄이 오직 가족과 엄마의 몫만은 아니었다는 점을 떠올릴 필요가 있다. 바쁠 때 엄마는 이웃에게 아이를 맡겼다. 마을 사람들, 주로 여성들이 품앗이로 아이를 돌보는 일종의 비공식적이고 단순한 형태의 사회적 돌봄이 이루어졌다. 그 이웃들은 전문성이 없는 사람들이었기 때문에 유아교육적 프로그램을 진행하지는 못했다. 하지만 문화적 동질

이 되기도 한다.

성이 높고 소통이 원활한 세계, 즉 아이의 눈으로 볼 때 하나인 것처럼 보이는 세계를 이루고 있었기 때문에 아이들의 부적응 문제나 불안정 문제는 별로 생기지 않았다.

이웃과의 문화적 동질성이 사라져버린 조건에서, 그리고 더 이상 여성들이 돌봄을 전담할 수 없는 조건에서, 전통적 방식에 따른 마을 단위의 육아 품앗이는 더 이상 가능하지도 않고 바람직하지도 않다. 하지만 그것이 사회적 돌봄 개념에 시사하는 중요한 함의를 읽어낼 필요가 있다. 사회적 돌봄의 담당자들 사이의 신뢰, 그리고 아이를 위한 하나의 세계를 만들어가기 위한 소통의 노력이 필요하다는 것이다. 그리고 한국의 사회적 돌봄에서 그 역할이 너무나 미약한 커뮤니티의 형성이 필요하다는 것이다.

4. 공동육아협동조합에서 이루어지는 사회적 돌봄

공동육아협동조합은 필자가 제기한 네 번째 문제의 해결책, 즉 돌봄 담당자들 간의 신뢰 형성과 소통 노력이 비교적 성공적으로 이루어져온 사례이다. 그리고 이러한 돌봄 네트워크를 기초로 하여 새로운 유형의 마을공동체가 형성되는 데 기여해왔다. 또한 보육기관의 공공성 확보, 보육교사의 노동권 실현과 질 높은 생태보육, 가족 내 돌봄 부담의 여남 평등 등 앞서 언급한 세 가지 문제점을 극복하는 데서도 상당한 성과를 보여주었다.

공동육아협동조합은 어린이집의 운영기관이되, 기존 보육시설의 시설장, 보육교사, 부모 등을 모두 조합원으로 포괄하고 있는 기관이다.

어린이집을 졸업한 아이들의 부모들도 계속 조합원 자격을 유지하는 곳도 많다. 총회는 1년에 서너 차례 정도 열리고 예산과 결산은 투명하게 공개되고 예산과 중요한 사업계획의 결정은 방모임 등을 통한 사전 토론을 거쳐 만장일치에 가까운 합의로 이루어진다. 이사장과 이사진은 부모 조합원들이 매년 돌아가면서 맡으며 여남의 비율이 비슷하도록 구성하는 것을 지향한다. 시설장은 대개의 경우 교사회의 대표이며 교사조합원들이 돌아가면서 맡는다. 시설장도 이사회에 참석한다. 이사회는 대개 매월 열리며 시설 운영뿐 아니라 보육 프로그램, 아이들의 생활 흐름 조절, 부모들 사이의 갈등, 교사와 부모의 갈등 등을 함께 논의한다. 협동조합기본법에 따라 사회적협동조합으로 전환한 경우 졸업조합원들이나 지역사회 인사들을 포함한 이사회가 현직 조합원들의 부모회와 교사회로 이루어진 어린이집 운영위원회와 별도로 구성되기도 한다. 하지만 이런 이사회는 법적 형식에 맞추기 위한 기관에 머물고 실질적인 운영은 현재 어린이집에 아이를 맡기는 부모들을 중심으로 한 운영위원회에 의해 이루어진다.

이사진들은 각각 운영, 교육, 재정, 시설, 홍보, 기획 등과 같은 고유한 역할을 맡게 되며, 활발하게 운영되는 공동육아협동조합의 경우 각 이사가 자기 업무를 도와주는 조합원들로 이루어진 소위원회를 구성해 운영하기도 한다. 매월 열리는 방모임에는 그 방의 담임교사와 부모들이 참석하여 아이들의 생활에 관한 이야기와 이사회가 제시한 안건에 관한 논의를 한다. 방모임의 경우에도 엄마들 중심의 모임이 되지 않게 하기 위해 부부 동시 참석 방식, 돌아가며 참석 방식, 엄마 방모임과 아빠 방모임을 별도로 갖는 방식 등 여러 가지 운영 규칙을 세우기도 한다.

아이들을 어린이집에 보내는 부모들은 보조교사 활동을 한다. 공동육아에선 이 활동을 '아마활동'[8]이라고 부른다. 아마는 교사들처럼 출근하여 퇴근할 때까지 교사들의 보육활동을 보조하는 교육아마가 주된 것이며 필요에 따라 시간제 교육아마, 주방아마, 차량아마 등을 하기도 한다. 8시간 전일 기준 1점이며, 1년에 가구당 최소 4점을 충족해야 한다. 그리고 엄마와 아빠가 각각 전일 교육아마 1점 이상을 해야 한다.[9] 신입 조합원들은 대개 자기 아이의 방에서 보조교사로 활동하지만, 베테랑이 되면 자기 아이가 없는 방의 교육아마를 맡기도 하며 협동조합 차원에서 이를 독려한다. 공동육아에서 항상 강조하는 지향이 "우리 모두의 아이"이기 때문이다. 아마 활동은 부모의 돌봄 능력을 향상시키고 아이들의 어린이집 생활을 파악하는 데 도움을 줄 뿐 아니라 교사들과 부모들의 소통에 큰 기여를 한다.

교사의 임금을 비롯한 여러 노동조건에 관해서는 매년 이사회 산하에 부모 대표들과 교사 대표들이 함께 참여하는 노동조건개선위원회를 구성해 개정안을 마련한다. 노사교섭의 성격과 동등한 조합원들 간의 의사결정의 성격을 동시에 갖기 때문에 노동조건개선위원회는 공동육아협동조합에서 가장 힘겨운 논의가 이루어지는 자리이다. 교사의 임금 인상이 곧 부모들이 내는 출자금이나 월 조합비의 인상으로 이어지기 때문에 교사 대 부모의 갈등은 기본이고, 교사에 대한 신뢰 수준 차이로 인한 부모들 간의 갈등, 호봉과 휴직 등과 관련된 교사 내부의 갈등도 빈번하게 일어난다. 그래서 간혹 부모 조합원 일부가 집단 탈퇴하거나 교사들

---

8 '아마'는 아빠와 엄마를 통칭하는 말이다. 한부모 가정의 경우 할머니, 이모, 삼촌 등이 아마가 되기도 한다.
9 각 협동조합마다 필수 아마점수와 점수 계산법, 위반시 조치 등은 조금씩 다르다. 여기서 제시한 것은 과천 공동육아 사회적협동조합 열리는어린이집의 규칙이다.

중 일부가 그만두는 일도 벌어진다.

공동육아 어린이집 교사들은 조합 총회, 조합원교육, 마을 잔치, (사)공동육아와 공동체교육(이하 '공공교'로 줄임)의 재교육 프로그램, 교사대회, 공동육아한마당 등 일반 어린이집에 비해 많은 근무시간 외 일정을 소화한다. 그 대신 근로기준법에 의해 규정된 모든 노동권을 보장받고 3년에 1개월씩의 안식월을 비롯해 각 협동조합별로 추가적인 휴가와 여러 복지 혜택을 누린다. 임금 수준은 민간 어린이집보다는 대체로 높은 편이며 재정 상황이 안정된 경우 국공립 이상의 수준을 보장받기도 한다. 각 지자체별로 보육시설이나 보육교사에 대한 지원액의 차이가 크고 협동조합이 '영구터전'이라 불리는 자가를 확보하고 있느냐, 그리고 터전 관련 부채가 얼마나 되느냐 등의 차이에 따라 협동조합들 간 재정 상황의 격차가 크기 때문에 임금 수준은 조금씩 차이가 있다. (사)공공교는 노동기준안을 마련해 복지여건 등을 균등화하려고 노력해왔지만 조합별 사정이 너무 달라서 쉽게 이루어지지는 않고 있다. 그래서 노동조건개선위원회가 열릴 때마다 벌어지는 갈등은 쉽게 줄어들지 않겠지만, 이것은 모두가 주인인 협동조합의 소통 과정에서 일어나는 필연적인 위험부담이라고 보아야 할 것이다.

공동육아협동조합의 이러한 조직 형식과 운영 방식을 앞서 언급한 네 가지 문제와 관련해 평가해보자. 공동육아협동조합이 운영하는 대부분의 어린이집은 국공립이 아니지만 그 시설 운영에 있어 상당한 수준의 공공성을 확보하고 있다.

첫째, 공공성(the public, Öffentlichkeit)을 그 말의 기원대로 '공동의 것', '열린 것' 등으로 이해한다면,[10] 조합원 모두에게 재정과 식단을 비롯한 모든 정보가 보고되고 그 결정에 조합원 모두가 동등한 권리를 갖고

참여한다는 점에서 공동육아협동조합의 공공성 수준은 높다. 둘째, 공동
육아협동조합의 보육교사들은 적어도 민간어린이집보다는 높은 수준의
노동권을 보장받고 있으며 그 개선에 직접 참여할 수 있다. 비록 그 과정
에서 갈등은 많이 일어나지만 10년 이상 근속하는 교사들의 수가 많고
20년 이상 근속자들도 있다는 점을 볼 때 보육교사의 안정성도 매우 높
다고 볼 수 있다. 셋째, 협동조합의 조직형식이나 운영방식 그 자체가
가족 내 돌봄 부담의 여남평등을 보장하지는 않지만 아마활동을 비롯한
여러 조합 활동에 참여하면서 이전까지 아이 돌봄을 엄마의 몫으로 생각
했던 아빠의 변화는 공동육아에서 매우 자주 볼 수 있는 일이다.

　마지막으로 내가 제기했던 네 번째 문제, 즉 보육 담당자들 간의 신뢰
와 소통을 통해 아이들에게 하나의 이웃세계를 형성할 수 있는가의 문제
를 살펴보겠다.

　공동육아를 경험한 사람들은 공동육아의 꽃은 '마실'이라는 말을 많이
한다. 평일 저녁의 하원길에 즉흥적으로, 혹은 주말에 약속을 잡아 서너
집의 아이들과 부모들이 한 집에 모여 함께 밥을 먹고 수다를 떨고 때로
는 술판까지 벌인다. 주말에는 공원에 놀러가기도 하고 아빠들과 아이들
의 여행을 떠나기도 한다. 그런 자리에 때로는 교사들도 함께하며, 기혼
의 교사는 이웃의 다른 공동육아 어린이집에 다니는 자기 아이들도 데려
온다. 총회나 전체조합원교육이 끝난 후에는 어른들과 아이들이 모두
함께 뒤섞여 식사를 하고, 전체조합원 들살이에서는 1박 2일 동안 선생
님들과 부모들이 함께 발야구를 하고 술을 마신다. 공동육아협동조합의

10　사이토 준이치는 한나 아렌트의 공공성 정의를 참조해 오늘날 공공성은 official,
　　open, common의 세 가지 의미가 서로 항쟁하는 상황이라고 진단한다. 사이토 준이치,
　　윤대석·류수연·윤미란 옮김, 『민주적 공공성』, 이음, 2009, 18~19쪽.

초등방과후에서는 남성 교사들이 아빠들과 함께 토요일 저녁마다 함께 공을 차고, 아이들이 함께 차는 시간도 갖는다. 그리고 그런 부모들과 교사들이 함께 출자하여 만든 협동조합 마을카페나 마을기업 식당에서의 마주침도 자주 일어난다.

이런 장면들에 익숙해진 아이들은 교사와 함께 있는 평일 낮의 시간과 부모와 함께 있는 밤의 시간 및 주말 시간의 차이를 덜 느끼게 된다. 교사와 자기 부모, 그리고 친구의 부모들이 모두 친구처럼 지내는 하나의 이웃세계 속에서 유년기를 보내는 것이다.

공동육아협동조합을 출발점으로 형성된 마을공동체들은 과거에 자연스럽게 육아품앗이가 이루어지던 마을들과는 여러 면에서 다르다. 이웃의 수많은 집들 중에서 일부만, 그리고 이웃이라기에는 제법 멀리 떨어진 곳에 사는 사람들도 포괄하는 신뢰의 네트워크, 친밀관계들에 기초한 네트워크가 형성되기 때문이다. 여기서 커뮤니티의 의미는 그 말을 한국어로 번역할 때 보통 사용되는 '지역사회'로 표현하기 어렵다. 또한 '이웃'의 의미도 물리적 공간의 근접성을 뜻하지 않는다. 그래서 마을공동체라고 불리기는 하지만 여기서 '마을'의 의미는 공간적이라기보다는 관계적이다. 그리고 서양의 사회적 돌봄에서는 커뮤니티의 주요한 기여가 자원봉사 활동인 반면, 한국의 마을공동체에서는 자조활동과 봉사활동의 경계가 불분명하다.

공동육아협동조합에서 사회적 돌봄의 담당자는 돌봄 노동자와 가족만으로 이루어지지 않는다. 공동육아 어린이집들은 협동보육시설로 정부에 등록되어 있기 때문에 누리과정 지원금, 서울형 지원금 등 국가와 지방자치단체로부터 여러 가지 재정 지원을 받으며 그에 따라 시설 기준 준수, 급식 상황 점검 등 여러 가지 감독도 받는다. 또한 부모들은 출자금, 월 조합비 등을 내고 교사들은 임금을 받는다는 점에서, 그리고 그 수준은 분명 경쟁업체들(민간, 국공립 등)의 영향을 받는다는 점에서 시장(market) 원리의 영향을 받는다. 물론 비영리단체이기 때문에 수익을 추구하는 시장 원리는 채용하지 않지만, 어쨌거나 이 돌봄의 담당자에는 시장도 포괄된다. 따라서 공동육아협동조합에는 사회적 돌봄 개념에서 언급되는 네 가지 종류의 담당자가 모두 참여한다. 특히 돌봄 노동자, 시설, 가족이 신뢰의 네트워크 혹은 마을공동체를 이루어 사회적 돌봄을 수행한다는 점에서 한국의 다른 보육시설들과 차별성을 갖는다. 이러한 특성은 심신이 미발달하거나 심신이 미약한 사람을 대상으로 이루어지는 '돌봄'의 특수성, 특히 아이 돌봄의 특수성을 잘 반영한 사회적 돌봄이라 할 수 있다.

5. 공동육아협동조합과 사회적 돌봄의 확산

지금까지 살펴보았듯이 한국에서 공동육아협동조합은 사회적 돌봄의 개념에 합치되는 돌봄의 사례일 뿐 아니라 아이 돌봄이 갖는 특수한 요구를 잘 충족할 수 있는 사회적 돌봄 모델이다. 아이 돌봄이 아닌 다른 종류의 사회적 돌봄도 이 모델을 참조할 만하다.

노인 돌봄, 환자 돌봄 등 어른 돌봄의 경우에 아이 돌봄처럼 돌봄 담당자들이 꼭 하나의 세계를 형성해야 하는 것은 아니다. 그럼에도 다른 종류의 신뢰 문제, 즉 돌봄을 받는 자와 돌보는 자 사이의 신뢰와 소통은 아이 돌봄의 경우보다 더욱 중요한 것으로 보인다. 아이 돌봄의 경우 돌보는 자에 의한 돌봄 받는 자에 대한 학대가 간혹 문제시되는 반면, 어른

돌봄의 경우 반대의 학대도 문제로 되곤 한다. 정부에서 노인 요양을 위해 파견된 사회복지사가 인격 모독을 당하거나 집안일이나 농사일 등 돌봄과 무관한 업무에 시달린다는 뉴스를 종종 접할 수 있다. 그래서 어른 돌봄의 영역에서도 신뢰의 네트워크와 마을공동체를 형성하는 모델을 구상해볼 수 있을 것이다. 공동육아로 아이들을 키우고 이제 노인이 되어가고 있는 사람들이 모이면 자식들이 협동조합을 만들어 우리를 돌보아야 할 때가 다가오고 있다는 말을 농담반 진담반으로 하곤 한다. 며느리나 딸이 전담하던 노인 돌봄이 시설, 사회복지사, 도우미 등의 돌봄으로 바뀌어가고 있는 상황에서 협동조합을 통한 노인 돌봄은 신뢰를 기초로 한 돌봄의 모델이 될 수 있을지도 모른다.

그런데 협동조합을 통한 돌봄은 현재로서는 커다란 한계를 갖고 있다. 대부분의 공동육아협동조합은 오백만원에서 일천만원에 이르는 출자금을 내야 가입할 수 있고 보육료와는 별도로 월 20~40만원의 조합비를 내야 한다. 이러한 재정적 문턱과 함께 문화적 문턱, 즉 기존의 조합원들 다수가 진보적 정치의식과 생태적 문제의식을 가진 고학력 부모들이기 때문에 생기는 문턱도 무시할 수 없다. 재정 상황이 비교적 안정된 조합들의 경우 저소득 가구를 위해 출자금 감면, 차등조합비 제도 등을 운영하고 있지만 그 한계는 분명하다. 그리고 (사)공공교가 회원단체들의 후원을 받아 지역아동센터를 여러 곳 운영하고 지역별로도 저소득 방과후 지원 등 공동육아협동조합의 틀 안에서 돌봄을 받지 못하는 아이들을 위해 노력하고 있다. 하지만 그 한계 역시 분명하다. 한국의 보육시설 중 공동육아협동조합이 차지하는 비율 자체가 극히 미미하기 때문이다.

그래서 서울시 서대문구, 영등포구, 경기도 성남시, 오산시 등 몇몇 기초 지자체들이 국공립 어린이집을 공동육아 사회적협동조합에 위탁하거나 신설 국공립 어린이집을 사회적협동조합 전환을 조건으로 개인에게 위탁하고 있는 것은 매우 반가운 일이다. 또한 여러 지자체들이 품앗이 공동육아를 위한 공간이나 초등학생 방과후 돌봄을 위한 공간을 제공하는 것도 공동육아의 확산을 위해 환영할 일이다. 물론 그러한 공동육아 지원 정책들의 한계 또한 분명한데, 이에 관해서는 2021년 2월에 인천학연구원이 발간한 정책보고서 「공동체 활성화의 관점에서 수도권 지자체의 공동육아 지원정책 평가」를 참고하길 바란다. 어쨌거나 사회적 돌봄이라는 과제를 단지 국가의 책임과 공공성을 높이는 데서 머무는 것이 아니라 여러 돌봄 담당자들의 신뢰에 기초한 실질적인 '사회적' 돌봄이 되도록 하는 것이 중요하다.

이 글은 『여/성이론』 제31호(2014.11)에 실렸던 필자의 글 「공동육아협동조합과 사회적 돌봄」을 수정하고 보완한 것입니다.

【1장 _ '좋은 삶'을 위한 공동체로서 살림공동체】 _ 정성훈

김명식, 「관계재와 좋은 삶」, 『사회와 철학』 제34집, 2017.

김은희, 「샌델의 시민적 공화주의는 '민주주의의 불만'을 해소할 수 있는가?」, 『철학사상』 제45호, 2012.

김혜경, 「가족구조에서 가족실행으로: 가족실천과 가족시연 개념을 통한 가족연구의 대안 모색」, 『한국사회학』 제53집 제3호, 2019.

류도향, 「가족적인 것의 확장 : 유사성과 차이성」, 『인문사회과학연구』 제21권 제1호, 2020.

오김현주, 「사회적 경제를 넘어 공동체 경제로, 그리고 여성주의적 공동체 경제가 형성되기 위한 조건들」, 『여/성이론』 30호, 2014.

오유석, 「고대희랍의 가정과 여성 – 크세노폰의 Oeconomicus에 나타난 아내의 품성교육을 중심으로 –」, 『도덕윤리과교육』 제43호, 2014.

유창복, 『우린 마을에서 논다』, 또하나의문화, 2007.

이경란, 「마을에서 생활인으로 살기」, 모심과살림연구소 지음, 『세상의 밥이 되는 공동체운동』, 2019.

이현재, 「페미니즘과 도시공동체경제: 살림의료복지사회적협동조합의 사례를 중심으로」, 『철학연구』 제117집, 2017.

임성철, 「크세노폰의 『경영론』에 나타난 유토피아적 관점에 대한 小考」, 『지중해지역연구』 제20권 제2호, 2018.

정성훈, 「현대 도시의 삶에서 친밀공동체의 의의」, 『철학사상』 제41호, 2011.

_____, 「공동체주의 공동체의 한계와 현대적 조건에서 현실적인 공동체」, 『도시인문학연구』 제8권 2호, 2016.

정성훈·원재연·남승균, 『협동과 포용의 살림공동체: 이론, 역사, 인천 사례』, 보고사, 2019.

홍기빈, 『아리스토텔레스, 경제를 말하다』, 책세상, 2001.

_____, 『살림/살이 경제학을 위하여』, 지식의 날개, 2012.

깁슨-그레엄, J. K., 엄은희·이현재 옮김, 『그따위 자본주의는 벌써 끝났다』, 알트, 2013.

샌델·마이클, 안규남 옮김, 『민주주의의 불만』, 동녘, 2012.

아리스토텔레스, 이창우·김재홍·강상진 옮김, 『니코마코스 윤리학』, 이제이북스, 2006.

_____, 김재홍 옮김, 『정치학』, 길, 2017.

영·아이리스 매리언, 김도균·조국 옮김, 『차이의 정치와 정의』, 모티브북, 2017.

크세노폰, 오유석 옮김, 『경영론·향연』, 부북스, 2015; *Xenophon IV Memorabilia & Oeconomicus*, translated by E. C. Merchant, Havard University Press, 2013.

_____, 이동수 옮김, 『키루스의 교육』, 한길사, 2015.

플라톤, 박종현 옮김, 『국가·정체』, 서광사, 2005.

Alvey, James E., "The ethical foundations of economics in ancient Greece, focussing on Socrates and Xenophon", *International Journal of Social Economics, Vol. 38 No. 8*, 2011.

Danzig, Gabriel, "Why Socrates was not a Farmer: Xenophon's Oeconomicus as a Philosophical Dialogue", *Greece & Rome, Vol. 50, No. 1*, 2003.

Dworkin, Ronald, "Liberal Community", *California Law Review 77*, 1989.

Helmer, tienne, "The Oikos as a Political Device in Plato's Works", *Diálogos 92*, 2012.

Luhmann, Niklas, *Die Politik der Gesellschaft*, Suhrkamp, 2000.

MacIntyre, Alasdair, *After Virtue*, University of Notre Dame Press, 2008.

Polanyi, Karl, "Aristotle Discovers Economy", Polanyi, Arensberg &

Pearson(ed.), *Trade and market in the early empires: economies in history and theory*, The Free Press, Glencoe, 1957.

【2장 _ 동학의 살림 사상】 _ 신진식

『동경대전』
『용담유사』
『海月神師法說』
『無體法經』
『대종정의』, 『한말 천도교 자료집 1』, 국학자료원, 1997.

고건호, 「개항기 신종교의 후천개벽론의 '현대적' 변용 – 동학 천도교를 중심으로」,
　　　『한국종교연구회회보』 제6호, 한국종교문화연구소, 1995.
김용옥 역주, 『도올심득 동경대전 1』, 통나무, 2004.
＿＿＿, 「기철학의 구조」, 『사상』 792호, 1990.
김용휘, 「한말 동학의 천도교 개편과 인내천 교리화의 성격」, 『한국사상사학』 제
　　　25호, 한국사상사학회, 2005.
김진혁, 『새로운 문명과 동학사상』, 명선미디어, 2000.
나카무라 유지로, 『토포스: 장소의 철학』, 그린비, 1912.
데이비드 시먼, 『삶은 장소에서 일어난다』, 앨피, 2020.
윤석산, 『동학교조 수운 최제우』, 모시는 사람들, 2004.
이돈화, 『천도교창건사』 제2편, 천도교중앙종리원, 1933.
이종우, 「동학에 있어서 천주의 초월성과 내재성에 근거한 인간관의 변화 – 시천
　　　주에서 인내천으로의 변화 –」, 『한국철학논집』 제23호, 한국철학사연구
　　　회, 2008.
임형진, 『동학의 정치사상』, 모시는 사람들, 2004.
정성훈 외, 『협동과 포용의 살림공통체』, 보고사, 2019.
천도교중앙총부 편, 『신사성사법설』, 천도교중앙총부출판사, 1987.

표영삼, 『동학 1 - 수운의 삶과 생각』, 통나무, 2004.

_____, 『동학 2 - 해월의 고난 역정』, 통나무, 2005.

황종원, 「20세기 초엽 천도교의 인내천 교의 및 심성론에 대한 비판적 연구」, 『대동철학』 제44집, 대동철학회, 2008.

【3장 _ 해월 최시형의 살림사상과 오늘날의 살림운동】 _ 김용휘

길희성, 「Asian Naturalism : An Old Vision for a New World」, 『학술원논문집』 (인문·사회과학편) 제49집 1호, 별책, 대한민국 학술원, 2010.

김병제·이돈화 외 지음 『천도교의 정치이념』, 모시는사람들, 2015.

김용휘, 「해월 최시형의 자연관과 생명사상」, 『철학논총』 제90집, 제4권, 새한철학회, 2017.

김지하, 『생명학 1』, 화남출판사, 2008.

나오미 클라인 지음, 이순희 옮김, 『이것이 모든 것을 바꾼다 - 자본주의 대 기후』, 열린책들, 2016.

데이비드 월러스 웰즈 지음, 김재경 옮김, 『2050, 거주 불능 지구』, 추수밭(청림출판), 2020.

래리 라스무쎈 지음, 한성수 옮김, 『지구를 공경하는 신앙』, 생태문명연구소, 2017.

모심과살림연구소, 『모심 侍』, 모심과살림연구소, 2005.

_____, 『스무살 한살림 세상을 껴안다』, 한살림, 2016.

_____, 『죽임의 문명에서 살림의 문명으로 - 한살림선언·한살림선언 다시읽기』, 도서출판한살림, 2014.

윤노빈, 『신생철학』, 학민사, 2003.

이병철 외 지음, 『녹색운동의 길찾기』, 환경과 생명, 2002.

이주영, 『어린이 해방』, 우리교육, 2017.

이한영, 「'불연기연'과 '이천식천'의 신학적 이해— 생명, 정의, 평화, 밥의 문제를 중심으로」, 『神學思想』 186집, 한신대신학사상연구소, 2019 가을.

장일순, 『나락 한알 속의 우주』, 녹색평론사, 2016.

주요섭, 『근대한국 개벽사상을 실천하다』, 모시는사람들, 2019.
최시형, 『해월신사법설』, 천도교경전, 1993.
토마스 베리 지음, 이영숙 옮김, 『위대한 과업』, 대화문화아카데미, 2014.

【4장 _ 한살림의 살림운동 역사와 전망】 _ 신진식

가라타니 고진(炳谷行人), 「平和の実現こそが世界革命」, 岩波書店, 『世界』, 2010년
        10월호.
구도완, 「한국형 생태주의 운동의 태동과 역사」, 『모심과살림』 3호, 2014 여름호.
모심과살림연구소 편, 『산업화이후의 생명운동 연구 워크숍 보고서 자료집 – 생명
        운동 30년, 역사와 전망: 한살림을 중심으로』, 모심과살림연구소, 2011.
_____, 『죽임의 문명에서 살림의 문명으로』, 한살림, 2010.
_____, 『한살림(2000)』 좌담회2, 한살림, 2000.
박맹수 편, 『한살림의 사회적경제 활동 사례별 특징과 과제』, 모심과살림연구소,
        2015.
송희식, 『자본주의의 우물을 벗어난 문명사』, 1995.
이병철, 「모심과 살림의 삶과 세상을 향하여 – 한살림의 살림운동 이야기」, 『원불
        교사상연구원 학술대회 자료집』, 2018.
장일순, 『나락 한 알 속의 우주』, 녹색평론사, 2017.
정규호, 「생협의 지역화 전략 – 한살림의 지역살림운동 경험」, 『협동조합네트워크』
        (56), 한국협동조합연구소, 2011.

【5장 _ 마을을 만들어가는 공동육아운동】 _ 이경란

홈페이지(또보자마을학교, 마포공동체경제네트워크, 대천마을학교, 함지박공동체)

공동육아와공동체교육, 『공동육아, 더불어 삶』, 공동육아와공동체교육, 2019.
공동육아뿌리와새싹, 『마을을 품은 뿌리와새싹』, 공동육아와공동체교육, 2018.

김영선, 이경란 엮음, 『마을로 간 인문학』, 당대, 2014.

마포공동체경제네트워크, 『2021년 모아 정기총회 자료집』, 2021.

마포마을방과후체계구축사업단, 『2017~2018 마포혁신교육지구 마포마을방과후 학교 체계구축 성과보고서』, 2018.

마포마을활력소 성미산마을회관, (사)사람과마을, 『마을, 상상하다, 성미산마을아 카이브북 1994-2020』, 2020.

울림두레사회적협동조합, 『울림두레사회적협동조합 총회자료집』, 2019~2021.

울림두레소비자생활협동조합, 『울림두레생협 총회자료집』, 2001~2021.

위성남, 『마을은 처음이라서』, 책숲, 2018.

유창복, 『도시에서 행복한 마을은 가능한가』, Humanist, 2014.

_____, 『우리는 마을에서 논다』, 또하나의문화, 2010.

정선미·오윤정 외, 『성미산학교 에너지교실』, 북센스, 2014.

김문정, 「여성정체성의 정치에서 아고니즘 정치로 정치학 - 대구 안심마을공동체 여성들을 중심으로」, 『한국여성학』 제31권 제4호, 2015.

이경란, 「공동육아협동조합과 마을공동체운동」, 『한국협동조합운동100년사 II』, 가을의아침, 2019.

이귀원, 「대천마을공동체운동의 흐름」, 주민리더워크숍 발표자료, 2018.

【6장 _ 공동육아협동조합과 사회적 돌봄】 _ 정성훈

기획재정부·공동육아사회적협동조합연합회, 「공동육아사회적협동조합 설립·운 영 안내서」, 2020.

류연규, 「가족의 돌봄 공백에 대응하는 돌봄의 사회화 정책의 성격 규명」, 『상황과 복지』 37호, 2012.

인천대학교 인천학연구원, 「공동체 활성화의 관점에서 수도권 지자체의 공동육아 지원정책 평가」, 2021.

장지연, 「돌봄노동의 사회화 유형과 여성노동권」, 『페미니즘 연구』 제11권 2호,

2011.

사이토 준이치, 윤대석·류수연·윤미란 옮김, 『민주적 공공성』, 이음, 2009.

G. 에스핑앤더슨, 박시종 옮김, 『복지체제의 위기와 대응 – 포스트 산업경제의 사회적 토대』, 성균관대학교 출판부, 2006.

M. Daly & J. Lewis, "The concept of social care and the analysis of contemporary welfare states", *British Journal of Sociology Vol. No 51 Isuue No. 2*, London School of Economics and Political Science, 2000.

저자 소개

신진식

인천대학교 인천학연구원 학술연구교수. 동양철학 전공. 중국 北京大學에서 철학석사와 철학박사 학위를 받았다. 저서로『동아시아의 타자 인식』(공저),『포박자 연구』(공저),『東方文化與心靈健康』(공저),『東方文化與醫道』(공저),『東方文化與生命哲學』(공저),『환동해지역의 오래된 현재』(공저) 등이 있으며, 역서로는『천년도인술』,『종려전도집(鍾呂傳道集)』·『영보필법(靈寶畢法)』(공역),『주역참동계분장통진의(周易參同繫分章通眞義)』(공역),『도교사전』(공역),『구한국외교문서 청안』2권, 4권, 6권(공역) 등이 있고, 그 외「노자의 不爭은 道인가 術인가」,「살림공동체 사상에 대한 시론」,「도교 생태사상이 반영된 도교 건축의 현대적 의의」등 다수의 논문이 있다.

정성훈

인천대학교 인천학연구원 학술연구교수. 사회철학전공. 니클라스 루만의 사회이론에 관한 연구로 철학박사학위를 받았으며 기능적으로 분화된 현대 사회라는 조건에서 인권, 사랑, 공동체, 민주주의, 인공소통 등의 가능성을 연구해왔다. 저서로는『도시 인간 인권』,『괴물과 함께 살기-아리스토텔레스에서 루만까지 한 권으로 읽는 사회철학』등이 있다.

김용휘

대구대학교 자유전공학부 조교수, 한국종교인평화회의(KCRP) 생명평화위원장, '방정환배움공동체 구름달' 대표로 활동하고 있다. 저서로는『우리학문으로서의 동학』,『최제우의 철학』,『손병희의 철학』,『최제우, 용천검을 들다』가 있으며, 논문으로는「동학의 불연기연의 논리와 인식론-반대일치와 포월의 논리」,「도가의 무위자연과 동학의 무위이화 비교 연구」,「20세기 전반 천도교 지식인의 서양 인식과 신문명론」등 다수가 있다.

이경란

(사)공동육아와공동체교육 공동육아교육연구원 부원장. 한국근현대사 전공. 한국의 협동조합운동과 공동체를 연구해 왔다. 공동육아와 생협 그리고 성미산마을 활동을 병행하면 살며, 최근에는 이에 대한 연구에 집중하고 있다. 주요 논저로는『일제하 금융조합 연구』,『마을로 간 인문학』(편저),『한국협동조합운동 100년사』(공저),「인문학자의 사회적 실천」이 있다.

도시공동체 연구총서 1

살림과 돌봄의 공동체, 사상과 실천

2021년 6월 25일 초판 1쇄 펴냄
2021년 12월 7일 초판 2쇄 펴냄

기 획 인천대학교 인천학연구원
지은이 신진식·정성훈·김용휘·이경란
발행인 김흥국
발행처 보고사

책임편집 이소희
표지디자인 손정자

등록 1990년 12월 13일 제6-0429호
주소 경기도 파주시 회동길 337-15 보고사
전화 031-955-9797(대표)
　　　02-922-5120~1(편집), 02-922-2246(영업)
팩스 02-922-6990
메일 kanapub3@naver.com / bogosabooks@naver.com
http://www.bogosabooks.co.kr

ISBN 979-11-6587-195-6　　93330

ⓒ 신진식·정성훈·김용휘·이경란, 2021